Os trechos de poesia foram traduzidos
por **J. Herculano Pires.**
Cada coleção anual traz o *fac-símile* do frontispício do primeiro número da edição original francesa correspondente ao ano. Reservados todos os direitos de reprodução de acordo com a legislação vigente pela *Editora Cultural Espírita Ltda. – EDICEL.*

3ª edição
2.000 exemplares
Do 4º ao 6º milheiro
Janeiro/2022

© 2019-2022 by Boa Nova Editora

Capa
Éclat! Comunicação Ltda

Projeto gráfico
Juliana Mollinari

Diagramação
Diego Miller

Tradução do francês
Julio Abreu Filho

Revisão, inclusive da tradução
João Sergio Boschiroli

Assistente editorial
Ana Maria Rael Gambarini

Coordenação Editorial
Ronaldo A. Sperdutti

Impressão
AR Fernandez Gráfica

Todos os direitos reservados. Nenhuma parte desta obra pode ser reproduzida ou transmitida por qualquer forma e/ou quaisquer meios (eletrônico ou mecânico, incluindo fotocópia e gravação) ou arquivada em qualquer sistema ou banco de dados sem permissão escrita da Editora.

O produto da venda desta obra é destinado à manutenção das atividades assistenciais da Sociedade Espírita Boa Nova, de Catanduva, SP.

1ª edição: Abril de 2019 – 2.000 exemplares

REVISTA ESPÍRITA

JORNAL
DE ESTUDOS PSICOLÓGICOS

PUBLICADA SOB A DIREÇÃO
DE
ALLAN KARDEC

DÉCIMO SEGUNDO ANO – 1869

Todo efeito tem uma causa. Todo efeito inteligente tem uma causa inteligente. O poder da causa inteligente está na razão da grandeza do efeito.

Tradução do francês
por
JULIO ABREU FILHO

Revisada e rigorosamente conferida
com o texto original pela
EQUIPE REVISORA EDICEL

REVISADA, INCLUSIVE A TRADUÇÃO, POR
JOÃO SERGIO BOSCHIROLI

Dados Internacionais de Catalogação na Publicação (CIP)
(Câmara Brasileira do Livro, SP, Brasil)

Kardec, Allan, 1804-1869
 Revista Espírita : jornal de estudos psicológicos ano XII : 1869 / Allan Kardec ; tradução do francês por Julio Abreu Filho. -- Catanduva, SP : Editora Cultural Espírita Edicel, 2019.

 Título original: Revue Spirite : journal d'etudes psychologiques, année XII : 1869
 Bibliografia.
 ISBN 978-85-92793-25-8

 1. Espiritismo 2. Kardec, Allan, 1804-1869 3. Revista Espírita de Allan Kardec I. Título.

19-24546   CDD-133.901

Índices para catálogo sistemático:

1. Artigos espíritas : Filosofia espírita   133.901
2. Doutrina espírita : Artigos   133.901

Cibele Maria Dias - Bibliotecária - CRB-8/9427

REVISTA ESPÍRITA

JORNAL DE ESTUDOS PSICOLÓGICOS

DÉCIMO SEGUNDO ANO – 1869

Editora Cultural Espírita Edicel
Instituto Beneficente Boa Nova
Entidade coligada à Sociedade Espírita Boa Nova
Av. Porto Ferreira, 1.031 | Parque Iracema
Catanduva/SP | CEP 15809-020
www.boanova.net | boanova@boanova.net
17.3531-4444

OS ESCRITOS FINAIS DE KARDEC

Encerrando a Coleção da Revista Espírita, referente aos anos em que ela foi redigida por Allan Kardec, este volume apresenta os escritos finais do Mestre. Os exemplares dos quatro primeiros meses foram publicados em vida do Codificador. O quinto, que é o do mês de abril, ele deixara redigido e em fase de preparação gráfica. Essa a razão porque nem sequer registra o seu passamento. Esse exemplar se inclui naturalmente entre as suas obras póstumas. Escrito em vida, só foi publicado após o seu decesso. Essa também a razão de incluirmos neste volume o quinto número da Revista, não redigido por Kardec mas inteiramente dedicado ao seu passamento e ao enterro dos seus despojos, e o sexto número, que registra suas primeiras comunicações espirituais.

O segundo semestre de 1869 já pertence a outra fase da Revista, não mais redigida pelo Mestre. Esse o motivo de não o incluirmos nesta coleção, que é especificamente das obras de Kardec e de escritos especiais sobre a sua vida e a sua obra. Não obstante, como aparecem nesse semestre algumas comunicações mediúnicas de Kardec, com a devida chancela da Direção da Revista, fizemos um extrato desses trabalhos, que o Mestre enviou do mundo espiritual, e o publicamos logo após o número correspondente ao mês de junho. É a primeira vez que essas mensagens são divulgadas em nosso país.

Os leitores têm assim a oportunidade de assistir, praticamente, através da leitura deste volume, os episódios finais da grande missão de Kardec, até o momento em que o seu corpo cai sem vida na sua trincheira irredutível, que foi a Redação da Revista Espírita. A seguir, pode assistir ao acontecimento espiritual dos seus funerais, desprovido das pompas terrenas mas estuante de luzes intelectuais e lampejos emocionais, com os discursos pronunciados à beira do túmulo, entre os quais se destaca a peça clássica de Camille Flammarion, em seus tópicos referentes ao Mestre. Verá depois a transmissão da obra às mãos da viúva, a Profª. Amélie Boudet, e da direção da Sociedade e do movimento doutrinário à Comissão Central de Espiritismo, com o Sr. Mallet assumindo a presidência.

Não faltou o episódio da ressurreição, – no corpo espiritual de que falava o apóstolo Paulo, – confirmado pelas mensagens admiráveis do Codificador, na plenitude da sua vida de Espírito.

Merecem essas mensagens a maior atenção dos leitores, pois não apenas representam o selo, a confirmação pelo grande Espírito da sua missão esclarecedora e libertadora, nuas também apresentam novos ensinos que devem ser meditados. Kardec-espírito é a contraprova de Kardec-homem, reafirmando a sua mensagem terrena e indicando aos seus sucessores e adeptos o caminho do futuro. O Espiritismo se comprova na própria morte do Codificador, a maneira do Cristianismo, demonstrando pelos fatos a sua natureza de desenvolvimento histórico deste último.

No capítulo da imprensa espírita temos a primeira menção do Brasil na Revue, *com a notícia do aparecimento de O Éco de Além Túmulo, na Bahia, e um comentário interessante a respeito. No tocante à poesia espírita, que surgiu nas páginas da* Revue, *este volume oferece um dos mais belos episódios históricos: a comunicação de Musset, num poema-mensagem, seguido de outro de Lamartine, ambos emocionantes por seu conteúdo poético e seu sentido espiritual. São dois poetas de França que se integram no movimento de regeneração da Humanidade, através de uma cena espiritual que se traduz em versos mediúnicos no plano material.*

Este volume contribui também para o esclarecimento do problema de "Obras Póstumas", o livro que encerra os escritos inéditos deixados por Kardec. A publicação desses trabalhos na Revue, *logo após o passamento do Mestre, com aprovação de sua viúva e de seus companheiros e sucessores, anula qualquer suspeita sobre a legitimidade dos mesmos. As informações estatísticas publicadas nos primeiros exemplares mostram a situação mundial do Espiritismo nesse ano decisivo para a Doutrina. As comunicações de Rossini representam valiosa contribuição para o esclarecimento do problema da música espírita.*

Interessante notar que os problemas da atualidade espírita em nosso país e no mundo estão esboçados neste volume: a união dos espíritas para o trabalho comum; a organização do movimento doutrinário; a fundação de organismos de divulgação; a criação do Museu Espírita: o desenvolvimento dos aspectos científicos, culturais e artísticos do Espiritismo, e assim por diante. O volume se completa com o índice remissivo e o índice biobibliográfico, que facilitarão a consulta de todo o material da coleção, contribuindo para o esclarecimento das referências históricas do texto.

J.Herculano Pires

REVISTA ESPÍRITA
JORNAL DE ESTUDOS PSICOLÓGICOS

| ANO XII | JANEIRO DE 1869 | VOL. 1 |

AOS NOSSOS CORRESPONDENTES

Decisão do Círculo da Moral Espírita de Toulouse, a propósito do projeto de constituição

Por ocasião do projeto de constituição que publicamos no último número da *Revista,* recebemos numerosas cartas de felicitações e testemunhos de simpatia que nos tocaram profundamente. Na impossibilidade de responder a cada um em particular, rogamos aos nossos honrados correspondentes a bondade de aceitar coletivamente os agradecimentos que lhes dirigimos através da *Revista.*

Sentimo-nos feliz, sobretudo por ver que o objetivo e o alcance desse projeto foram compreendidos e que nossas intenções não foram desprezadas. Todos viram nele a realização daquilo que desejávamos há muito tempo: uma garantia de estabilidade para o futuro, assim como as primeiras balizas de uma união entre os espíritas, união que lhes faltou até hoje, apoiada numa organização que, prevendo as dificuldades eventuais, assegure a unidade dos princípios sem imobilizar a Doutrina.

De todas as adesões que recebemos, citaremos apenas uma, porque é a expressão de um pensamento coletivo, e porque a fonte de onde ela emana lhe dá, de certo modo, um caráter oficial. É a decisão do conselho do *Círculo da Moral Espírita* de Toulouse, regularmente e legalmente constituído. Publicamo-la como testemunho de nossa gratidão aos membros do Círculo, movido nesta circunstância por um impulso espontâneo de devotamento à causa e, além disso, para responder aos votos que a respeito nos expressaram.

Resumo da ata do conselho administrativo do Círculo da Moral Espírita de Toulouse

A respeito da exposição feita por seu presidente, da constituição transitória dada ao Espiritismo por seu fundador e definida pelos preliminares publicados no número da *Revista Espírita* de 1º de dezembro corrente, o conselho vota, por unanimidade, agradecimentos ao Sr. Allan Kardec, como expressão de seu profundo reconhecimento por essa nova prova de devotamento à Doutrina da qual ele é fundador, e faz votos pela realização desse sublime projeto, que considera como o digno coroamento da obra do mestre, do mesmo modo que vê na instituição da comissão central a cúpula do edifício chamada a dirigir permanentemente os benefícios do Espiritismo para a Humanidade inteira.

Considerando que é dever de todo adepto sincero concorrer, na medida de seus recursos, para a criação do capital necessário a essa constituição, e desejando facilitar a cada membro do *Círculo da Moral Espírita* o meio de contribuir para isso, decide:

Que a subscrição ficará aberta no secretariado do Círculo até 15 de março próximo, e que a soma apurada nesse período será enviada ao Sr. Allan Kardec para ser depositada na Caixa Geral do Espiritismo.

Conferida e certificada conforme a minuta, por nós, secretário abaixo assinado,

CHÊNE, secretário adjunto

ESTATÍSTICA DO ESPIRITISMO

Uma enumeração exata dos espíritas seria coisa impossível, como já dissemos, por uma razão muito simples, é que o Espiritismo não é nem uma associação nem uma congregação; seus aderentes não estão inscritos em nenhum registro oficial. É bem sabido que não se poderia avaliar a quantidade pelo número e pela importância das sociedades, frequentadas apenas por uma minoria ínfima. O Espiritismo é uma opinião que não exige qualquer profissão de fé, e pode estender-se ao todo ou a parte dos princípios da Doutrina. Basta simpatizar com a ideia para ser espírita. Ora, não sendo essa qualidade conferida por nenhum ato material, e não implicando senão obrigações morais, não existe qualquer base fixa para determinar o número dos adeptos com precisão. Não se pode estimá-lo senão aproximadamente, pelas relações e pela maior ou menor facilidade com que a ideia se propaga. Esse número aumenta dia a dia, numa proporção considerável; é um fato positivo, reconhecido pelos próprios adversários; a oposição diminui, prova evidente de que a ideia encontra mais numerosas simpatias.

Ademais, compreende-se que é apenas pelo conjunto, e não pela situação das localidades consideradas isoladamente, que se pode basear uma apreciação, pois há em cada localidade elementos mais ou menos favoráveis, em razão do estado particular dos Espíritos e também das resistências mais ou menos influentes que aí se exercem; mas essa situação é variável, porque uma localidade que se tenha mostrado refratária durante vários anos, de repente se torna um foco. Quando os elementos de apreciação tiverem adquirido mais precisão, será possível fazer um mapa colorido, em relação à difusão das ideias espíritas, como foi feito para a instrução. Enquanto isso, pode-se afirmar, sem exagero, que, em suma, o número dos adeptos centuplicou em dez anos, malgrado as manobras empregadas para abafar a ideia e contrariamente às previsões de todos aqueles que se vangloriavam de tê-la enterrado. Isto é um fato consumado, do qual é preciso que os antagonistas tomem conhecimento.

Só falamos aqui dos que aceitam o Espiritismo com conhecimento de causa, depois de tê-lo estudado, e não daqueles que, bem mais numerosos ainda, nos quais estas ideias estão em estado de intuição, e para os quais falta apenas definirem suas crenças com mais precisão e dar-lhes um nome, para serem espíritas confessos. É um fato sobejamente comprovado que se verifica todos os dias, sobretudo de algum tempo para cá, que as ideias espíritas parecem inatas numa porção de indivíduos que jamais ouviram falar de Espiritismo. Não se pode dizer que tenham sofrido alguma influência nem que seguiram o impulso de um grupo. Que os adversários expliquem, se puderem, esses pensamentos que nascem fora e paralelamente ao Espiritismo! Não seria, certamente, um sistema preconcebido no cérebro de um homem que poderia ter produzido um tal resultado. Não há prova mais evidente de que essas ideias estão na Natureza, nem melhor garantia de sua vulgarização no futuro e de sua perpetuidade. Deste ponto de vista pode-se dizer que pelo menos três quartos da população de todos os países possuem o germe das crenças espíritas, pois são encontrados entre aqueles mesmos que lhe fazem oposição. Na maioria, a oposição vem da ideia falsa que fazem do Espiritismo; não o conhecendo, em geral, senão pelas ridículas descrições que dele fez a crítica malévola ou interessada em desacreditá-lo, eles recusam com razão a qualificação de espíritas. Certamente, se o Espiritismo se assemelhasse aos grotescos retratos que dele fizeram; se ele se compusesse das crenças e práticas absurdas que tiveram o prazer de atribuir-lhe, seríamos o primeiro a repudiar o título de espírita. Quando, pois, essas mesmas pessoas souberem que a Doutrina não é senão a coordenação e o desenvolvimento de suas próprias aspirações e de seus pensamentos íntimos, aceitá-la-ão. São incontestavelmente futuros espíritas, mas, por enquanto, não os incluímos em nossas estimativas.

Se é impossível uma estatística numérica, há outra, talvez mais instrutiva, e para a qual existem elementos que nos fornecem as nossas relações e a nossa correspondência; é a proporção relativa dos espíritas segundo as profissões, a posição social, as nacionalidades, as crenças religiosas etc., levando em conta o fato que certas profissões, como os oficiais ministeriais, por exemplo, são em número limitado, ao passo que outras, como os industriais e os que vivem de rendimentos, são em número indefinido. Guardada a proporção, pode-se ver quais são as categorias nas quais o Espiritismo encontrou, até hoje, mais aderentes. Em algumas a proporção pôde ser estabelecida em porcentagem, com muita precisão, sem contudo pretender que tenha um rigor matemático; as outras categorias foram simplesmente classificadas em razão do número de adeptos que elas forneceram, começando pelas mais numerosas, de que a correspondência e a lista de assinantes da *Revista* podem fornecer os elementos. O quadro seguinte é resultado do levantamento de mais de dez mil observações.

Constatamos o fato, sem procurar nem discutir a causa dessa diferença, o que, não obstante, poderia ser assunto para um estudo interessante.

PROPORÇÃO RELATIVA DOS ESPÍRITAS

I. – *Em relação às nacionalidades*: – Não existe, por assim dizer, nenhum país civilizado da Europa e da América onde não haja espíritas. Eles são mais numerosos nos Estados Unidos da América do Norte. Seu número aí é calculado, por uns, em quatro milhões, o que já é muito, e por outros em dez milhões. Esta última cifra evidentemente é exagerada, porque compreenderia mais de um terço da população, o que não é provável. Na Europa a cifra pode ser avaliada em um milhão, e a França figura com seiscentos mil. Pode-se estimar o número dos espíritas do mundo inteiro em seis ou sete milhões. Mesmo que fosse a metade, a História não oferece nenhum exemplo de uma doutrina que em menos de quinze anos tivesse reunido tal número de adeptos disseminados por toda a superfície do globo. Se aí incluíssemos os espíritas inconscientes, isto é, os que só o são por intuição, e mais tarde se tornarão espíritas de fato, só na França poder-se-iam contar vários milhões.

Do ponto de vista da difusão das ideias espíritas e da facilidade com que são aceitas, os principais países da Europa podem ser classificados como se segue:

1º França. – 2º Itália. – 3º Espanha. – 4º Rússia. – 5º Alemanha. – 6º Bélgica. – 7º Inglaterra. – 8º Suécia e Dinamarca. – 9º Grécia. – 10º Suíça.

II. – *Em relação* ao *sexo*: 70% homens e 30% mulheres.

III. – *Em relação à idade*: de 30 a 70 anos, máximo; de 20 a 30, médio; de 70 a 80, mínimo.

IV. – *Em relação à instrução*: O grau de instrução é muito fácil de avaliar pela correspondência. Instrução cuidada, 30%; simples letrados, 30%; instrução superior, 20%; – semiletrados, 10%; – iletrados, 6%; – sábios oficiais, 4%.

V. – *Em relação às ideias religiosas*: católicos romanos, livres-pensadores, não ligados ao dogma, 50%; – católicos gregos, 15%; – judeus, 10%; – protestantes liberais, 10%; – católicos ligados aos dogmas, 10%; – protestantes ortodoxos, 3%; – muçulmanos, 2%.

VI. – *Em relação à fortuna*: mediocridade, 60%; – fortunas médias, 20%; – indigência 15%; – grandes fortunas, 5%.

VII. – *Em relação ao estado moral,* abstração feita da fortuna: aflitos, 60%; – sem inquietude, 30%; – felizes do mundo, 10%; – sensualistas, 0.

VIII. *Em relação à classe social*: Sem poder estabelecer qualquer proporção nesta categoria, é notório que o Espiritismo conta entre os seus aderentes vários soberanos e príncipes regentes; membros de famílias soberanas e um grande número de personagens tituladas.

Em geral, é nas classes médias que o Espiritismo conta mais adeptos. Na Rússia é mais ou menos exclusivamente na nobreza e na alta aristocracia. Na França o Espiritismo se propagou na pequena burguesia e na classe operária.

IX. – *Estado militar,* segundo o grau: 1º – tenentes e subtenentes; 2º – suboficiais; 3º – capitães; 4º – coronéis; 5º – médicos e cirurgiões; 6º – generais; 7º – guardas municipais; 8º – soldados da guarda; 9º – soldados de linha.

OBSERVAÇÃO; Os tenentes e subtenentes espíritas estão quase todos na ativa; entre os capitães há cerca de metade na ativa e outra metade na reserva; os coronéis, médicos, cirurgiões e generais, em sua maioria estão na reserva.

X. – *Marinha*: 1º – marinha militar; 2º – marinha mercante.

XI. – *Profissões liberais* e *funções diversas*. Agrupamo-los em dez categorias, classificadas segundo a proporção dos aderentes que elas forneceram ao Espiritismo:

1º – Médicos homeopatas. – Magnetistas[1]

2º – Engenheiros. – Professores: diretores e diretoras de internatos. – Professores livres.

3º – Cônsules. – Padres católicos.

---

[1] O vocábulo *magnetizador* desperta a ideia de ação; o de *magnetista* uma ideia de adesão. O magnetizador é o que exerce por profissão ou outra coisa. Pode-se ser magnetista sem ser magnetizador. Dir-se-á: *um magnetizador experimentado* e *um magnetista convicto.*

4º – Pequenos empregados. – Músicos. – Artistas líricos. – Artistas dramáticos.
5º – Meirinhos. – Comissários de polícia.
6º – Médicos alopatas. – Homens de letras. – Estudantes.
7º – Magistrados. – Altos funcionários. – Professores oficiais e de liceus. – Pastores protestantes.
8º – Jornalistas. – Pintores. – Arquitetos. – Cirurgiões.
9º – Notários. – Advogados. – Procuradores. – Agentes de negócios.
10º – Agentes de câmbio. – Banqueiros.

XII. – *Profissões industriais, manuais e comerciais,* igualmente grupadas em dez categorias:
1º – Alfaiates. – Costureiras.
2º – Mecânicos. – Empregados de estradas de ferro.
3º – Tecelões. – Pequenos negociantes. – Porteiros.
4º – Farmacêuticos. – Fotógrafos. – Relojoeiros. – Viajantes comerciais.
5º – Plantadores. – Sapateiros.
6º – Padeiros. – Açougueiros. – Salsicheiros.
7º – Marceneiros. – Tipógrafos.
8º – Grandes industriais e chefes de estabelecimentos.
9º – Livreiros. – Impressores.
10º – Pintores de casas. – Pedreiros. – Serralheiros. – Merceeiros. – Domésticos.

Deste levantamento resultam as seguintes consequências:
1º – Que há espíritas em todos os graus da escala social.
2º – Que há mais homens que mulheres espíritas. É certo que nas famílias divididas por suas crenças, no tocante ao Espiritismo, há mais maridos contrariados pela opinião das esposas do que mulheres pela dos maridos. Não é menos evidente que, em todas as reuniões espíritas, os homens são maioria.

É portanto erradamente que a crítica pretendeu que a Doutrina recruta principalmente entre as mulheres, em virtude da sua inclinação para o maravilhoso. É precisamente o contrário, porquanto essa inclinação para o maravilhoso e para o misticismo em geral as torna mais refratárias que os homens; essa predisposição faz com que elas aceitem mais facilmente a fé cega, que dispensa qualquer exame, ao passo que o Espiritismo, não admitindo senão a fé raciocinada, exige reflexão e a dedução filosófica para ser bem compreendido, para o que a educação estreita dada às mulheres torna-as menos aptas que os homens. Aquelas que sacodem o jugo imposto à sua razão e ao seu desenvolvimento intelectual, muitas vezes caem num excesso contrário; elas tornam-se o que chamam de mulheres fortes e são de uma incredulidade mais tenaz.

3º – Que a grande maioria dos espíritas se acha entre as pessoas esclarecidas e não entre as ignorantes. Por toda parte o Espiritismo se propagou de alto a baixo da escala social, e em parte alguma se desenvolveu primeiro nas camadas inferiores.

4º – Que a aflição e a infelicidade predispõem às crenças espíritas, em consequência das consolações que elas proporcionam. É a razão pela qual, na maioria das categorias, a proporção dos espíritas está na razão da inferioridade hierárquica, porque é aí que há mais privações e sofrimento, ao passo que os titulares das posições superiores em geral pertencem à classe dos satisfeitos; daí há que excluir o estado militar, onde os simples soldados figuram em último lugar.

5º – Que o Espiritismo encontra mais fácil acesso entre os incrédulos em matéria religiosa do que entre os que têm uma fé consolidada.

6º – Enfim, que depois dos fanáticos, os mais refratários às ideias espíritas são os sensualistas e as pessoas cujos únicos pensamentos estão concentrados nas posses e nos prazeres materiais, seja qual for a classe a que pertençam, o que independe do grau de instrução.

Em resumo, o Espiritismo é acolhido como um benefício pelos que ele ajuda a suportar o fardo da vida, e é repelido ou desdenhado por aqueles a quem prejudicaria no gozo da vida. Partindo deste princípio, facilmente se explica a posição que ocupam, no quadro, certas categorias de indivíduos, malgrado as luzes que são uma condição de sua posição social. Pelo caráter, os gostos, os hábitos, o gênero de vida das pessoas, pode-se julgar antecipadamente sua aptidão para assimilar as ideias espíritas. Em alguns a resistência é uma questão de amor-próprio, que segue quase sempre o grau do saber. Quando esse saber os fez conquistar uma certa posição social que os põe em evidência, eles não querem concordar que podiam ter-se enganado e que outros podem ter visto melhor.

Oferecer provas a certas pessoas é oferecer-lhes o que elas mais temem. Com medo de achá-las, eles tapam os olhos e os ouvidos, preferindo negar *a priori* e abrigar-se atrás de sua infalibilidade, de que estão muito convencidas, digam-lhes o que disserem.

É mais difícil compreender a posição que ocupam, nesta classificação, certas profissões industriais. Pergunta-se, por exemplo, por que os alfaiates aí ocupam a primeira posição, enquanto livreiros e impressores, profissões bem mais intelectuais, estão quase na última. É um fato constatado há muito tempo e do qual ainda não percebemos a causa.

Se, no levantamento acima, em vez de não abranger senão os espíritos de fato, tivéssemos considerado os espíritos inconscientes, aqueles nos quais essas ideias estão no estado de intuição e que fazem Espiritismo sem o saber, várias categorias certamente teriam sido classificadas diversamente: por exemplo, os literatos, os poetas, os artistas, numa palavra, todos os homens de imaginação e de inspiração, os crentes de todos os cultos estariam, sem dúvida nenhuma, no primeiro lugar. Certos povos, nos quais as crenças espíritas de certo modo são inatas, também ocupariam outra posição. Eis por que essa classificação não poderia ser absoluta, e modificar-se-á com o tempo.

Os médicos homeopatas estão à frente das profissões liberais porque, com efeito, é aquela que, guardadas as proporções, conta nas suas fileiras o maior número de adeptos do Espiritismo: em cem médicos espíritas, há pelo menos oitenta homeopatas. Isto se deve ao fato que o próprio princípio de sua medicação os conduz ao espiritualismo. Os materialistas são muito raros entre eles, se é que existem, ao passo que são numerosos entre os alopatas. Melhor que estes últimos, eles compreenderam o Espiritismo, porque acharam nas propriedades fisiológicas do períspirito, unido ao princípio material e ao princípio espiritual, a razão de ser de seu sistema. Pelo mesmo motivo, os espíritas puderam, melhor que outros, compreender os efeitos desse modo de tratamento. Sem serem exclusivos a respeito da homeopatia, e sem rejeitar a alopatia, eles compreenderam a sua racionalidade e a sustentaram contra-ataques injustos. Achando novos defensores entre os espíritas, os homeopatas não tiveram a inabilidade de lhes atirar pedras.

Se os magnetistas figuram na primeira linha, logo após os homeopatas, malgrado a oposição persistente e por vezes acerba de alguns, é que os oponentes não formam senão uma pequeníssima minoria ao lado da massa dos que são, pode-se dizer, espíritas por intuição. O magnetismo e o Espiritismo são, com efeito, duas ciências gêmeas, que se completam e se explicam uma pela outra, e, das duas, a que não quer *imobilizar-se* não pode chegar ao seu complemento sem se apoiar na sua congênere; isoladas uma da outra, detêm-se num impasse; são reciprocamente como a Física e a Química, a Anatomia e a Fisiologia. A maioria dos magnetistas compreende de tal modo por intuição a relação íntima que deve existir entre as duas coisas, que geralmente se prevalecem de seus conhecimentos em magnetismo como meio de introdução junto aos espíritas.

Em todos os tempos os magnetistas estiveram divididos em dois campos: os *espiritualistas* e os *fluidistas*. Estes últimos, muito menos numerosos, pelo menos fazendo abstração do princípio espiritual, quando não o negam absolutamente, atribuindo tudo à ação do fluido material, estão, por conseguinte, em oposição de princípios com os espíritas. Ora, é de notar que, se nenhum magnetistas é espírita, todos os espíritas, *sem exceção,* admitem o magnetismo. Em todas as circunstâncias eles se fizeram seus defensores e baluartes. Eles devem ter-se admirado de encontrar adversários mais ou menos malévolos nesses mesmos cujas fileiras acabavam de reforçar; que, depois de terem sido, durante mais de meio século, vítimas de ataques, de troças e de perseguições de toda espécie, por sua vez atirem pedras, sarcasmos e por vezes injúrias aos colaboradores que lhes chegam e comecem a pesar na balança, por seu número.

Ademais, como dissemos, essa oposição está longe de ser geral, muito pelo contrário; pode-se afirmar, sem se afastar da verdade, que ela não chega a mais de 2% a 3% da totalidade dos magnetistas. Ela é muito menor ainda entre os da província e do estrangeiro do que de Paris.

O ESPIRITISMO DO PONTO DE VISTA CATÓLICO

Extraído do Jornal *le Voyageur de Commerce* de 22 de novembro de 1868[2]

Algumas páginas sinceras sobre o Espiritismo, escritas por um homem de boa-fé, não poderiam ser inúteis nesta época, e talvez seja tempo de se fazer justiça e luz sobre uma questão que, embora contando hoje no mundo inteligente adeptos numerosos, não tem sido menos relegada ao domínio do absurdo e do impossível por espíritos levianos, imprudentes e pouco preocupados com o desmentido que o futuro lhes pode dar.

Seria curioso interrogar hoje esses pretensos sábios que, do alto de seu orgulho e de sua ignorância decretavam, ainda há pouco, com um soberbo desdém, a loucura desses homens gigantes que procuravam novas aplicações para o vapor e a eletricidade. Felizmente a morte lhes poupou essas humilhações.

Para fixar claramente a nossa situação, faremos ao leitor uma profissão de fé em algumas linhas:

Espírita, Avatar, Paul d'Apremont provam-nos incontestavelmente o talento de Théophile Gautier, esse poeta a quem o maravilhoso sempre atraiu; estes livros encantadores são pura imaginação e seria erro neles procurar outra coisa; o Sr. Home era um prestidigitador hábil; os irmãos Davenport, chantagistas desajeitados.

Todos aqueles que quiseram fazer do Espiritismo um negócio de especulação dependem, em nossa opinião, da polícia correcional ou do tribunal de justiça, e eis por quê: Se o Espiritismo não existe, são impostores passíveis da penalidade infringida pelo abuso de confiança; ao contrário, se ele existe, é com a condição de ser a coisa sagrada por excelência, a mais majestosa manifestação da Divindade. Se admitíssemos que o homem, passando sobre o túmulo, pudesse de pé firme penetrar na outra vida, corresponder-se com os mortos e ter assim a única prova irrecusável – porque seria material – da

---

[2] *Le Voyageur de Commerce* sai todos os domingos. – Escritório; bairro Saint-Honoré, 3. Preço: 22 francos por ano; 12 francos por semestre; 6,50 francos por trimestre. Pelo fato de ter publicado o artigo que será lido, que é a expressão do pensamento do autor, nada prejulgamos quanto às simpatias pelo Espiritismo, porquanto só o conhecemos por este número que tiveram a bondade de nos enviar.

imortalidade da alma, não seria um sacrilégio entregar a charlatães o direito de profanar o mais santo dos mistérios e violar, sob a proteção dos magistrados, o segredo eterno dos túmulos? O bom senso, a moral, a própria segurança dos cidadãos exigem imperiosamente que esses novos ladrões sejam expulsos do templo, e que nossos teatros e nossas praças públicas sejam fechados a esses falsos profetas que lançam nos espíritos fracos um terror de que a loucura muitas vezes é a consequência.

Isto posto, entremos no âmago da questão.

Ao ver as escolas modernas, que fazem tumulto em torno de certos princípios fundamentais e de certezas conquistadas, é fácil compreender que o século da dúvida e do desencorajamento em que vivemos está presa de vertigem e cegueira.

Entre todos esses dogmas, o mais agitado foi, sem contestação, o da imortalidade da alma.

Com efeito, tudo se resume nisto: é a questão por excelência, é o homem todo inteiro, é o seu presente, é o seu futuro; é a sanção da vida, é a esperança da morte; é a ela que vêm ligar-se todos os grandes princípios da existência de Deus, da alma, da religião revelada.

Admitida esta verdade, não é mais a vida que nos deve inquietar, mas o termo da vida; os prazeres se apagam para dar lugar ao dever; o corpo não é mais nada, a alma é tudo; o homem desaparece e só Deus brilha em sua eterna imensidade.

Então, a grande palavra da vida, a única, é a morte, ou melhor, a nossa transformação. Sendo chamados a passar pela Terra como fantasmas, é para esse horizonte que se entreabre do outro lado que devemos lançar o olhar; viajantes de alguns dias, é ao partir que convém nos informemos sobre o objetivo de nossa peregrinação, que perguntemos à vida o segredo da eternidade, que assentemos as balizas do nosso caminho e que, passageiros da morte à vida, sustentemos com mão firme o fio que atravessa o abismo.

Disse Pascal: "A imortalidade da alma é uma coisa que nos importa tanto e que nos toca tão profundamente, que é preciso haver perdido todo o sentimento para não nos interessarmos em saber o que ela é. Todas as nossas ações, todos os nossos pensamentos devem tomar caminhos tão diferentes, conforme houver ou não bens eternos a esperar, que é impossível fazer uma manobra com senso e raciocínio se não nos pautarmos pela visão desse plano, que deve ser o nosso primeiro objetivo."

Em todas as épocas o homem teve por patrimônio comum a noção da imortalidade da alma e procurou apoiar em provas essa ideia consoladora. Ele acreditou achá-la nos usos e costumes dos diversos povos, nos relatos dos historiadores, nos cantos dos poetas. Sendo anterior a todo sacerdote, a todo legislador, a todo escritor, não tendo saído de nenhuma seita, de nenhuma escola, e existindo nos povos bárbaros como nas nações civilizadas, de onde viria ela senão de Deus, que é a verdade?

Ah! Essas provas que o medo do nada criou não são senão esperanças de um futuro construído sobre um areal incerto, sobre areia movediça, e as deduções da lógica mais cerrada jamais chegarão à altura de uma demonstração matemática.

Esta prova material, irrecusável, justa como um princípio divino e como uma adição ao mesmo tempo, acha-se inteira no Espiritismo e não poderia encontrar-se alhures. Considerando-a deste ponto de vista elevado, como uma âncora de misericórdia, como a suprema tábua de salvação, compreende-se facilmente o número de adeptos que este novo altar plenamente católico agrupou em torno de seus degraus, porque não há que se enganar, é aí e não alhures que se deve procurar a origem do sucesso que essas novas doutrinas criaram junto a homens que brilham no primeiro plano da eloquência sagrada ou profana, e cujos nomes têm uma merecida notoriedade nas ciências e nas letras.

Que é, pois, o Espiritismo?

Na sua definição mais ampla, o Espiritismo é a facilidade que possuem certos indivíduos de entrar em relação, através de um intermediário, ou médium, que não passa de um instrumento em suas mãos, com o Espírito de pessoas mortas que habitam um outro mundo. Esse sistema, que se apoia, dizem os crentes, num grande número de testemunhos, oferece uma singular sedução, menos pelos resultados do que por suas promessas.

Nesta ordem de ideias, o sobrenatural não é mais um limite, a morte não é mais uma barreira, o corpo não é mais um obstáculo à alma, que dele se desembaraça após a vida, como, durante a vida, dela se desembaraça momentaneamente, no sonho. Na morte, o Espírito está livre; se for puro, eleva-se para as esferas que nos são desconhecidas; se impuro, erra em volta da Terra, põe-se em comunicação com o homem, que trai, engana e corrompe. Os espíritas não creem nos bons Espíritos. O clero, de acordo com o texto da Bíblia, não crê igualmente senão nos maus, e os encontra nesta passagem: "Tomai cuidado, porque o demônio ronda em torno de vós e vos espreita como um leão buscando sua presa, *quaerens quem devoret*."

Assim, o Espiritismo não é uma descoberta moderna. Jesus expulsava os demônios do corpo dos possessos, e Diodoro de Sicília fala dos fantasmas; os deuses lares dos romanos, seus Espíritos familiares, que eram, pois?

Mas, então, por que repelir com prevenção e sem exame um sistema, certamente perigoso do ponto de vista da razão humana, mas cheio de esperanças e consolações? A brucínia sabiamente administrada é um dos nossos mais poderosos remédios; por que é um violento veneno em mãos inábeis, há uma razão para proscrevê-la do Códex?

O Sr. Baguenault de Puchesse, um filósofo e um cristão, de cujo livro faço numerosos empréstimos, porque suas ideias são as minhas, diz, no seu belo livro *Immortalité*, a propósito do Espiritismo: "Suas práticas inauguram um sistema completo que compreende o presente e o futuro, que traça os destinos do homem, abre-lhe as portas da outra vida e o introduz no mundo sobrenatural. A alma sobrevive ao corpo, pois aparece e se mostra após a dissolução dos elementos que o compõem. O princípio espiritual se desprende, persiste e, por seus atos, afirma sua existência. A partir daí o materialismo é condenado pelos fatos; a vida de Além-Túmulo se torna um fato certo e como que palpável; o sobrenatural assim se impõe à Ciência e, submetendo-se ao seu exame, não lhe permite mais repeli-lo teoricamente e declará-lo, em princípio, impossível."

O livro que assim fala do Espiritismo é dedicado a uma das luzes da Igreja, a um dos mestres da Academia Francesa, um dos luminares das letras contemporâneas, que respondeu:

"Um belo livro, sobre um grande assunto, publicado pelo presidente de nossa Academia de Santa Cruz, será uma honra para vós e para toda a nossa Academia. Talvez não possais escolher uma questão mais alta nem mais importante a estudar na hora presente... Permiti-me, pois, senhor e muito caro amigo, vos oferecer, pelo belo livro que dedicais à nossa

Academia e pelo bom exemplo que nos dais, todas as minhas felicitações e todos os meus agradecimentos, com a homenagem de meu religioso e profundo devotamento."

FÉLIX, *Bispo de Orléans*
"Orléans, 28 de março de 1864"

O artigo é assinado por *Robert de Salles*.

Evidentemente o autor não conhece o Espiritismo senão de maneira incompleta, como o provam certas passagens de seu artigo, entretanto, considera-o como coisa muito séria e, salvo poucas exceções, os espíritas não poderão senão aplaudir o conjunto de suas reflexões. Ele está em erro sobretudo ao dizer que os espíritos não creem nos bons Espíritos, e também na definição que dá como a mais ampla expressão do Espiritismo. É, diz ele, a faculdade que possuem certos indivíduos, de entrar em relação com o Espírito de pessoas mortas.

A mediunidade, ou faculdade de comunicar-se com os Espíritos não constitui o fundo do Espiritismo, sem o que, para ser espírita, seria preciso ser médium. A mediunidade não passa de um acessório, um meio de observação, e não a ciência, que está toda inteira na doutrina filosófica. O Espiritismo não está mais enfeudado na mediunidade do que a Astronomia numa luneta, e a prova disto é que se pode fazer Espiritismo sem médiuns, como se fez Astronomia muito tempo antes de haver telescópios. A diferença consiste em que, no primeiro caso, se faz ciência teórica, ao passo que a mediunidade é o instrumento que permite assentar a teoria sobre a experiência. Se o Espiritismo estivesse circunscrito à faculdade mediúnica, sua importância seria singularmente diminuída e, para muita gente, reduzir-se-ia a fatos mais ou menos curiosos.

Lendo esse artigo, pergunta-se se o autor crê ou não no Espiritismo, porquanto ele não o expõe, de certo modo, senão como uma hipótese, mas como uma hipótese digna da mais séria atenção. Se for uma verdade, diz ele, é uma coisa sagrada por excelência, que não deve ser tratada senão com respeito, e cuja exploração não poderia ser desrespeitada e perseguida com muita severidade.

Não é a primeira vez que esta ideia é emitida, mesmo pelos adversários do Espiritismo, e é de notar que é sempre o lado pelo qual a crítica julgou pôr a Doutrina em erro, atendo-se aos abusos do tráfico a que deu ocasião; é que ela sente que este seria o lado vulnerável, pelo qual poderia acusá-la de charlatanismo, motivo pelo qual a malevolência se encarniça em ligá-la aos charlatães, ledores da sorte e outros exploradores da mesma espécie, esperando, por esse meio, ludibriar e lhe tirar o caráter de dignidade e de gravidade que constitui a sua força. O ataque aos Davenport, que tinham julgado poder impunemente pôr os Espíritos em desfile nos palcos, prestou um imenso serviço. Em sua ignorância do verdadeiro caráter do Espiritismo, a crítica de então julgou feri-lo de morte, ao passo que não desacreditou senão os abusos contra os quais todos os espíritas sinceros sempre protestaram.

Seja qual for a crença do autor, e malgrado os erros contidos em seu artigo, devemos felicitar-nos por nele ver a questão tratada com a gravidade que o assunto comporta. A imprensa raramente tem ouvido falar dele num sentido tão sério, mas há começo para tudo.

PROCESSO DAS ENVENENADORAS DE MARSELHA

O nome do Espiritismo achou-se incidentalmente envolvido neste caso deplorável. Um dos acusados, o ervanário Joye, disse ter-se ocupado com o fato, e que interrogava os Espíritos. Isto prova que ele fosse espírita e que se possa algo inferir contra a Doutrina? Sem dúvida, os que querem desacreditá-la não deixarão de aí buscar um pretexto para acusação, mas, se as diatribes da malevolência até hoje não deram resultado, é que sempre foram falsas, como aqui é o caso. Para saber se o Espiritismo incorre numa responsabilidade qualquer nesta circunstância, o meio é muito simples; é inquirir-se, com *boa-fé*, não entre os adversários, mas na própria fonte, o que ele prescreve e o que ele condena. Não há nada secreto; seus ensinamentos estão à plena luz e cada um os pode controlar. Se, pois, os livros da Doutrina não encerram senão instruções de natureza a levar ao bem; se eles condenam de maneira explícita e formal todos os atos desse homem, as práticas a que ele se entregou, o papel ignóbil e ridículo que atribui aos Espíritos, é que ele não colheu as suas inspirações. Não há um homem imparcial que não concorde e não declare o Espiritismo fora de questão nesse episódio.

O Espiritismo só reconhece como adeptos aqueles que põem em prática os seus ensinamentos, isto é, que trabalham a sua própria melhora moral, porque é esse o sinal característico do verdadeiro espírita. Ele não é mais responsável pelos atos daqueles a quem agrada dizer-se espíritas, do que a verdadeira Ciência pelo charlatanismo dos escamoteadores que se intitulam *professores de Física*, e a sã religião pelos abusos cometidos em seu nome.

Diz a acusação, a propósito de Joye: "Foi encontrado em sua casa um registro que dá a ideia de seu caráter e de suas ocupações. Segundo ele, cada página teria sido escrita conforme o ditado dos Espíritos, e é cheio de ardentes suspiros por Jesus Cristo. Em cada página fala-se de Deus e os santos são invocados. Ao lado, por assim dizer, há notas que podem dar uma ideia das operações habituais do ervanário:

"Para *espiritismo*, 4,25 francos. – Doentes, 6 francos – Cartas, 2 francos – Malefícios, 10 francos – Exorcismos, 4 francos – Bagueta divinatória, 10 francos – Malefícios por tiragem da sorte, 60 francos" e muitas outras designações, entre as quais se encontram malefícios para náuseas, e que terminam por esta menção: "Em janeiro fiz 226 francos. Os outros meses foram menos frutuosos."

Alguém já viu em obras da Doutrina Espírita a apologia de semelhantes práticas, bem como qualquer coisa que seja de natureza a provocá-las? Ao contrário, nelas não se vê que a Doutrina repudia toda solidariedade com a magia, a feitiçaria, as maquinações, os cartomantes, os adivinhos, os ledores do futuro, e todos os que fazem profissão do comércio com os Espíritos, pretendendo tê-los às suas ordens a tanto por sessão?

Se Joye tivesse sido espírita, de início já teria olhado como uma profanação fazer intervirem os Espíritos em semelhantes circunstâncias. Ele teria sabido, além disso, que os *Espíritos não estão às ordens de ninguém*, e que eles não vêm nem em obediência a voz de comando, nem pela influência de qualquer sinal cabalístico; que os Espíritos são as almas dos homens que viveram na Terra ou em outros mundos, nossos pais, nossos amigos, nossos contemporâneos ou nossos antepassados; que eles foram homens como nós, e que depois de nossa morte seremos Espíritos como eles; que os gnomos, duendes, trasgos, demônios, são criações de pura fantasia e só existem na imaginação; que os Espíritos são livres, mais livres que quando estavam encarnados, e que pretender submetê-los aos nossos caprichos e à nossa vontade, fazê-los agir e falar conforme nosso desejo, para o nosso divertimento ou por nosso interesse, é uma ideia quimérica; que eles vêm quando querem, da maneira que querem e a quem lhes convém; que o objetivo providencial das comunicações com os Espíritos é nossa instrução e nossa melhora moral, e não de ajudar-nos nas coisas materiais da vida, que podemos fazer ou encontrar por nós mesmos, e ainda menos de servir à cupidez; enfim, que, em razão de sua própria natureza e do respeito que devemos às almas dos que viveram, é tão irracional quanto imoral ter escritório de consulta e exibição dos Espíritos. Ignorar estas coisas é ignorar o á-bê-cê do Espiritismo, e quando a crítica o confunde com a cartomancia, a quiromancia, os exorcismos, as práticas de feitiçaria, os malefícios, os encantamentos etc., ela prova que ignora todos os seus princípios. Ora, negar ou condenar uma doutrina que não se conhece, é faltar à lógica mais elementar; é emprestar-lhe ou fazê-la dizer precisamente o contrário do que ela diz; é calúnia ou parcialidade.

Considerando-se que Joye misturava em seus processos o nome de Deus, de Jesus e a invocação dos santos, também podia muito bem a eles misturar o nome do Espiritismo, o que não depõe mais contra a Doutrina do que o seu simulacro de devoção depõe contra a sã religião. Portanto, ele não era mais espírita porque interrogava supostos Espíritos do que as mulheres Lamberte e Dye eram verdadeiramente piedosas porque queimavam velas para a *Boa-Mãe,* Nossa Senhora da Guarda, para o êxito de seus envenenamentos. Ademais, se ele fosse espírita, nem mesmo lhe teria tido a ideia de servir para a perpetração do mal por intermédio de uma doutrina cuja primeira lei é o amor ao próximo, e que tem por divisa: *Fora da caridade não há salvação.* Se se imputasse ao Espiritismo a incitação a semelhantes atos, poder-se-ia, sob a mesma justificativa, responsabilizar a religião.

A propósito, eis algumas reflexões da *Opinion Nationale* de 8 de dezembro:

"O jornal *Monde* acusa o *Siècle,* os maus jornais, as más reuniões, os maus livros, de cumplicidade no caso das envenenadoras de Marselha.

"Lemos com dolorosa curiosidade os debates desse estranho caso, mas não vimos em parte alguma que o feiticeiro Joye ou a feiticeira Lamberte tenham sido assinantes do *Siècle,* do *Avenir* ou da *Opinion.* Um só jornal foi encontrado na casa de Joye; era um número do *Diable, journal de l'enfer.* As viúvas que figuram nesse amável processo estão muito longe de ser livres-pensadoras. Elas acendem velas à boa Virgem, para obter de Nossa Senhora a graça de envenenar tranquilamente os seus maridos. Encontra-se nesse negócio toda a velha bagagem da Idade Média: ossos de defuntos colhidos no cemitério, *disfarces* que não passam de *feitiços* do tempo da rainha Margot. Todas essas senhoras foram educadas, não nas escolas Elisa Lemonnier, mas entre as boas irmãs. Juntai às superstições católicas as superstições modernas, espiritismo e outras charlatanices. Foi o absurdo que conduziu essas senhoras ao crime. É assim que na Espanha, perto da foz do Ebro, vê-se na montanha uma capela dedicada a Nossa Senhora dos Ladrões.

"Semeai a superstição e colhereis o crime. Por isto pedimos que se semeie a ciência. *'Esclarecei a cabeça do povo,* disse Victor Hugo, *e não tereis mais necessidade de cortá-la.'*"

J. LABBÉ

O argumento de que os acusados não eram assinantes de certos jornais não tem valor, pois se sabe que não é preciso ser assinante de um jornal para lê-lo, sobretudo nessa classe de indivíduos.

O *Opinion Nationale* poderia, pois, achar-se nas mãos de alguns dentre eles, sem que se pudesse nada concluir contra o jornal. O que teria ele dito se Joye tivesse pretendido ter-se inspirado nas doutrinas dessa folha? Teria respondido: Lede-a, e vede se nela encontrais uma única palavra própria a excitar as más paixões. O padre Verger certamente tinha o Evangelho em casa; ademais, por sua condição, ele devia estudá-lo. Pode-se dizer que foi o Evangelho que o impeliu a assassinar o Arcebispo de Paris? Foi o Evangelho que armou o braço de Ravaillac e o de Jacques Clément? Quem acendeu as fogueiras da Inquisição? Contudo, foi em nome do Evangelho que todos esses crimes foram cometidos. Diz o autor do artigo: "Semeai a superstição e colhereis o crime." Ele tem razão, mas o que está errado é confundir o abuso de uma coisa com a própria coisa. Se quiséssemos suprimir tudo aquilo de que se pode abusar, muito pouco escaparia à proscrição, sem excetuar a imprensa. Certos reformadores assemelham-se aos homens que desejam cortar uma boa árvore porque tem alguns frutos bichados.

Ele acrescenta: "É por isto que pedimos que se semeie a Ciência." Ele ainda tem razão, porque a Ciência é um elemento de progresso, mas ela basta para a moralização completa? Não se veem homens porem o seu saber a serviço de suas más paixões? Lapommeraie não era um homem instruído, um médico diplomado, desfrutando um certo crédito e, ademais, um homem da Sociedade? Dava-se o mesmo com Castaing e tantos outros. Pode-se, pois, abusar da Ciência. Há que se concluir daí que a Ciência é coisa má? E porque um médico falhou, a falta deve estender-se sobre todo o corpo médico? Por que, pois, imputar ao Espiritismo a de um homem a quem aprouve dizer-se espírita e não era? A primeira coisa, antes de lançar um argumento qualquer, era inquirir se ele teria encontrado na Doutrina Espírita máximas de natureza a justificar os seus atos. Por que a Ciência Médica não é solidária com o crime de Lapommeraie? Porque ele não colheu nos princípios dessa Ciência a iniciação ao crime. Ele empregou para o mal os recursos que ela fornece para o bem. Entretanto, ele era mais médico do que Joye era espírita. É o caso de aplicar o ditado: "Quando se quer matar seu cão, diz-se que está com raiva."

A instrução é indispensável, ninguém o contesta, mas sem a moralização, não é senão um instrumento muitas vezes improdutivo para aquele que não sabe regular o seu uso para o bem. Instruir as massas sem moralizá-las é pôr em suas mãos uma ferramenta sem ensinar a utilizá-la, porque a moralização que se dirige ao coração não segue necessariamente a instrução que só se dirige à inteligência. Aí está a experiência para prová-lo. Mas como moralizar as massas? É o de que menos se ocuparam, e não será certamente nutrindo-as com a ideia de que não há Deus, nem alma, nem esperança, porque nem todos os sofismas do mundo demonstrarão que o homem que crê que para ele tudo começa e acaba com o corpo tenha mais fortes razões para esforçar-se por se melhorar, do que aquele que compreende a solidariedade que existe entre o passado, o presente e o futuro. Entretanto, é essa crença no niilismo que uma certa escola de supostos reformadores pretende impor à Humanidade como o elemento por excelência do progresso moral.

Citando Victor Hugo, o autor esquece, ou melhor, nem mesmo imagina que este tenha muitas vezes afirmado sua crença nos princípios espíritas fundamentais. É verdade que não é Espiritismo à maneira de Joye, mas quando não se sabe, é fácil confundir-se.

Por mais lamentável que seja o abuso que foi feito do nome do Espiritismo neste assunto, nenhum espírita se abalou com o que pudesse resultar para a Doutrina. É que, com efeito, sendo sua moral inatacável, ela não podia ser atingida. A experiência prova, ao contrário, que não há uma só das circunstâncias que envolveram o nome do Espiritismo que não tenha sido em seu proveito, aumentando-lhe o número de adeptos, porque o exame que a repercussão provoca só lhe pode ser vantajoso. É de notar, não obstante, que neste caso, com poucas exceções, a imprensa se absteve de qualquer comentário a respeito do Espiritismo. Há alguns anos ela teria aberto colunas por dois meses e não teria deixado de apresentar Joye como um dos grandes sacerdotes da Doutrina. Igualmente podemos notar que nem o presidente da Corte, nem o procurador geral, no seu requisitório, insistiram sobre essa circunstância e dela não tiraram qualquer indução. Só o advogado de Joye fez seu papel de defensor como pôde.

O ESPIRITISMO EM TODA PARTE

LAMARTINE

Entre as oscilações do céu e do navio,
Ao embalar das ondas enormes e lentas,

Vê-se que o homem dobra um Cabo das Tormentas,
E passa, no negror da noite em tempestade,
O trópico agitado de outra Humanidade.

Aux oscillations du ciel et du vaisseau,
Aus gigantesques flots qui roulent sur no têtes.
On Sent que l'homme aussi double un cap des tempêstes,
Et passe sous la foudre et sous l'obscurité,
Le tropique orageux d'une autre humanité.

O *Siècle,* de 20 de maio último, citava estes versos a propósito de um artigo sobre a crise comercial. Que têm eles de espíritas? perguntarão. Não se trata de almas nem de Espíritos. Com mais razão poder-se-ia perguntar que relação eles têm com o fundo do artigo no qual foram enquadrados, tratando da tributação de mercadorias. Eles têm muito mais a ver com o Espiritismo, porque é, sob uma outra forma, o pensamento expresso pelos Espíritos sobre o futuro que se prepara; é, numa linguagem ao mesmo tempo sublime e concisa, o anúncio de convulsões que a Humanidade terá que sofrer para a sua regeneração e que, de todos os lados, os Espíritos nos fazem pressentir como iminentes. Tudo se resume neste pensamento profundo: *Uma outra Humanidade,* imagem da Humanidade transformada, do novo mundo moral substituindo o velho mundo que se esboroa. Os primeiros indícios dessas modificações já se fazem sentir, razão pela qual os Espíritos nos repetem em todos os tons que os tempos são chegados. O Sr. Lamartine aí fez uma verdadeira profecia, cuja realização começamos a ver.

ETIENNE DE JOUY (DA ACADEMIA FRANCESA)

Lê-se o que se segue no tomo XVI das obras completas do Sr. de Jouy, intitulado: *Misturas*, página 99. É um diálogo entre Madame de Staël, morta, e o Sr. Duque de Broglie vivo.

O Sr. de Broglie: – Que vejo! Será possível?
Madame de Staël: – Meu caro Victor, não vos alarmeis, e sem me interrogar sobre um prodígio cuja causa nenhum ser vivo poderia penetrar, gozai comigo de um momento de felicidade que a nós ambos proporciona esta aparição noturna. Vedes que há laços que a própria morte não poderia partir. A suave

concordância de sentimentos, de vistas, de opiniões, forma a cadeia que liga a vida perecível à vida imortal e que impede que o que esteve longamente unido seja separado para sempre.

O Sr. de Broglie: – Creio que eu poderia explicar esta feliz simpatia pela concordância intelectual.

Madame de Staël: – Eu vos peço que nada expliquemos. Não tenho mais tempo a perder. Essas relações de amor que sobrevivem aos órgãos materiais não me deixam alheia aos sentimentos dos objetos de minhas mais ternas afeições. Meus filhos vivem; eles honram e amam a minha memória, bem o sei, mas é a isso que se limitam minhas presentes relações com a Terra. A noite da tumba envolve todo o resto.

No mesmo tomo, páginas 83 e seguintes, há outro diálogo, onde são trazidos a cena vários personagens históricos, revelando sua existência e o papel que representaram em *vidas sucessivas*.

O correspondente que nos dirige esta nota acrescenta:

"Eu acredito, como vós, que o melhor meio de trazer à doutrina que proclamamos, bom número de recalcitrantes, é fazê-los ver que o que eles veem como um ogro pronto a devorá-los, ou como uma ridícula palhaçada, não é senão o que nasceu, apenas pela meditação nos destinos do homem, no cérebro dos pensadores sérios de todas as idades."

O Sr. de Jouy escrevia no começo deste século. Suas obras completas foram publicadas em 1823, em 27 volumes in 8º, pela casa Didot.

SÍLVIO PELLICO

Extraído de *Minhas Prisões,* por Sílvio Pellico, Cap. XLV e XLVI

"Semelhante estado era uma verdadeira doença. Não sei se devo dizer uma espécie de sonambulismo. Parecia-me que havia em mim dois homens: um que queria escrever continuadamente, outro que queria fazer outra coisa...

"Durante essas noites horríveis, por vezes minha imaginação se exaltava a tal ponto que, bem desperto, me parecia ouvir, em minha prisão, ora gemidos, ora risos abafados. Desde a infância jamais tinha acreditado em feiticeiros e em Espíritos, e agora esses gemidos e esses risos me espantavam. Eu não sabia como explicá-los; era forçado a duvidar se eu não era joguete de alguma força desconhecida e malfazeja.

"Várias vezes, trêmulo, tomei da luz e verifiquei se alguém não estaria escondido debaixo da cama para se divertir comigo. Quando estava à mesa, ora me parecia que alguém me puxava pela roupa, ora que mexiam num livro, que caía no chão, ora também pensava que uma pessoa, atrás de mim, soprava para apagar a luz. Então, erguendo-me precipitadamente, eu olhava em meu redor; andava desconfiado e perguntava para mim mesmo se eu estava louco ou em plena razão, porque, em meio a tudo quanto experimentava, eu não sabia mais distinguir a realidade da ilusão, e exclamava com angústia: *Deus meus, Deus meus, ut quid dereliquisti me?*

"Uma vez, havendo me deitado antes da aurora, estava certo de haver posto o lenço debaixo do travesseiro. Depois de um momento de apatia, despertei como de costume e pareceu-me que me estrangulavam. Senti meu pescoço bem apertado. Coisa estranha! Ele estava envolto no meu lenço, fortemente amarrado por vários nós! Eu teria jurado não haver dado esses nós, nem mesmo haver tocado no lenço desde que o pusera sob o travesseiro. Era preciso que o tivesse feito sonhando ou num acesso de delírio, sem guardar a mínima lembrança. Mas eu não podia crê-lo, e, a partir de então, todas as noites temia ser estrangulado."

Se alguns destes fatos podem ser atribuídos a uma imaginação superexcitada pelo sofrimento, outros há que realmente parecem provocados por agentes invisíveis, e não se deve esquecer que Sílvio Pellico não acreditava nisso. Essa causa não lhe podia vir à mente e, na impossibilidade de entendê-la, o que se passava à sua volta enchia-o de terror. Hoje que seu Espírito está desprendido do véu da matéria, ele percebe as causas, não só desses fatos, mas das diversas peripécias de sua vida; ele reconhece como justo o que antes lhe parecia injusto. Deu a sua explicação na comunicação seguinte, solicitada a propósito.

(Sociedade de Paris, 18 de outubro de 1867)

Como é grande e poderoso esse Deus que os humanos apequenam sem cessar querendo defini-lo, e como as mesquinhas paixões que lhe atribuímos para compreendê-lo são uma prova de nossa fraqueza e de nosso pouco adiantamento! Um Deus vingador! Um Deus juiz! Um Deus carrasco! Não, tudo isto só existe na imaginação humana, incapaz de compreender o infinito. Que louca temeridade querer definir Deus! Ele é o incompreensível e o indefinível, e nós só podemos inclinar-nos sob sua mão poderosa, sem procurar compreender e analisar sua natureza. Os fatos aí estão para provar que ele existe! Estudemos os fatos e, por meio deles, remontemos de causa em causa tão longe quanto possamos ir, mas não nos lancemos à causa das causas senão quando possuirmos inteiramente as causas secundárias e quando compreendermos todos os efeitos!...

Sim, as leis do Eterno são imutáveis! Hoje elas ferem o culpado, como sempre o feriram, conforme a natureza das faltas cometidas e proporcionalmente a essas faltas. Elas ferem de maneira inexorável, e são seguidas de consequências morais, não fatais, mas inevitáveis. A pena de talião é um fato e a palavra da antiga lei "Olho por olho, dente por dente", cumpre-se em todo o seu rigor. Não só o orgulhoso é humilhado, mas ele é ferido em seu orgulho da mesma maneira que feriu os outros. O juiz iníquo se vê condenado injustamente; o déspota torna-se oprimido!

Sim, eu governei os homens. Fi-los dobrar-se sob um jugo de ferro; eu os feri em suas afeições e em sua liberdade, e mais tarde, por minha vez, tive que me dobrar ao opressor; fui privado de minhas afeições e de minha liberdade!

Mas como o opressor da véspera pode tornar-se o liberal de amanhã? A coisa é das mais simples e a observação dos fatos que se passam aos vossos olhos deveria vos dar a chave. Não vedes, no curso de uma só existência, uma mesma personalidade, alternadamente dominadora e dominada? E não acontece que, se ela governa despoticamente no primeiro caso, é, no segundo, uma das que mais energicamente lutam contra o despotismo?

A mesma coisa acontece de uma existência a outra. Isto não é uma regra sem exceção, mas geralmente os que são, em aparência, os mais convictos liberais, foram outrora os mais ardentes partidários do poder, e isto se compreende, porque é lógico que os que longamente estavam habituados a reinar sem contestação e a satisfazer sem entraves os seus menores caprichos, sejam os que mais sofram a opressão, e os mais ardentes para sacudir o jugo.

O despotismo e os seus excessos, por uma consequência admirável das leis de Deus, arrastam necessariamente aqueles que os exercem a um amor imoderado da liberdade, e esses dois excessos, gastando-se reciprocamente, trazem inevitavelmente a calma e a moderação.

Tais são, a propósito do desejo que exprimistes, as explicações que creio útil vos dar. Ficarei feliz se elas forem de natureza a vos satisfazer.

SILVIO PELLICO

VARIEDADES

O AVARENTO DA RUA DO FORNO

O *Petite Presse* de 19 de novembro de 1868 transcreveu do jornal *le Droit* o fato seguinte:

"Numa miserável água-furtada da Rua do Four-Saint-Germain, vivia pobremente um indivíduo de certa idade, chamado P... Ele não recebia ninguém, e fazia sua própria comida, muito mais frugal que a de um anacoreta. Vestindo roupas sórdidas, ele dormia numa enxerga ainda mais sórdida. De magreza extrema, parecia ressecado pelas privações de todo gênero e era julgado em geral vítima da mais profunda pobreza.

"Entrementes, um cheiro fétido tinha começado a espalhar-se na casa. Aumentava de intensidade e acabou atingindo um pequeno restaurante do pavimento térreo, a ponto de a freguesia reclamar.

"Então procuraram diligentemente a causa do mau cheiro, e acabaram descobrindo que provinha do alojamento ocupado pelo tal P...

"Essa descoberta suscitou a lembrança de que ele há tempos não era visto e, temendo lhe houvesse acontecido uma desgraça, apressaram-se em avisar o comissário de polícia do bairro.

"Imediatamente a autoridade foi ao local e mandou um serralheiro abrir a porta. Mas assim que quiseram entrar no quarto, quase sufocaram e tiveram que afastar-se imediatamente. Só depois de ter deixado por algum tempo entrar o ar exterior é que puderam entrar e fazer constatações com as necessárias precauções.

"Um triste espetáculo se ofereceu ao comissário e ao médico que o acompanhava. Estendido sobre o leito, o corpo do tal P... encontrava-se em estado de completa putrefação. Ele estava coberto de varejeiras, e milhares de vermes roíam as carnes, que caíam aos pedaços.

"O estado de decomposição não permitiu reconhecer exatamente a causa da morte, que ocorrera há muito tempo, mas a ausência de qualquer traço de violência permitiu deduzir que fora devida a uma causa natural, como uma apoplexia ou uma congestão cerebral. Ademais, encontraram num móvel cerca de 35.000 francos, em dinheiro, ações, obrigações industriais e valores diversos.

"Depois das formalidades normais, apressaram-se em retirar os restos humanos e desinfetar o local. O dinheiro e os valores foram lacrados pela Justiça."

Tendo sido evocado na Sociedade de Paris, esse homem deu a seguinte comunicação:

(Sociedade de Paris, 20 de novembro de 1868 – Médium: Sr. Rul)

Perguntais por que me deixei morrer de fome, quando possuía um tesouro. 35.000 francos, com efeito, é uma fortuna! Ai de mim, senhores! Sois muito instruídos sobre o que se passa em torno de vós, para não compreenderdes que eu sofria provações, e meu fim diz claramente que fali. Com efeito, numa existência anterior eu tinha lutado com energia contra a pobreza que eu não tinha dominado senão por prodígios de atividade, de energia e de perseverança. Vinte vezes estive a ponto de me ver privado do fruto de meu trabalho. Assim, não fui terno para com os pobres que eu enxotava quando se apresentavam em minha casa. Eu reservava tudo quanto ganhava para a minha família, minha mulher e meus filhos.

Escolhi para provação, nesta nova existência, ser sóbrio, moderado nos gastos, e partilhar minha fortuna com os pobres, meus irmãos deserdados.

Mantive a palavra? Vedes o contrário, porque fui muito sóbrio, temperante, mais que temperante, mas não fui caridoso.

Meu fim infeliz não foi senão o começo de meus sofrimentos, mais duros, mais penosos neste momento, quando vejo com os olhos do Espírito. Assim, não teria tido a coragem de me apresentar a vós, se não me tivessem assegurado que sois bons e compassivos com a desgraça. Venho pedir que oreis por mim. Aliviai meus sofrimentos, vós que conheceis os meios de tornar o sofrimento menos pungente. Orai por vosso irmão que sofre e que deseja voltar a sofrer muito mais ainda.

Piedade, meu Deus! Piedade para o ser fraco que faliu; e vós, senhores, compaixão por vosso irmão, que se recomenda às vossas preces.

O AVARENTO DA RUA DO FORNO

SUICÍDIO POR OBSESSÃO

Lê-se no *Droit*:

"O Sr. Jean-Baptiste Sadoux, fabricante de canoas em Joinville-le-Pont, percebeu ontem um jovem que, depois de ter vagado durante algum tempo sobre a ponte, subiu no parapeito e se atirou ao Marne. Imediatamente ele foi em seu socorro e, ao cabo de sete minutos, retirou-o. Mas a asfixia já era completa e todas as tentativas para reanimar aquele infeliz foram infrutíferas.

"Uma carta encontrada com ele permitiu que fosse reconhecido como o Sr. Paul D..., de vinte e dois anos, residente na Rua Sedaine, em Paris. Essa carta, dirigida pelo suicida ao seu pai, era extremamente tocante. Ele pedia perdão por abandoná-lo e dizia que há dois anos era dominado por uma ideia terrível, por uma irresistível vontade de se destruir. Acrescentava que lhe parecia ouvir fora da vida uma voz que o chamava sem descanso e, a despeito de todos os esforços, não podia impedir de ir para ela. Encontraram, também, no bolso do paletó, uma corda nova, na qual tinha sido feito um laço corredio. Depois do exame médico-legal, o corpo foi entregue à família."

A obsessão aqui está bem evidente, e o que não está menos evidente é que o fato nada tem a ver com o Espiritismo, nova prova de que esse mal não é inerente à crença. Mas se o Espiritismo não tem nada a ver com este caso, só ele pode dar a sua explicação. Eis a instrução dada a respeito por um dos nossos Espíritos habituais, da qual ressalta que, malgrado o arrastamento a que o jovem cedeu, para sua infelicidade, ele não sucumbiu à fatalidade. Ele tinha o seu livre-arbítrio e, com mais vontade, poderia ter resistido. Se tivesse sido espírita, teria compreendido que a voz que o solicitava não poderia ser senão de um mau Espírito e as consequências terríveis de um instante de fraqueza.

(Paris, Grupo Desliens, 20 de dezembro de 1868 – Médium: Sr. Nivard)

A voz dizia: Vem! Vem! Mas teria sido ineficaz essa voz do tentador, se a ação direta do Espírito não se tivesse feito sentir. O pobre suicida era chamado e impelido. Por quê? Seu passado era a causa da situação dolorosa em que se achava. Ele apegava-se à vida e temia a morte. No entanto, nesse apelo incessante que ouvia, pergunto eu, ele encontrou força? Não, ele hauriu a fraqueza que o perdeu. Ele venceu os temores, porque esperava no fim encontrar do outro lado da vida o repouso que o lado de cá lhe negava. Ele se enganou, pois o repouso não veio. As trevas o cercam, a consciência lhe censura o ato de fraqueza e o Espírito que o arrastou gargalha ao seu redor e o criva de motejos constantes. O cego não o vê, mas escuta a voz que lhe repete: Vem! Vem! e que depois zomba de suas torturas.

A causa deste caso de obsessão está no passado, como acabo de dizer. O próprio obsessor foi impelido ao suicídio por esse que ele acaba de empurrar para o abismo. Era sua mulher na existência anterior, e tinha sofrido consideravelmente com o deboche e as brutalidades de seu marido. Muito fraca para aceitar a situação que lhe era dada, com resignação e coragem, buscou na morte um refúgio contra seus males. Ela vingou-se depois, sabeis como. Entretanto, o ato desse infeliz não era fatal. Ele tinha aceito os riscos da tentação; ela era necessária ao seu adiantamento, porque só ela poderia fazer desaparecer a mancha que havia conspurcado sua existência anterior. Ele tinha aceito seus riscos, com a esperança de ser mais forte, e se havia enganado: sucumbiu. Recomeçará mais tarde? Resistirá? Dele dependerá.

Rogai a Deus por ele, a fim de que lhe dê a calma e a resignação de que tanto necessita, a coragem e a força para não falir nas provas que tiver de suportar mais tarde.

LOUIS NIVARD

DISSERTAÇÕES ESPÍRITAS

AS ARTES E O ESPIRITISMO

(Paris, Grupo Desliens, 25 de novembro de 1868 – Médium: Sr. Desliens)

Porventura já contou alguma época maior número de poetas, pintores, escultores, literatos, artistas de todos os gêneros? Houve jamais uma época em que a poesia, a pintura, a escultura, fosse que arte fosse, tenha sido acolhida com mais desdém? Tudo está no marasmo, e nada, a não ser o que se liga diretamente à fúria positivista do século, tem chance de ser apreciado favoravelmente.

Sem dúvida ainda há alguns amigos do belo, do grande, do verdadeiro, mas, ao lado, quantos profanadores, quer entre os executantes, quer entre os amadores! Não há mais pintores; só há fazedores! Não é a glória que se persegue; ela vem a passos muito lentos para a nossa geração de pessoas apressadas. Ver o renome e a auréola do talento a coroar uma existência em seu declínio, que é isto? Uma quimera, boa ao menos para os artistas do passado! Então eles tinham tempo para viver; hoje temos apenas o de gozar! Agora é preciso chegar, e prontamente, à fortuna. É preciso fazer um nome por *uma feitura original,* pela intriga, por todos os meios mais ou menos confessáveis com que a civilização cumula os povos que atingem um progresso imenso para o futuro ou uma decadência sem remissão.

Que importa se a celebridade conquistada desaparece com tanta rapidez quanto a existência do efêmero! Que importa a brevidade do brilho!... É uma eternidade se esse tempo bastou para adquirir fortuna, a chave dos prazeres e do *dolce far niente!*

É a luta corajosa com a provação que faz o talento; a luta com a fortuna o enerva e o mata!

Tudo cai, periclita, porque não há mais crença!

Pensais que o pintor crê em si mesmo? Sim, por vezes chega a isso, mas em geral não crê senão cegamente, senão no entusiasmo do público, e o aproveita até que um novo capricho venha transportar alhures a torrente de favores que nele penetrava!

Como fazer quadros religiosos ou mitológicos que sensibilizem e comovam, quando desapareceram as ideias que eles representam?

Tem-se talento, esculpe-se o mármore, dá-se-lhe a forma humana, mas é sempre uma pedra fria e insensível; não há vida! Belas formas, mas não a centelha que cria a imortalidade.

Os mestres da Antiguidade fizeram deuses, porque acreditavam nesses deuses. Os escultores atuais, que neles não creem, fazem apenas homens. Mas venha a fé, mesmo que ilógica e sem um objetivo sério; ela gerará obras-primas, e se a razão os guiar, não haverá limites que ela não possa atingir! Campos imensos, completamente inexplorados, abrem-se à juventude atual, diante de todos aqueles que poderoso sentimento de convicção impele numa direção, seja ela qual for. Literatura, Arquitetura, Pintura, História, tudo receberá do aguilhão espírita o novo batismo de fogo necessário para dar energia e vitalidade à sociedade expirante, porque ela terá insculpido, no coração daqueles que a aceitarem, um ardente amor pela Humanidade e uma fé inquebrantável em seu destino.

Um artista, DUCORNET

A MÚSICA ESPÍRITA

(Paris, grupo Desliens, 9 de dezembro de 1868 – Médium: Sr. Desliens)

Recentemente, na sede da Sociedade Espírita de Paris, o presidente deu-me a honra de perguntar minha opinião sobre o estado atual da música e sobre as modificações que a ela poderia trazer a influência das crenças espíritas. Se não atendi imediatamente a esse benévolo e simpático apelo, crede, senhores, que só uma causa maior motivou a minha abstenção.

Os músicos, ah! são homens como os outros, talvez mais homens, e, a esse título, eles são falíveis e pecadores. Não fui isento de fraquezas, e se Deus me deu vida longa, a fim de me dar tempo de me arrepender, a embriaguez do sucesso, a complacência dos amigos, a adulação dos cortesãos muitas vezes me tiraram os meios. Um maestro é uma potência, neste mundo onde o prazer representa tão grande papel. Aquele cuja arte consiste em seduzir o ouvido, em enternecer o coração, vê muitas ciladas criadas sob seus passos e nelas cai, o infeliz! Ele embriaga-se com a embriaguez dos outros; os aplausos lhe tapam os ouvidos e ele vai direito ao abismo, sem procurar um ponto de apoio para resistir ao arrastamento.

Contudo, a despeito de meus erros, eu tinha fé em Deus. Eu cria na alma que vibrava em mim, e, desprendida de sua caixa sonora, ela prontamente se reconheceu em meio às harmonias da criação e confundiu sua prece com aquelas que se elevavam da Natureza ao infinito, da criatura ao Ser Incriado!...

Estou feliz pelo sentimento que provocou minha vinda entre os espíritas, porque foi a simpatia que a ditou, e se a princípio a curiosidade me atraiu, é ao meu reconhecimento que deveis minha apreciação da pergunta que foi feita. Eu lá estava, pronto para falar, crendo tudo saber, quando meu orgulho, caindo, desvelou minha ignorância. Fiquei mudo e escutei. Voltei, instruí-me e, quando às palavras acerca da verdade emitidas por vossos instrutores se juntaram a reflexão e a meditação, eu disse para mim mesmo: O grande maestro Rossini, o criador de tantas obras-primas, segundo os homens, ah! não fez senão debulhar algumas das pérolas menos perfeitas do escrínio musical criado pelo mestre dos mestros. Rossini juntou notas, compôs melodias, provou a taça que contém todas as harmonias; ele roubou algumas centelhas do fogo sagrado, mas esse fogo sagrado, nem ele criou, nem os outros! – Nós nada inventamos; nós copiamos do grande livro da Natureza e a multidão aplaude quando não deformamos muito a partitura.

Uma dissertação sobre a música celeste!... Quem poderia encarregar-se disso? Que Espírito sobre-humano poderia fazer vibrar a matéria em uníssono com essa arte encantadora? Que cérebro humano, que Espírito encarnado poderia captar as suas nuances variadas ao infinito?... Quem possui a esse ponto o sentimento da harmonia?... Não, o homem não foi feito para tais condições!... Mais tarde!... Muito mais tarde!...

Enquanto se espera, talvez eu venha em breve satisfazer o vosso desejo e vos dar minha apreciação sobre o estado atual da música e vos dizer das transformações, dos progressos que o Espiritismo poderá aí introduzir.

Hoje ainda é muito cedo. O assunto é vasto, já o estudei, mas ele ainda está fora do meu alcance. Quando dele eu for senhor, se tal for possível, ou melhor, quando tiver entrevisto tanto quanto me permitir o estado do meu espírito, eu vos satisfarei. Ainda um pouco de tempo. Se só um músico pode bem falar da música do futuro, deve fazê-lo como mestre, e Rossini não quer falar como aprendiz.

ROSSINI

OBSESSÕES SIMULADAS

Esta comunicação nos foi dada a propósito de uma senhora que deveria vir pedir conselhos para uma obsessão, e a respeito da qual tínhamos julgado que deveríamos previamente aconselhar-nos com os Espíritos.

"A piedade pelos que sofrem não deve excluir a prudência, e poderia ser uma imprudência estabelecer relações com todos os que se apresentam a vós, sob o império de uma obsessão real ou fingida. É ainda uma prova pela qual deverá passar o Espiritismo, e que lhe servirá para se desembaraçar de todos aqueles que, por sua natureza, embaraçariam o seu caminho. Troçaram, ridicularizaram os espíritas; quiseram amedrontar aqueles a quem a curiosidade atrai para vós, colocando-vos sob o patrocínio satânico. Nada disto teve êxito. Antes de se render, querem assestar uma última bateria que, como todas as outras, resultará em vosso proveito. Não mais podendo acusar-vos de contribuir para o aumento da alienação mental, enviar-vos-ão verdadeiros obsedados, diante dos quais esperam que fracasseis, e obsedados simulados, que vos será impossível curar de um mal imaginário. Tudo isto não retardará nenhum pouco o vosso progresso, mas com a condição de agir com prudência e de aconselhar aqueles que se ocupam dos tratamentos obsessionais a consultarem os seus guias, não só sobre a natureza do mal, mas sobre a realidade das obsessões que eles poderão ter que combater. Isto é importante, e aproveito a ideia que vos foi sugerida, de antes pedir um conselho, para vos recomendar a agir sempre assim no futuro.

"Quanto a essa senhora, ela é sincera e realmente sofredora, mas atualmente nada há que fazer por ela, senão aconselhá-la a pedir, pela prece, a calma e a resignação para suportar corajosamente a sua prova. Não são instruções dos Espíritos que lhe são necessárias; seria mesmo prudente afastá-la de toda ideia de correspondência com eles, e aconselhá-la a entregar-se totalmente aos cuidados da medicina oficial."

Doutor DEMEURE

OBSERVAÇÃO: Não é só contra as obsessões simuladas que é prudente se pôr em guarda, mas contra os pedidos de comunicações de todas as naturezas, evocações, conselhos de saúde etc., que poderiam ser armadilhas feitas à boa-fé, de que a malevolência poderia servir-se. Convém, pois, não aceder aos pedidos dessa natureza, senão com conhecimento de causa, e em relação a pessoas conhecidas ou devidamente recomendadas. Os adversários do Espiritismo veem com pesar o desenvolvimento que ele adquire, contrariamente às suas previsões. Eles aguardam e provocam ocasiões de pilhá-lo em falta, quer para acusá-lo, quer para expô-lo ao ridículo. Em semelhante caso, é melhor pecar por excesso de circunspecção do que por imprevidência.

ALLAN KARDEC

REVISTA ESPÍRITA
JORNAL DE ESTUDOS PSICOLÓGICOS

| ANO XII | FEVEREIRO DE 1869 | VOL. 2 |

ESTATÍSTICA DO ESPIRITISMO
APRECIAÇÃO PELO JORNAL *LA SOLIDARITÉ*[1]

O jornal *La Solidarité* de 15 de janeiro de 1869 analisa a *estatística do Espiritismo*, que publicamos no nosso número precedente; se critica algumas de suas cifras, sentimo-nos feliz por sua adesão ao conjunto do trabalho, que aprecia nestes termos:

"Lamentamos não poder reproduzir, por falta de espaço, as reflexões muito sábias que o Sr. Allan Kardec acrescenta a essa estatística. Limitar-nos-emos a constatar com ele que há espíritas em todos os graus da escala social; que a grande maioria dos espíritas se acha entre pessoas esclarecidas e não entre os ignorantes; que o Espiritismo se propagou por toda parte, de alto a baixo na escala social; que a aflição e a infelicidade são os grandes recrutadores do Espiritismo, em consequência das consolações e das esperanças que ele dá aos que choram e lamentam; que o Espiritismo encontra mais fácil acesso entre os incrédulos em matéria religiosa que entre as pessoas que têm uma fé fixa; enfim, que, depois dos fanáticos, os mais refratários às ideias espíritas são as criaturas cujos pensamentos estão todos concentrados na posse e nos prazeres materiais, seja qual for a sua condição."

É um fato de capital importância e que se constata por toda parte, que "a grande maioria dos espíritas se acha entre pessoas

---
[1] *La Solidarité* sai duas vezes por mês. Preço: 10 francos por ano. Paris. Livraria das Ciências Sociais, Rua *des Saint-Pères*, 13.

esclarecidas e não entre os ignorantes". Em face deste fato material, como fica a acusação de estupidez, ignorância, loucura, inépcia, lançada tão esturdiamente contra os espíritas pela malevolência?

Propagando-se de alto a baixo da escala, o Espiritismo prova, além disso, que as classes favorecidas compreendem a influência moralizadora sobre as massas, porquanto elas se esforçam por nele penetrar. É que, com efeito, os exemplos que se tem sob os olhos, embora parciais e ainda isolados, demonstram de maneira peremptória que o espírito do proletariado seria muito outro se estivesse imbuído dos princípios da Doutrina Espírita.

A principal objeção do *Solidarité*, e ela é muito séria, refere-se ao número de espíritas do mundo inteiro. Eis o que ele diz a esse respeito:

"Engana-se muito a *Revista Espírita* quando estima em apenas seis ou sete milhões o número de espíritas para o mundo inteiro. Evidentemente ela se esquece de contar a Ásia.

"Se pelo termo espírita entendem-se as pessoas que creem na vida de Além-Túmulo e nas relações dos vivos com a alma das pessoas mortas, há que contá-los por centenas de milhões. A crença nos Espíritos existe em todos os seguidores do budismo, e pode-se dizer que ela constitui o fundo de todas as religiões do extremo Oriente. Ela é geral sobretudo na China. As três antigas seitas que desde tanto tempo dividem as populações no Médio Império, creem nos manes, nos Espíritos, e professam o seu culto. – Pode-se mesmo dizer que este é para elas um terreno comum. Os adoradores do *Tao* e de *Fo* aí se encontram com os seguidores do filósofo *Confúcio.*

"Os sacerdotes da seita de Lao-Tseu, e particularmente os Tao-Tse, ou doutores *da Razão,* devem às práticas espíritas uma grande parte de sua influência sobre as populações. Esses religiosos interrogam os Espíritos e obtêm respostas escritas que não têm mais nem menos valor que as dos nossos médiuns. São conselhos e avisos considerados como dados aos vivos pelo Espírito de um morto. Aí se encontram revelações de segredos unicamente conhecidos por quem interroga, algumas vezes predições que se realizam ou não, mas que são de natureza a chocar os assistentes e estimular muito os seus desejos, para que se encarreguem *de realizar,* eles próprios, *o oráculo.*

"Essa correspondência é obtida por processos que não diferem muito dos processos dos nossos espíritas, mas que, entretanto, devem ser mais aperfeiçoados, se considerarmos a longa experiência dos operadores que os praticam tradicionalmente.

"Eis como nos são descritos por uma testemunha ocular, o Sr. D..., que mora na China há muito tempo e se familiarizou com a língua do país.

"Uma vara de pescar de 50 a 60 centímetros é sustentada pelas extremidades por duas pessoas, das quais uma é o médium e a outra o interrogante. No meio dessa haste é lacrada ou amarrada uma pequena vareta da mesma madeira, muito parecida com um lápis, pelo tamanho e grossura. Abaixo desse pequeno aparelho é espalhada uma camada de areia, ou uma caixa com milho miúdo. Deslizando *maquinalmente* sobre a areia ou o milho, a vareta traça caracteres. À medida que se formam, esses caracteres são lidos e reproduzidos imediatamente num papel, por um letrado presente à sessão. Daí resultam frases e escritos mais ou menos longos, mais ou menos interessantes, mas tendo sempre um valor lógico.

"Se se acredita nos Tao-Tse, esses processos vêm do próprio Lao-Tseu. Ora, se, segundo a História, Lao-Tseu viveu no sexto século antes de Jesus Cristo, é bom lembrar que, conforme a lenda, ele é como *o Verbo* dos cristãos, anterior *ao começo* e contemporâneo da grande *não-entidade,* como se exprimem os doutores *da Razão.*

"Vê-se que o Espiritismo remonta a uma belíssima antiguidade.

"Isto não prova que ele é verdadeiro? – Não, sem dúvida, mas se basta que uma crença seja antiga para ser venerável, e ser forte pelo número de seus partidários para ser respeitada, não conheço outra que tenha mais títulos ao respeito e à veneração dos meus contemporâneos."

Desnecessário dizer que aderimos completamente a essa retificação, e nos sentimos feliz que ela emane de uma fonte estranha, porque isto prova que não procuramos carregar as tintas do quadro. Nossos leitores apreciarão, como nós, a maneira pela qual esse jornal, que se recomenda por seu caráter sério, encara o Espiritismo. Vê-se que, de sua parte, é uma apreciação que tem fundamento.

Sabíamos que as ideias espíritas estão muito espalhadas nos povos do extremo Oriente, e se não as tínhamos feito entrar nas estatísticas, é que, em nossa avaliação, não nos propusemos apresentar, conforme dissemos, senão o movimento do Espiritismo moderno, reservando-nos para fazer mais tarde um estudo especial sobre a anterioridade dessas ideias. Agradecemos muito sinceramente ao autor do artigo por nos haver precedido.

Em outro momento ele diz:

"Cremos que esta incerteza (sobre o número real dos espíritas, sobretudo na França) inicialmente se deve à ausência de declarações positivas por parte dos adeptos; depois ao estado flutuante das crenças. Existe – e poderíamos citar em Paris numerosos exemplos – uma multidão de pessoas que creem no Espiritismo e *que não se gabam disso*."

Isto é perfeitamente justo; assim, só falamos dos espíritas de fato, porquanto, como dissemos, se considerássemos os espíritas por intuição, somente na França eles se contariam por milhões, mas preferimos ficar abaixo e não acima da verdade, para não sermos tachados de exagero. Contudo, é preciso que o acréscimo seja muito sensível, para que certos adversários o tenham levado a cifras hiperbólicas, como o autor da brochura *Le Budget du Spiritisme*, que vendo sem dúvida os espíritas com lente de aumento, em 1863 os avaliava em vinte milhões apenas na França *(Revista Espírita* de junho de 1863).

A propósito da proporção dos sábios oficiais, na categoria do grau de instrução, diz o autor: "Gostaríamos muito de ver a olho nu esses 4% de sábios oficiais; 40.000 para a Europa e 24.000 só para a França. São muitos sábios, e ainda oficiais. 6% de iletrados não é nada."

A crítica seria fundada se, como supõe o autor, se tratasse de 4% sobre o número aproximado de 600.000 espíritas na França, o que, efetivamente, faria 24.000. Com efeito seria muito, pois se teria dificuldade em encontrar essa cifra de sábios oficiais em toda a população da França. Em tal base, o cálculo evidentemente seria ridículo e o mesmo poder-se-ia dizer dos iletrados. Essa avaliação, portanto, não tem o objetivo de estabelecer o número efetivo dos sábios oficiais espíritas, mas a proporção relativa em que se encontram em relação aos diversos graus de instrução, entre os quais eles estão em minoria. Em outras categorias limitamo-nos a uma simples classificação, sem avaliação numérica em porcentagem. Quando empregamos este último processo, foi para tornar mais evidente a proporção.

Para melhor definir o nosso pensamento, diremos que por sábios oficiais não entendemos todos aqueles cujo saber é constatado por um diploma, mas unicamente os que ocupam posição oficial, como membros de Academias, professores de Faculdades etc., que assim se acham em mais evidência, e cujos nomes, por esse motivo, os fazem autoridades nas ciências. Sob este ponto de vista, um doutor em Medicina pode ser muito sábio, sem ser um sábio oficial.

A posição oficial influi muito sobre a maneira de encarar certas coisas. Como prova disto citaremos o exemplo de um distinto médico falecido há vários anos, que conhecemos pessoalmente. Ele era, então, grande partidário do Magnetismo, sobre o qual havia escrito, e foi isto que nos pôs em contato com ele. Aumentando a sua reputação, ele conquistou sucessivamente várias posições oficiais. À medida que subia, baixava seu fervor pelo Magnetismo, tanto que, ao chegar ao topo da escala, ele caiu abaixo de zero, pois renegou abertamente suas antigas convicções. Considerações da mesma natureza podem explicar a posição de certas classes no que concerne ao Espiritismo.

As categorias dos aflitos, das criaturas sem inquietude, dos felizes do mundo, dos sensualistas, fornecem ao autor do artigo a seguinte reflexão:

"É pena que isto seja pura fantasia. Nada de sensualistas, compreende-se; Espiritismo e materialismo se excluem. Sessenta aflitos em cem espíritas ainda se compreende. É para estes que choram que as relações com um mundo melhor são preciosas. Mas trinta pessoas sem inquietude em cem, é demais! Se o Espiritismo operasse tais milagres, faria muitas outras conquistas. Fá-las-ia sobretudo entre os *felizes do mundo,* que são também, quase sempre, os mais inquietos e os mais atormentados."

Há aqui um erro manifesto, pois pareceria que esse resultado é devido ao Espiritismo, ao passo que é ele que colhe, nessas categorias, mais ou menos adeptos, conforme as predisposições que aí encontra. Estas cifras significam apenas que ele encontra mais adeptos entre os aflitos; um pouco menos entre as pessoas sem inquietude, mas ainda menos entre os felizes do mundo, e nenhum entre os sensualistas.

Inicialmente é preciso entender-se quanto às palavras. Materialismo e sensualismo não são sinônimos e nem sempre caminham lado a lado, pois se veem pessoas, espiritualistas por profissão e por dever, que são muito sensuais, ao passo que há materialistas muito moderados em sua maneira de viver. O materialismo muitas vezes não é para eles senão uma opinião que abraçaram em falta de outra mais racional. Eis por que, quando reconhecem que o Espiritismo enche o vazio feito em sua consciência pela incredulidade, aceitam-no felizes. Ao contrário, os sensualistas são os mais refratários.

Uma coisa muito bizarra é que o Espiritismo encontra mais resistência entre os panteístas em geral do que entre os que são francamente materialistas. Sem dúvida isto é devido a que o panteísta quase sempre cria um sistema, possui algo, ao passo que o materialista nada tem, e esse vazio o inquieta.

Por felizes do mundo entendemos os que passam como tais aos olhos da multidão, porque se podem permitir largamente todos os gozos da vida. É verdade que muitas vezes são eles os mais inquietos e os mais atormentados. Mas por quê? Pelas preocupações que lhes causam a fortuna e a ambição. Ao lado dessas preocupações incessantes, das ansiedades da perda ou do ganho, da confusão dos negócios para uns, dos prazeres para outros, resta-lhes muito pouco tempo para se ocupar com o futuro. Não podendo ter paz de alma senão com a condição de renunciar ao que constitui o objetivo de sua cobiça, o Espiritismo pouco os afeta, filosoficamente falando. Com exceção das penas do coração, que não poupam a ninguém, a não ser os egoístas, os tormentos da vida estão quase sempre, para aqueles, nas decepções da vaidade, do desejo de possuir, de brilhar, de mandar. Assim, pode-se dizer que eles se atormentam a si mesmos.

A calma e a tranquilidade, ao contrário, encontram-se mais particularmente nas posições modestas, quando assegurado o bem-estar da vida. Aí há muito pouca ou nenhuma ambição;

contentam-se com o que têm, sem se atormentarem por enriquecer, correndo os riscos aleatórios da agiotagem ou da especulação. É a esses que denominamos *sem inquietude,* relativamente falando; por menor que seja a elevação de seu pensamento, de boa vontade eles se ocupam de coisas sérias; o Espiritismo lhes oferece um atraente assunto de meditação, e eles o aceitam mais facilmente do que aqueles a quem o turbilhão do mundo suscita uma febre contínua.

Tais são os motivos dessa classificação que, como se vê, não é tão fantasista quanto supõe o autor do artigo. Nós lhe agradecemos por nos ter fornecido ocasião de apontar erros que outros poderiam ter cometido, por não termos sido bastante explícito.

Em nossa estatística, omitimos duas funções importantes por sua natureza, e porque contam um número bastante grande de adeptos sinceros e devotados. São os *prefeitos* e os *juízes de paz,* que estão na quinta classe, com os meirinhos e os comissários de polícia.

Uma outra omissão, contra a qual reclamaram com justiça e que insistem para que a reparemos, é a dos poloneses, na categoria dos povos. Ela é perfeitamente fundada, porquanto o Espiritismo conta, nessa nação, numerosos e fervorosos adeptos, desde o início. Como classe, a Polônia vem em quinto lugar, entre a Rússia e a Alemanha.

Para completar a nomenclatura, teria sido preciso incluir outros países, como, por exemplo, a Holanda, que viria após a Inglaterra; Portugal, depois da Grécia; as Províncias danubianas, onde há muitos espíritas, mas sobre as quais não temos dados bastante positivos para lhes assinalar a classe. Quanto à Turquia, a quase totalidade dos adeptos é composta de franceses, italianos e gregos.

Uma classificação mais racional e mais exata do que pelas regiões territoriais, seria pelas raças ou nacionalidades, que não estão confinadas por limites circunscritos e levam a toda parte por onde se espalham, sua maior ou menor aptidão para assimilar as ideias espíritas. Deste ponto de vista, numa mesma região, por vezes, haveria que fazer diversas distinções.

A comunicação seguinte foi dada num grupo de Paris, a propósito da classe que ocupam os alfaiates entre as profissões industriais.

(Paris, 6 de janeiro de 1869. Grupo Desliens. Médium: Sr. Leymarie)

Criastes categorias, caro mestre, à frente das quais colocastes certas profissões. Sabeis o que, em nossa opinião, arrasta certas pessoas a se fazerem espíritas? São as mil perseguições que elas sofrem em suas profissões. Os primeiros de que falais devem ter ordem, economia, cuidado, gosto, ser um pouco artistas, e depois ainda ser pacientes, saber esperar, escutar, sorrir e saudar com certa elegância; mas, após todas essas pequenas convenções, mais sérias do que se pensa, ainda é preciso calcular, organizar seu caixa pelas dívidas e haveres, e sofrer, sofrer continuamente.

Em contato com homens de todas as classes, comentando os lamentos, as confidências, os enganos, os rostos falsos, eles aprendem muito! Levando essa vida múltipla, sua inteligência se abre por comparação; seu espírito se fortalece pela decepção e pelo sofrimento, e eis por que certas corporações compreendem e aplaudem todos os progressos. Elas gostam do teatro francês, da bela arquitetura, do desenho, da Filosofia; amam a liberdade e todas as suas consequências. Sempre à frente e na mira do que consola e faz esperar, elas se dão ao Espiritismo, que para elas é uma força, uma promessa ardente, uma verdade que engrandece o sacrifício e, mais do que acreditais, a parte cotada como a nº 1 vive de sacrifícios.

SONNET

O PODER DO RIDÍCULO

Lendo um jornal, encontramos esta frase proverbial: *Na França o ridículo sempre mata.* Isto nos sugeriu as seguintes reflexões:
Por que na França, antes que alhures? É que aqui, mais que alhures, o espírito, ao mesmo tempo fino, cáustico e jovial, apreende logo de saída o lado alegre ou ridículo das coisas;

busca-o por instinto, sente-o, adivinha-o, por assim dizer fareja-o; descobre-o onde outros não o percebiam e o põe em relevo com habilidade. Mas o espírito francês quer, antes de tudo, o bom gosto, a urbanidade até na troça; ele ri de boa vontade de uma pilhéria fina, delicada, sobretudo espirituosa, ao passo que as caricaturas de mau gosto, a crítica pesada, grosseira, causticante, semelhante à pata do urso ou ao soco do rústico, lhe repugnam, porque ele tem uma repulsa instintiva pela trivialidade.

Talvez digam que certos fatos modernos parecem desmentir essas qualidades. Haveria muito a dizer sobre *as causas* deste desvio, que não deixa de ser muito real, mas que é apenas parcial, e não pode prevalecer sobre o fundo do caráter nacional, como demonstraremos qualquer dia. Apenas diremos, *en passant*, que esses acontecimentos que surpreendem as pessoas de bom gosto, em grande parte são devidos à curiosidade muito vivaz, também, no caráter francês. Mas, escutai a multidão à saída de certas exibições; o julgamento que domina, mesmo na boca do povo, resume-se nestas palavras: É desagradável, contudo viemos, apenas para poder dizer que vimos uma excentricidade. Lá não voltam, mas, esperando que a multidão de curiosos tenha desfilado, o sucesso está feito, e é tudo o que pedem. Dá-se o mesmo em certos eventos supostamente literários.

A aptidão do espírito francês para captar o lado cômico das coisas faz do ridículo uma verdadeira potência, maior na França do que em outros países, mas é certo dizer que sempre mata?

É preciso distinguir o que se pode chamar de ridículo *intrínseco,* isto é, inerente à própria coisa, e o ridículo *extrínseco,* vindo de fora e derramado sobre uma coisa: Sem dúvida este último pode ser lançado sobre tudo, mas só fere o que é vulnerável; quando ataca as coisas que não dão margem, desliza sem alcançá-las. A mais grotesca caricatura de uma estátua irrepreensível nada tira de seu mérito e não a faz decair na opinião, pois cada um pode apreciá-la.

O ridículo não tem força senão quando fere com precisão, quando ressalta com espírito e finura os defeitos reais; é então que ele mata; mas quando cai no falso, absolutamente não mata, ou melhor, ele se mata. Para que o adágio acima seja completamente verdadeiro, seria preciso dizer: "Na França o ridículo sempre mata *o que é ridículo.*" O que realmente é verdadeiro, bom e belo jamais é ridículo. Se ridicularizarmos uma personalidade notoriamente respeitável, como, por exemplo, o cura Vianney, inspiraremos repulsa, mesmo aos incrédulos, tanto é verdade que o que é respeitável em si mesmo é sempre respeitado pela opinião pública.

Como nem todos têm o mesmo gosto nem a mesma maneira de ver, o que é verdadeiro, bom e belo para uns, pode não ser para outros. Então quem será o juiz? O ser coletivo que se chama todo mundo, e contra cujas decisões em vão protestam as opiniões isoladas. Algumas individualidades podem ser momentaneamente desviadas pela crítica ignorante, malévola ou inconsciente, mas não as massas, cujas opiniões sempre acabam triunfando. Se a maioria dos convivas num banquete gosta de um prato, por mais que digais que é ruim, não impedireis que o comam, ou pelo menos que o provem.

Isto nos explica por que o ridículo, derramado em profusão sobre o Espiritismo, não o matou. Se ele não sucumbiu, não foi por não ter sido revirado em todos os sentidos, transfigurado, desnaturado, grotescamente ridicularizado por seus antagonistas. Contudo, após dez anos de encarniçada agressão, ele está mais forte do que nunca. É porque ele é como a estátua de que falamos há pouco.

Em definitivo, sobre o que se exerceu particularmente o sarcasmo, a propósito do Espiritismo? No que realmente apresenta o flanco à crítica: os abusos, as excentricidades, as exibições, as explorações, o charlatanismo sob todos os aspectos, as práticas absurdas, que são apenas a sua paródia, de que o Espiritismo sério jamais tomou a defesa, mas que, ao contrário, tem sempre desautorizado. Assim, o ridículo não feriu, e não pôde morder senão o que era ridículo na maneira pela qual certas pessoas pouco esclarecidas concebem o Espiritismo. Se ele ainda não matou inteiramente esses abusos, deu-lhes um golpe mortal, e era de justiça.

Portanto, o Espiritismo verdadeiro só ganhou desembaraçando-se da chaga de seus parasitas, e foram os seus inimigos que disso se encarregaram. Quanto à Doutrina propriamente dita, é de notar que ela quase sempre ficou fora do debate. Contudo, é a parte principal, a alma da causa. Seus adversários bem compreenderam que o ridículo não podia atingi-la; eles sentiram que a fina lâmina da troça espirituosa deslizaria sobre a couraça, por isso a atacaram com o tacape da injúria grosseira e o soco do rústico, mas com tão pouco sucesso.

Desde o princípio, o Espiritismo pareceu a certos indivíduos à cata de intrigas, uma fecunda mina a explorar por sua novidade; alguns, menos tocados pela pureza de sua moral do que pelas chances que aí entreviam, meteram-se sob a égide de seu nome, com a esperança de fazer dele um meio. São os que podem ser chamados *espíritas de circunstância*.

Que teria acontecido a esta doutrina se ela tivesse usado toda a sua influência para frustrar e desacreditar as manobras da exploração? Teríamos visto os charlatães pululando de todos os lados, fazendo uma aliança sacrílega daquilo que há de mais sagrado: o respeito aos mortos com a pretensa arte dos feiticeiros, adivinhos, tiradores de cartas, ledores da sorte, suprindo os Espíritos pela fraude, quando estes não vêm. Logo teríamos visto as manifestações levadas para os palcos, truncadas pelos passes de escamoteação; gabinetes de consultas espíritas anunciados publicamente e revendidos, como agências de emprego, conforme a importância da clientela, como se a faculdade mediúnica pudesse ser transmitida como uma quota-parte de uma empresa.

Por seu silêncio, que teria sido uma aprovação tácita, a Doutrina ter-se-ia tornado solidária com esses abusos, diremos mais, cúmplice deles. Então a crítica estaria em condições favoráveis, porque poderia, com razão, ter atacado a Doutrina que, por sua tolerância, teria assumido a responsabilidade do ridículo e, por conseguinte, da justa reprovação lançada sobre os abusos; talvez tivesse ela levado mais de um século para erguer-se desse malogro. Seria preciso não compreender o caráter do Espiritismo e, ainda menos, seus verdadeiros interesses, para crer que tais auxiliares pudessem ser úteis à sua propagação e fossem próprios para torná-lo considerado como uma coisa santa e respeitável.

Estigmatizando a exploração, como fizemos, temos a certeza de haver preservado a Doutrina de um verdadeiro perigo, perigo maior que a má vontade de seus antagonistas confessos, porque isso resultaria em seu descrédito. Ela ter-lhe-ia, por isso mesmo, oferecido um lado vulnerável, ao passo que eles se detiveram ante a pureza de seus princípios. Não ignoramos que contra nós suscitamos a animosidade dos exploradores e que nos afastamos de seus partidários, mas, que importa? Nosso dever é arvorar a causa da Doutrina e não os interesses deles, e esse dever nós cumpriremos com perseverança e firmeza, até o fim.

Não era pouca coisa lutar contra a invasão do charlatanismo, num século como este, sobretudo um charlatanismo secundado, por vezes suscitado pelos mais implacáveis inimigos do Espiritismo, porque, depois de haver fracassado pelos argumentos, eles compreendiam que o que lhes poderia ser mais fatal era o ridículo. Por isto, o mais seguro meio seria fazê-lo explorar pelo charlatanismo, a fim de desacreditá-lo na opinião pública.

Todos os espíritas sinceros compreenderam o perigo que assinalamos e nos secundaram em nossos esforços, reagindo por seu lado contra as tendências que ameaçavam desenvolver-se. Não são alguns casos de manifestações, supondo-os reais, dados como espetáculo, como aperitivo à minoria, que dão verdadeiros prosélitos ao Espiritismo, porque, em tais condições, eles autorizam a suspeita. Os próprios incrédulos são os primeiros a dizer que, se os Espíritos realmente se comunicam, não será para servirem de comparsas ou parceiros a tanto por sessão; eis por que riem deles. Eles acham ridículo que nessas cenas se misturem nomes respeitáveis, e estão cheios de razão. Para uma pessoa que seja levada ao Espiritismo por essa via, sempre supondo um fato real, haverá cem que serão desviadas, sem mais querer ouvir dele falar. A impressão será outra nos meios onde nada de equívoco pode suscitar suspeitas à sinceridade, à boa-fé e ao desinteresse, onde a notória honorabilidade das pessoas impõe respeito. Se daí não saem convencidos, pelo menos não levam a ideia de uma charlatanice.

O Espiritismo, portanto, nada tem a ganhar, e só poderia perder apoiando-se na exploração, ao passo que os exploradores é que se beneficiariam. Seu futuro não está na crença de um indivíduo em tal ou qual caso de manifestação; está inteirinho no ascendente que ele conquistar pela moralidade. Foi por esse caminho que ele triunfou e continuará triunfando sobre as manobras de seus adversários. Sua força está no seu caráter moral, e isso ninguém lhe arrebatará.

O Espiritismo entra numa fase solene, mas na qual ainda terá que sustentar grandes lutas. É necessário, pois, que seja forte por si mesmo e, para ser forte, é preciso que seja respeitável. Cabe aos seus adeptos dedicados fazer que ele seja respeitado, inicialmente pregando-o, pessoalmente, pela palavra e pelo exemplo, e depois, em nome da Doutrina, desaprovando tudo quanto possa prejudicar a consideração de que ele deve ser cercado. É assim que ele poderá desafiar as intrigas, a troça e o ridículo.

UM CASO DE LOUCURA CAUSADA PELO MEDO DO DIABO

Numa cidadezinha da antiga Borgonha, que nos abstemos de citar, mas que, se necessário, poderíamos declinar, existe um pobre velho que a fé espírita sustenta em sua miséria, vivendo minguadamente da venda ambulante de bugigangas pelas localidades vizinhas. É um homem bom, compassivo, que presta serviços sempre que se oferece ocasião, e certamente acima de sua posição pela elevação de seus pensamentos. O Espiritismo lhe deu a fé em Deus e na imortalidade, a coragem e a resignação.

Um dia, num de seus giros, encontrou uma jovem viúva, mãe de várias crianças que, após a morte de seu marido, que ela adorava, perdida de desespero e vendo-se sem recursos, perdeu a razão completamente. Atraído pela simpatia para essa grande dor, ele procurou ver essa mulher infeliz, a fim de julgar se o seu estado era irremediável. A miséria em que a encontrou redobrou sua compaixão. Entretanto, também ele pobre, só lhe podia dar consolo.

A um de nossos colegas da Sociedade de Paris que o conhecia e tinha ido vê-lo, disse ele:

"Eu a vi várias vezes; um dia eu lhe disse, em tom de persuasão, que aquele que ela lamentava não estava irremediavelmente perdido; que ele estava perto dela, embora ela não o visse, e que eu podia, se ela quisesse, fazê-lo conversar com ela. A estas palavras, seu rosto pareceu abrir-se e um raio de esperança brilhou em seus olhos apagados.

"– Não me enganais? perguntou ela. Ah! Se isto pudesse ser verdade!

"Sendo bom médium escrevente, obtive na sessão uma curta comunicação de seu marido, que lhe causou suave satisfação. Vim vê-la várias vezes, e todas as vezes seu marido conversava com ela por meu intermédio. Ela o interrogava e ele respondia de maneira a não lhe deixar nenhuma dúvida sobre a sua presença, porque lhe falava de coisas que eu mesmo ignorava; ele a encorajava, a exortava à resignação e lhe assegurava que um dia iriam encontrar-se.

"Pouco a pouco, sob o império dessa doce emoção e desses pensamentos consoladores, a calma voltou à sua alma, sua razão lhe voltava a olhos vistos e, ao cabo de alguns meses, ela estava completamente curada e pôde entregar-se ao trabalho, que deveria alimentá-la e aos seus filhos.

"Essa cura fez grande sensação entre os camponeses da aldeia. Assim, tudo ia bem. Agradeci a Deus por me haver permitido tirar essa infeliz das garras do desespero; também agradeci aos bons Espíritos por sua assistência, pois todo mundo sabia que essa cura tinha sido produzida pelo Espiritismo, e eu me alegrava. Mas eu tinha o cuidado de lhes dizer que nisso nada havia de sobrenatural, e lhes explicava o melhor que podia os princípios da sublime Doutrina que dá tanta consolação e que já fez tão grande número de pessoas felizes.

"Essa cura inesperada perturbou vivamente o padre da região. Ele visitou a viúva, que tinha abandonado completamente a partir do início da sua moléstia. Ele soube, por ela, como e por intermédio de quem haviam ela e os filhos recuperado a saúde; que agora tinha a certeza que não estava separada do marido; que a alegria que sentia, a confiança que isto lhe dava na bondade de Deus, a fé em que estava animada tinham sido a principal causa de seu restabelecimento.

"Ai de mim! Todo o bem no qual eu havia posto tanta perseverança em produzir ia ser destruído. O cura fez a infeliz viúva ir à sacristia; começou por lançar a dúvida em sua alma; depois a fez crer que eu era um súdito de Satã; que eu não agia senão em seu nome, e que ela estava agora em seu poder. Agiu tão bem que a pobre mulher, que teria tido necessidade dos maiores cuidados, enfraquecida por tantas emoções, recaiu num estado pior que da primeira vez. Hoje por toda parte ela só vê diabos, demônios e o inferno. Sua loucura é completa e devem levá-la a um hospício de alienados."

O que havia causado a primeira loucura daquela mulher? O desespero. O que lhe havia restaurado a razão? As consolações do Espiritismo. O que a fez recair numa loucura incurável? O fanatismo, o medo do diabo e do inferno. Este fato dispensa qualquer comentário. Como se vê, o clero fez mal em pretender, como tem feito em muitos escritos e sermões, que o Espiritismo leva à loucura, quando, com justiça, se lhe pode devolver o argumento. Aliás, aí estão as estatísticas oficiais para provar que a exaltação das ideias religiosas entra em parte notável nos casos de loucura. Antes de jogar pedra em alguém, seria prudente ver se ela não poderá cair sobre si mesmo.

Que impressão esse fato deve produzir na população daquela aldeia? Certamente não será em favor da causa sustentada pelo senhor cura, porque o resultado material é evidente. Se ele pensa em recrutar prosélitos pela crença no diabo, engana-se redondamente, e é triste ver a Igreja fazer dessa crença uma pedra angular da fé. (Ver *A Gênese segundo o Espiritismo*, cap. XVII, 27).

UM ESPÍRITO QUE JULGA SONHAR

Várias vezes têm sido vistos Espíritos que ainda se julgam vivos, porque seu corpo fluídico lhes parece tangível como seu corpo material. Eis um deles, numa posição pouco comum: não se julgando morto, tem consciência de sua intangibilidade; mas como em vida era profundamente materialista, em crença e em gênero de vida, imagina que sonha, e tudo quanto lhe foi dito não pode arrancá-lo do erro, tão persuadido está que tudo acaba com o corpo. Era um homem de muito espírito, escritor distinto, que designaremos pelo nome de Luís. Ele fazia parte do grupo de celebridades que partiram em dezembro último para o mundo dos Espíritos. Há alguns anos veio à nossa casa, onde testemunhou diversos casos de mediunidade. Ele aqui viu principalmente um sonâmbulo, que lhe deu evidentes provas de lucidez em coisas que lhe eram inteiramente pessoais, mas nem por isto se convenceu da existência de um princípio espiritual.

Numa sessão do grupo do Sr. Desliens, a 22 de dezembro, veio espontaneamente comunicar-se por um dos médiuns, Sr. Leymarie, sem que ninguém tivesse pensado nele. Tinha morrido há oito dias. Eis o que fez escrever:

"Que sonho singular!... Sinto-me arrastado por um turbilhão, cuja direção não compreendo... Alguns amigos que eu julgava mortos convidaram-me para um passeio, e eis-nos arrastados. Para onde vamos?... Olha! Que brincadeira esquisita! A um grupo espírita!... Ah! Que farsa engraçada, ver essa boa gente conscienciosamente reunida!... Eu conhecia uma dessas figuras... Onde o vi? Não sei... (Era o Sr. Desliens, que se achava na sessão acima mencionada). Talvez em casa desse bravo Allan Kardec, que uma vez me quis provar que eu tinha uma alma, fazendo-me apalpar a imortalidade. Mas em vão apelaram aos Espíritos, às almas, tudo falhou; como nos jantares muito preparados, todos os pratos servidos foram errados e bem errados. Entretanto eu não desconfiava da boa-fé do grão--sacerdote. Julgo-o um homem honesto, mas uma orgulhosa vítima dos Espíritos da assim chamada erraticidade.

"Eu vos ouvi, senhores e senhoras, e vos apresento meus profundos respeitos. Escreveis, ao que me parece, e vossas mãos ágeis sem dúvida vão transcrever o pensamento dos invisíveis!... Espetáculo inocente!... Sonho insensato este meu! Eis um que escreve o que digo a mim mesmo... Mas absolutamente não sois divertidos, nem mesmo meus amigos, que têm rostos compassivos como os vossos. (Os Espíritos dos que haviam morrido antes dele, e que ele julga ver em sonho).

"Eh! Por certo é uma estranha mania deste valente povo francês! Tiraram-lhe de uma vez a instrução, a lei, o direito, a liberdade de pensar e de escrever, e esse bravo povo mergulha nas visões e nos sonhos. Dorme acordado esse país das Gálias e é maravilhoso vê-lo agir!

"Entretanto, ei-los em busca de um problema insolúvel, condenado pela Ciência, pelos pensadores, pelos trabalhadores!... Falta-lhes instrução... A ignorância é a lei de Loyola largamente aplicada... Eles têm à sua frente todas as liberdades; podem atingir todos os abusos, destruí-los, enfim tornar-se seu senhor, senhor viril, econômico, sério, legal, e, como crianças nos cueiros, falta-lhes a religião, um papa, um cura, a primeira comunhão, o batismo, as andadeiras em tudo e sempre. Faltam chupetas a essas crianças grandes, e os grupos espíritas e espiritualistas lhas dão.

"Ah! Se na verdade houvesse um átimo de verdade em vossas elucubrações, mas haveria para um materialista matéria para o suicídio!... Olhai! Eu vivi largamente; eu desprezei a carne, revoltei-a; ri dos deveres de família, da amizade. Apaixonado, usei e abusei de todas as volúpias, e isto com a convicção que obedecia às atrações da matéria, única lei verdadeira em vossa Terra, e isto eu renovarei ao meu despertar, com a mesma fúria, o mesmo ardor, a mesma habilidade. Tomarei a um amigo, a um vizinho, sua mulher, sua filha ou sua pupila, pouco importa, desde que, estando mergulhado nas delícias da matéria, rendo homenagem a essa divindade, senhora de todas as ações humanas.

"Mas, e se eu estivesse enganado?... Se tivesse deixado passar a verdade?... Se, realmente, houvesse outras vidas anteriores e existências sucessivas após a morte?... Se o Espírito fosse uma personalidade vivaz, eterna, progressiva, rindo da morte, retemperando-se no que chamamos provação?... Então haveria um Deus de justiça e de bondade?... Eu seria um miserável... e a escola materialista, culpada do crime de lesa-nação, teria tentado decapitar a verdade, a razão!... Eu seria, ou antes, nós seríamos profundos celerados, refinados supostos liberais!... Oh! Então, se estivésseis com a verdade, eu daria um tiro nos miolos ao despertar, tão certo quanto me chamo..."

Na sessão da Sociedade de Paris, de 8 de janeiro, o mesmo Espírito vem manifestar-se de novo, não pela escrita, mas pela palavra, servindo-se do corpo do Sr. Morin, em sonambulismo espontâneo. Ele falou durante uma hora, e foi uma cena das mais curiosas, porque o médium tomou a sua pose, seus gestos, sua voz e sua linguagem, a ponto de ser facilmente reconhecido pelos que o haviam conhecido. A conversa foi recolhida com cuidado e fielmente reproduzida, mas sua extensão não permite publicá-la. Ademais, não foi senão o desenvolvimento de sua tese. A todas as objeções e perguntas que lhe foram feitas, ele pretendeu tudo explicar pelo estado de sonho e, naturalmente, perdeu-se num dédalo de sofismas. Ele próprio lembrou os principais episódios da sessão a que aludira na sua comunicação escrita, e disse:

– Eu bem tinha razão de dizer que tudo havia falhado. Olha! Eis a prova. Eu tinha feito esta pergunta: Há um Deus? Então, todos os vossos pretensos Espíritos responderam afirmativamente. Vedes que estavam à margem da verdade e não sabem mais do que vós.

Uma pergunta, entretanto, o embaraçou muito, assim procurou constantemente escapatórias para dela fugir. Foi esta:
— O corpo pelo qual nos falais não é o vosso, pois é magro, e o vosso era gordo. Onde está o vosso verdadeiro corpo? Ele não está aqui, pois não estais em vossa casa. Quando a gente sonha, fica no próprio leito. Ide, pois, ver em vosso leito se o vosso corpo lá está e dizei-nos: Como podeis aqui estar sem o vosso corpo?

Encostado na parede por estas reiteradas perguntas, às quais apenas respondia pelas palavras: "Efeitos bizarros dos sonhos", acabou dizendo: "Bem, vejo que me queríeis despertar. Deixai-me." Desde então crê sonhar sempre.

Numa outra reunião, um Espírito fez sobre este fenômeno a seguinte comunicação:

"Eis aqui uma substituição de pessoa, um disfarce. O Espírito encarnado recebe a liberdade ou cai na inação. Digo inação, isto é, a contemplação do que se passa. Ele está na posição de um homem que momentaneamente empresta o seu cômodo e assiste às diversas cenas que aí são representadas com auxílio de seus móveis. Se prefere gozar da liberdade, ele pode, a menos que tenha interesse em ficar como espectador.

"Não é raro que um Espírito atue e fale com o corpo de outro; deveis compreender a possibilidade desse fenômeno, quando sabeis que o Espírito pode retirar-se com o seu perispírito para mais ou menos longe de seu envoltório corporal. Quando isto acontece sem que nenhum Espírito aproveite para tomar o lugar, há catalepsia. Quando um Espírito deseja aí entrar para agir e tomar por um instante sua parte na encarnação, ele une o seu perispírito ao corpo adormecido, desperta-o por esse contato e dá movimento à máquina. Mas os movimentos, a voz, não são mais os mesmos, porque os fluidos perispirituais não mais afetam o sistema nervoso da mesma maneira que o verdadeiro ocupante.

"Essa ocupação jamais pode ser definitiva; para isto, seria necessária a desagregação absoluta do primeiro perispírito, o que determinaria a morte forçosamente. Ela não pode ser de longa duração, porque o novo perispírito, não tendo sido unido a esse corpo desde a formação deste, nele não tem raízes; não tendo sido modelado por esse corpo, ele não é adequado ao jogo dos órgãos; o Espírito intruso aí não está numa posição normal; ele é incomodado em seus movimentos, razão pela qual deixa essa vestimenta de empréstimo, porque dela não mais necessita.

"Quanto à posição particular do Espírito em questão, ele não veio voluntariamente ao corpo de que se serviu para falar; foi atraído pelo próprio Espírito de Morin, que quis desfrutar o seu embaraço; o outro, porque cedeu ao secreto desejo de se exibir, ainda e sempre, como cético e trocista, aproveitou a ocasião que se lhe apresentava. O papel um tanto ridículo que representou, por assim dizer malgrado seu, usando sofismas para explicar sua posição, é uma espécie de humilhação, cujo amargor sentirá ao despertar, e que lhe será proveitosa."

OBSERVAÇÃO: O despertar desse Espírito não poderá deixar de dar lugar a instrutivas observações. Como vimos, em vida ele era um tipo de materialista sensualista; jamais teria aceito o Espiritismo. Os homens dessa categoria buscam as consolações da vida nos prazeres materiais; eles não são da escola de Büchner pelo estudo, mas, porque essa doutrina liberta do constrangimento imposto pela espiritualidade, ela deve, em sua opinião, estar certa. Para eles o Espiritismo não é um benefício, mas um estorvo; não há provas que possam dobrar sua obstinação; eles repelem-nas, menos por convicção do que por medo de que seja uma verdade.

UM ESPÍRITO QUE SE JULGA PROPRIETÁRIO

Em casa de um dos membros da Sociedade de Paris que faz reuniões espíritas, desde algum tempo vinham bater à porta, e quando iam abrir, não encontravam ninguém. Os toques de campainha eram dados com força e como que por alguém que estivesse determinado a entrar. Tendo sido tomadas todas as precauções para se assegurar de que o fato não era devido a uma causa acidental, nem à malevolência, concluiu-se que devia ser uma manifestação. Num dia de sessão o dono da casa pediu ao visitante invisível a bondade de se dar a conhecer e dizer o que desejava. Eis as duas comunicações que deu:

I

(Paris, 22 de dezembro de 1868)

"Agradeço-vos, senhor, o amável convite para tomar a palavra e, considerando que me encorajais, vencerei minha timidez para vos externar meu desejo francamente.

"Para começar, devo dizer que nem sempre fui rico. Nasci pobre, e se triunfei, devo-o a mim só. Não vos direi, como tantos outros, que cheguei a Paris com uma mão na frente e outra atrás; é uma velha lenda que não mais convence; mas eu tinha ardor, e o espírito especulador por excelência. Quando menino, se eu emprestava três bolas, a pessoa que tomava emprestado tinha que devolver quatro. Negociava com tudo o que tinha e ficava feliz ao ver pouco a pouco engrossar o meu tesouro. É verdade que circunstâncias infelizes me despojaram várias vezes; eu era fraco; outros mais fortes apoderaram-se do meu ganho e eu tinha que recomeçar tudo. Mas eu era perseverante.

"Pouco a pouco deixei a infância; minhas ideias cresceram. Menino, tinha explorado os camaradas; moço, explorava os companheiros de oficina. Eu fazia carretos; era amigo de todo mundo, mas cobrava pelo meu trabalho e pela minha amizade. "Ele é agradável, diziam, mas não se lhe deve falar em dar." He! he! É assim que se faz. Ide, pois, ver esses belos filhos de hoje, que gastam tudo o que possuem no jogo e no café! Eles arruínam-se e se endividam, de alto a baixo da escala. Eu deixava que os outros corressem como loucos, aos trancos e barrancos; eu andava lenta e prudentemente. Assim cheguei ao porto e adquiri uma fortuna considerável.

"Era feliz. Tinha mulher e filhos. Ela, um pouco vaidosa, os outros, gastadores. Pensava que com a idade tudo isto desapareceria. Mas não. Entretanto eu os contive muito tempo pelas rédeas. Mas um dia fiquei doente. Chamaram o médico, que fez muito mal à minha bolsa. Depois... perdi o discernimento...

"Quando recuperei a razão, tudo ia lindamente! Minha mulher recebia visitas; meus filhos tinham carruagens, cavalos, criados, secretário, que sei eu! Todo um exército voraz que se atirou sobre o meu pobre patrimônio, tão penosamente adquirido, para consumi-lo.

"Entretanto, logo percebi que a desordem estava organizada; não gastavam senão as rendas, mas as gastavam largamente. Eram bastante ricos; não tinham mais necessidade de capitalizar como o bom velho; era preciso gozar e não entesourar... E eu ficava de boca aberta, sem saber o que dizer, porque se erguia a voz, não era escutado; eles fingiam não me ver. Desde então sou uma nulidade; os criados não me enxotam ainda, embora a minha roupa não seja compatível com o luxo dos cômodos, mas não prestam atenção em mim. Sento-me, levanto-me, esbarro nos visitantes, detenho os criados. Parece que nada sentem. Contudo, tenho vigor, espero, e vós podeis testemunhá-lo, vós que me ouvistes tocar. Creio que é de propósito; sem dúvida querem tornar-me louco para se livrarem de mim.

"Tal era minha situação, quando vim visitar uma das minhas casas, velho hábito que ainda conservo, embora eu não seja mais o dono. Vi construir tudo. Foram os meus escudos que pagaram tudo; e eu gosto dessas casas, cuja renda enriquece meus filhos ingratos.

"Assim, cá estava eu em visita, quando soube que espíritas aqui se reuniam. Isto me interessou. Inquiri sobre o Espiritismo e soube que os espíritas pretendiam explicar todas as coisas. Como minha situação me parece pouco clara, não me aborreceria se recebesse, a respeito, o conselho dos Espíritos. Não sou nem incrédulo nem curioso; desejo ver e crer, ser esclarecido, e se vós me reconduzirdes à posição de governar tudo em minha casa, palavra de proprietário, não subirei o vosso aluguel enquanto viver."

II

(Paris, 29 de dezembro de 1868)

"Dizeis que estou morto? Mas pensais bem no que dizeis?... Pretendeis que meus filhos não me veem, nem me escutam. Mas vós me vedes e me escutais, porque conversais comigo; porque abris a porta quando toco; porque interrogais e eu respondo... Escutai, eu percebo o que acontece; sois menos fortes do que eu pensava, e como os vossos Espíritos nada podem dizer, quereis embrulhar-me, fazendo-me duvidar de minha razão... Tomais-me por uma criança? Se eu houvesse morrido, seria um Espírito como eles e os veria, mas não vejo nenhum e ainda não me pusestes em contato com eles. "Há, entretanto, uma coisa que me intriga. Dizei-me, pois, por que escreveis tudo o que digo? Por acaso quereis trair-me? Dizem que os espíritas são loucos; pensais, talvez, em dizer a meus filhos que me ocupo de Espiritismo e, assim, lhes dar meios de me interditar?

"Mas ele escreve, escreve!... Ainda não acabei de pensar e logo as minhas ideias estão no papel... Tudo isto não está claro!... O que é certo é que vejo, falo, respiro, ando, subo as escadas e, graças a Deus! percebo que é no número cinco que morais... Não é caridoso brincar assim com as penas dos outros. Eu respiro; e não posso mais, e pretendem fazer-me crer que não tenho mais corpo?... Eu sinto bem a minha asma, acredito! ... Quanto àqueles que me disseram que isto era o Espiritismo, então! mas são pessoas como vós, minhas conhecidas, que eu tinha perdido de vista e que encontrei depois da minha doença!

"Oh! Mas é estranho!... Oh! Por exemplo, eu não existo mais; absolutamente não existo mais!... Mas, parece-me... Oh! Minha memória que vai... sim... não... mas sim... Eu estou louco, palavra... Eu falei com pessoas que julgava mortas e enterradas há oito ou dez anos... Caramba! Eu assisti aos enterros; eu fiz negócios com os herdeiros!... Realmente é estranho!... E elas falam! Elas andam... Elas conversam!... Elas sentem o seu reumatismo!... Elas falam da chuva e do bom tempo... Elas tomam do meu rapé e apertam-me a mão!

"Mas, então, eu!... Não, não, não é possível! Eu não estou morto! Não se morre assim, sem perceber... Ainda estive no cemitério, justamente no fim de minha doença... era um parente... meu filho estava de luto... minha mulher lá não estava, mas ela chorava... Eu o acompanhei, esse pobre querido... Mas quem era, então? Na verdade não sei... Que perturbação estranha me agita!... Seria eu?... Mas não, porque eu acompanhava o corpo, e não podia estar no túmulo... Estar lá, e lá embaixo!... e contudo!... como tudo isto é estranho!... que novelo embaraçado!... Não me digais nada; quero procurar sozinho; vós me perturbaríeis... Deixai-me; eu voltarei...

Decididamente parece que sou um fantasma!... Oh! que coisa singular!"

OBSERVAÇÃO: Este Espírito está na mesma situação que o precedente, no sentido que um e outro ainda se julgam neste mundo; mas há entre eles a diferença que um se julga de posse de seu corpo carnal, ao passo que o outro tem consciência de seu estado espiritual, mas imagina que sonha. Este último, sem a menor dúvida, está mais próximo da verdade, contudo, será o último a voltar de seu erro.

O ex-proprietário certamente estava muito apegado aos bens materiais, mas a sua avareza e os hábitos de economia um pouco sórdida provam que não levava vida sensual. Além disso, ele não é decididamente incrédulo; ele não rejeita a espiritualidade. Ao contrário, Luís a teme; o que ele lamenta não é a ausência da fortuna que gastava em vida, mas os prazeres que tal gasto lhe permitia. Não podendo admitir que sobrevive ao seu corpo, crê sonhar; compraz-se nessa ideia, na esperança de voltar à vida mundana; nela ele se aferra por todos os sofismas que sua imaginação lhe pode sugerir. Portanto, ele ficará nesse estado porque quer, até que a evidência lhe venha abrir os olhos. Qual deles sofrerá mais ao despertar? A resposta é fácil: um apenas ficará mediocremente surpreendido, o outro ficará apavorado.

VISÃO DE PERGOLESI

Tem sido contado muitas vezes, e todos conhecem o estranho caso da vida de Mozart, cujo *Requiem* tão célebre foi a última e incontestável obra-prima. A crer numa tradição napolitana, muito antiga e muito respeitável, muito tempo antes de Mozart, fatos não menos misteriosos e não menos interessantes teriam precedido, senão determinado, a morte prematura de um grande mestre: Pergolesi.

Essa tradição eu a ouvi da própria boca de um velho camponês de Nápoles, essa terra das artes e das recordações. Ele a recebera de seus avós e, no seu culto ao ilustre mestre, do qual falava, tinha o cuidado de nada alterar no relato.

Eu o imitarei e vos direi fielmente o que ele me contou. Disse-me ele:

"Conheceis a pequena cidade de *Casoria*, a poucos quilômetros de Nápoles. Foi lá que em 1704 Pergolesi veio à luz. "Desde a mais tenra idade revelou-se o artista do futuro. Quando sua mãe, como o fazem todas as nossas, cantarolava junto dele as lendas rimadas de nossa terra, para adormecer *il bambino*, ou, segundo a ingênua expressão das amas napolitanas, a fim de chamar para junto do berço os anjinhos do sono *(angelini del sonno)*, diz-se que o menino, em vez de fechar os olhos, os arregalava, fixos e brilhantes; suas mãozinhas se agitavam e pareciam aplaudir; aos gritos alegres que escapavam de seu peito arquejante, dir-se-ia que essa alma, apenas surgida, já estremecia aos primeiros ecos de uma arte que um dia deveria cativá-la inteiramente.

"Aos oito anos, Nápoles o admirava como um prodígio, e durante mais de vinte anos a Europa inteira aplaudiu o seu talento e as suas obras. Ele fez a arte musical dar um passo imenso. Por assim dizer, lançou o germe de uma era nova, que em breve deveria produzir os mestres que se chamam Mozart, Méhul, Beethoven, Haydn e os outros. Numa palavra, a glória cobria a sua fronte com a mais brilhante auréola.

"E, contudo, dir-se-ia que sobre essa fronte pairava, errante, uma nuvem de melancolia, fazendo-a curvar-se para a terra. De vez em quando o olhar profundo do artista erguia-se para o céu, como que para aí procurar alguma coisa, um pensamento, uma inspiração.

"Quando o interrogavam, respondia que uma vaga inspiração enchia a sua alma; que no fundo de si mesmo ouvia como que os ecos incertos de um canto do céu que o arrastava e o elevava, mas que ele não podia captar, e que, semelhante a um pássaro cujas asas demasiado fracas não podem, à sua vontade, elevá-lo no espaço, ele caía na terra, sem ter podido acompanhar essa suave inspiração.

"Nesse combate, pouco a pouco a alma se esgotava; na mais bela idade da vida, pois então tinha apenas trinta e dois anos, Pergolesi parecia já ter sido tocado pelo dedo da morte. Seu gênio fecundo parecia ter-se tornado estéril; sua saúde minguava dia a dia; em vão seus amigos lhe procuravam a causa e ele próprio não podia descobri-la.

"Foi nesse estado penoso e estranho que ele passou o inverno de 1735 para 1736.

"Sabeis com que piedade aqui celebramos, ainda em nossos dias, malgrado o afrouxamento da fé, os tocantes aniversários da morte do Cristo. A semana em que a Igreja o relembra a seus filhos é realmente, para nós, uma *semana santa*. Assim, reportando-vos à época de fé em que vivia Pergolesi, podeis imaginar com que fervor o povo acorria em massa às igrejas, para meditar as cenas enternecedoras do drama sangrento do Calvário.

"Na sexta-feira santa, Pergolesi acompanhou a multidão. Aproximando-se do templo, parecia-lhe que uma calma, de há muito por ele desconhecida, se fazia em sua alma, e quando transpôs a porta principal, sentiu-se como que envolto numa nuvem ao mesmo tempo espessa e luminosa. Em breve nada mais viu; um silêncio profundo se fez ao seu redor; depois, ante os seus olhos admirados, e em meio à nuvem na qual até então lhe parecia ter sido levado, viu desenharem-se os traços puros e divinos de uma virgem, inteiramente vestida de branco; ele a viu pousar seus dedos etéreos no teclado de um órgão, e ouviu um concerto longínquo de vozes melodiosas que insensivelmente dele se aproximavam. A melodia que essas vozes repetiam o enchia de encantamento, mas não lhe era desconhecida; parecia-lhe que esse canto não era senão aquele do qual não tinha podido perceber senão vagos ecos; essas vozes eram exatamente aquelas que há longos meses lançavam a perturbação em sua alma, e que agora lhe traziam uma felicidade sem par. Sim, esse canto, essas vozes eram precisamente o sonho que ele havia perseguido; o pensamento, a inspiração que inutilmente tinha procurado por tanto tempo.

"Mas, enquanto sua alma, arrebatada no êxtase, bebia a largos sorvos as harmonias simples e celestes desse concerto angélico, sua mão, movida como que por uma força misteriosa, se agitava no espaço e parecia traçar, malgrado seu, as notas que traduziam os sons que o ouvido escutava.

"Pouco a pouco as vozes se afastaram, a visão desapareceu, a nuvem se extinguiu e Pergolesi, abrindo os olhos, viu, escrito por sua mão, no mármore do templo, esse canto de uma simplicidade sublime que devia imortalizá-lo, o *Stabat Mater,* que desde esse dia o mundo cristão inteiro repete e admira.

"O artista ergueu-se, saiu do templo, calmo, feliz, e não mais inquieto e agitado. Mas, nesse dia, uma nova aspiração se apoderou dessa alma de artista. Ela ouvira o canto dos anjos, o concerto dos céus. As vozes humanas e os concertos terrenos não mais lhe podiam bastar. Essa sede ardente, impulso de um vasto gênio, acabava de esgotar o sopro de vida que lhe restava, e foi assim que aos trinta e três anos, na exaltação, na febre, ou melhor, no *amor sobrenatural* de sua arte, Pergolesi encontrou a morte."

Esta é a narração de meu napolitano. Não passa, disse eu, de uma tradição. Não defendo a sua autenticidade e a história talvez não a confirme em todos os pontos, mas é demasiado tocante para que não nos deleitemos com o seu relato.

ERNEST LE NORDEZ
(*Petit Moniteur* de 12 de dezembro de 1868)

BIBLIOGRAFIA

HISTÓRIA DOS CALVINISTAS DAS CEVENAS

Por Eug. Bonnemère[2]

A guerra empreendida sob Luís XIV contra os calvinistas, ou Tremedores das Cevenas, é, sem contradita, um dos mais tristes episódios e dos mais comovedores da história da França, talvez menos notável do ponto de vista puramente militar, que renovou as atrocidades muito comuns nas guerras religiosas, do que pelos inumeráveis casos de sonambulismo

---
[2] Um volume in-12, 3,50 francos; pelo correio, 4 francos. Paris, Livreiros *Décembre-Allonier*.

espontâneo, êxtase, dupla vista, previsões e outros fenômenos do mesmo gênero, que se produziram durante todo o curso dessa infeliz cruzada. Esses fatos, que então eram considerados sobrenaturais, sustentavam a coragem dos calvinistas, encurralados nas montanhas, como feras, ao mesmo tempo que eram considerados como possessos do diabo, por uns, e como iluminados, por outros. Tendo sido uma das causas que provocaram e alimentaram a perseguição, eles representam, nesse episódio, o papel principal, e não acessório. Mas como os historiadores poderiam apreciá-los, quando lhes faltavam todos os elementos necessários para se esclarecerem sobre sua natureza e sua realidade? Eles não puderam senão desnaturá-los e apresentá-los sob um falso ângulo.

Só os novos conhecimentos fornecidos pelo magnetismo e pelo Espiritismo poderiam lançar luz sobre a questão. Ora, como não se pode falar com conhecimento de causa sobre o que não se compreende, ou sobre o que se tem interesse em dissimular, esses conhecimentos eram tão necessários para, sobre o assunto, fazer um trabalho completo e isento de preconceitos, quanto o eram a Geologia e a Astronomia para comentar a Gênese.

Demonstrando a verdadeira causa desses fenômenos, e provando que eles não se afastam da ordem natural, esses conhecimentos lhes devolveram seu verdadeiro caráter. Eles dão, também, a chave dos fenômenos do mesmo gênero que se produziram em muitas outras circunstâncias, e permitem separar o possível do exagero legendário.

Juntando ao talento de escritor e aos conhecimentos de historiador, um estudo sério e prático do Espiritismo e do magnetismo, o Sr. Bonnemère encontra-se nas melhores condições para tratar com conhecimento de causa e com imparcialidade o objetivo que empreendeu. A ideia espírita mais de uma vez contribuiu para obras de fantasia, mas é a primeira vez que o Espiritismo figura *nominalmente* e como elemento de controle numa obra histórica séria; é assim que, pouco a pouco, ele toma sua posição no mundo, e que se cumprem as previsões dos Espíritos.

A obra do Sr. Bonnemère só aparecerá de 5 a 10 de fevereiro, mas como algumas provas nos foram mostradas, delas extraímos as passagens seguintes, que temos a satisfação de reproduzir por antecipação. Contudo, suprimimos as notas indicativas das peças de apoio. Acrescentaremos que ela se distingue das obras sobre o mesmo assunto por documentos novos que ainda não haviam sido publicados na França, de modo que pode ser considerada como a mais completa.

Assim, ela é recomendável por mais de um motivo à atenção dos nossos leitores, que poderão julgá-la pelos fragmentos abaixo:

"O mundo jamais viu algo semelhante a esta guerra das Cevenas. Deus, os homens e os demônios se puseram à parte; os corpos e os Espíritos entraram em luta e, de maneira muito diversa da do Antigo Testamento, os profetas guiavam aos combates os guerreiros que pareciam, eles próprios, deslumbrados além das condições ordinárias da vida.

"Os céticos e os trocistas acham mais fácil negar; a Ciência derrotada teme comprometer-se, desvia os olhos e se recusa a pronunciar-se. Mas como não há fatos históricos mais incontestáveis do que estes, como não há fatos que tenham sido atestados por tão grande número de testemunhas, a troça, as razões para não aceitar não podem ser admitidas por mais tempo. Foi diante do sério povo inglês que juridicamente se recolheram os depoimentos, pelas mais solenes formas, ditados por protestantes refugiados, e eles foram publicados em Londres, em 1707, quando a lembrança de todas essas coisas ainda estava viva em todas as memórias, e os desmentidos poderiam tê-las esmagado sob o seu número, se tivessem sido falsas.

"Queremos falar do *Teatro sagrado das Cevenas, ou Relato das diversas maravilhas novamente operadas nessa parte do Languedoc,* do qual vamos fazer longas citações.

"Os estranhos fenômenos que aí se acham relatados não buscavam, para se produzir, nem a sombra nem o mistério; eles se manifestavam diante dos intendentes, diante dos generais, diante dos bispos, como diante dos ignorantes e dos pobres de espírito. Era testemunha quem quisesse e tivesse podido estudá-los, se o tivesse desejado.

"Em 25 de setembro de 1704, escrevia Villars a Chamillard:

"Eu vi, nesse gênero, coisas em que jamais teria acreditado, se elas não se tivessem passado aos meus olhos; uma cidade inteira, cujas mulheres todas pareciam possuídas do diabo. Elas tremiam e profetizavam publicamente nas ruas. Mandei prender vinte das piores, uma das quais teve a esperteza de

tremer e profetizar em minha frente. Mandei prendê-la para exemplo e recolher as outras em hospitais."

"Tais processos estavam em uso sob Luís XIV, e mandar prender uma pobre mulher porque uma força desconhecida a constrangia a dizer diante de um marechal de França coisas que lhe não agradavam, podia então ser uma maneira de agir que a ninguém revoltava, tanto era simples e natural e nos hábitos do tempo. Hoje é preciso ter coragem de enfrentar a dificuldade e lhe buscar soluções menos brutais e mais probantes.

"Não cremos nem no maravilhoso nem nos milagres. Vamos, pois, explicar naturalmente, da melhor forma que pudermos, esse grave problema histórico até hoje deixado sem solução. Vamos fazê-lo buscando ajuda das luzes que o magnetismo e o Espiritismo hoje põem à nossa disposição, sem pretender, contudo, a ninguém impor essas crenças.

"É lamentável que não possamos consagrar senão algumas linhas a isso que, compreende-se, exigiria um volume de desenvolvimentos. Diremos apenas, para tranquilizar os espíritos tímidos, que isto em nada choca as ideias cristãs; não necessitamos como prova senão destes dois versículos do Evangelho de São Mateus:

"Quando, pois, vos entregarem nas mãos dos governadores e dos reis, não vos preocupeis como lhes haveis de falar, nem com o que lhes haveis de dizer, porque o que lhes deveis dizer vos será dado na mesma hora;

"Porque não sois vós que falais, mas o espírito de vosso Pai que fala em vós (Mat. X: 19 e 20)."

"Deixamos aos comentadores o cuidado de decidir qual é, ao certo, esse espírito de nosso Pai que, em dados momentos, se substitui ao nosso, fala em nosso lugar e nos inspira. Talvez possamos dizer que toda geração que desaparece é o pai e a mãe da que lhe sucede, e que os melhores entre os que parecem não mais existir se elevam rapidamente, quando desembaraçados dos entraves do corpo material, e vêm ocupar os órgãos daqueles de seus filhos que julgam dignos de lhes servir de intérpretes, e que pagarão caro, um dia, pelo mau uso que tiverem feito das faculdades preciosas que lhes são delegadas.

"O magnetismo desperta, superexcita e desenvolve em certos sonâmbulos o instinto que a Natureza deu a todos os seres para a sua cura, e que nossa civilização incompleta abafou em nós, para substituí-lo pelas falsas luzes da Ciência.

"O sonâmbulo natural põe o seu sonho em ação, eis tudo. Ele nada toma dos outros, nada pode por eles.

"O sonâmbulo fluídico, ao contrário, aquele no qual o contato do fluido do magnetizador provoca um estado bizarro, sente-se imperiosamente atormentado pelo desejo de aliviar os seus irmãos. Ele vê o mal, ou vem indicar-lhe o remédio.

"O sonâmbulo inspirado, que por vezes pode ser, ao mesmo tempo, fluídico, é o mais ricamente dotado, e nele a inspiração se mantém nas esferas elevadas, quando ela se manifesta espontaneamente. Só ele é um revelador; só nele reside o progresso, porque só ele é o eco, o instrumento dócil de um Espírito diferente do seu, e mais adiantado.

"O fluido é um ímã que atrai os mortos bem-amados para os que ficam. Ele se desprende abundantemente dos inspirados, e vai despertar a atenção dos seres que partiram antes, e que lhes são simpáticos. Estes, por seu lado, depurados e esclarecidos por uma vida melhor, julgam melhor e conhecem melhor essas naturezas primitivas, honestas, passivas, que lhes podem servir de intermediárias na ordem dos fatos que julgam útil revelar-lhes.

"No século passado eram chamados extáticos. Hoje são *médiuns*.

"O Espiritismo é a correspondência das almas entre si. Segundo os adeptos dessa crença, um ser invisível se põe em comunicação com outro dotado de uma organização particular que o torna apto a receber os pensamentos daqueles que viveram e a escrevê-los, quer por um impulso mecânico inconsciente imprimido à mão, quer por transmissão direta à inteligência dos médiuns.

"Se quisermos por um momento dar algum crédito a estas ideias, compreenderemos sem esforço que as almas indignadas desses mártires que o grande rei imolava às centenas diariamente, vinham velar sobre os seres queridos dos quais tinham sido violentamente separadas; que elas os haviam sustentado, guiado, consolado em meio às suas provações, inspirado por seu espírito; que lhes haviam anunciado por antecipação – o que aconteceu muitas vezes – os perigos que os ameaçavam.

"Só um pequeno número era verdadeiramente inspirado. O desprendimento fluídico que deles saía, como de certos seres superiores e privilegiados, agia sobre essa multidão profundamente perturbada que os rodeava, mas sem poder desenvolver, na maioria, entre eles, outra coisa senão os fenômenos grosseiros e largamente falíveis da alucinação. Inspirados e alucinados, todos tinham a pretensão de profetizar, mas estes últimos emitiam uma porção de erros, em meio dos quais não se podia mais discernir as verdades que o Espírito realmente soprava aos primeiros. Essa massa de alucinados por sua vez reagia sobre os inspirados e lançava a perturbação no meio de suas manifestações...

"Diz o Padre Pluquet que eram necessários recursos extraordinários, prodígios, para sustentar a fé dos restos dispersos do Protestantismo. Eles explodiram de todos os lados entre os reformados, durante os quatro primeiros anos que se seguiram à revogação do Edito de Nantes. Ouviram-se nos ares, nas cercanias dos lugares onde outrora tinha havido templos, vozes tão perfeitamente semelhantes aos cantos dos salmos, tais como os cantam os protestantes, que não podiam ser tomados por outra coisa. Essa melodia era celeste e essas vozes angélicas cantavam os salmos segundo as versões de Clément Marot e de Théodore de Bèze. Essas vozes foram ouvidas em Béarn, nas Cevenas, em Vassy etc. Ministros fugitivos foram escoltados por essa divina salmodia e até a trombeta não os abandonou senão depois que eles transpuseram as fronteiras do reino. Jurieu reuniu com cuidado os testemunhos dessas maravilhas e daí concluiu que '*Deus, tendo feito bocas no meio dos ares, era uma censura indireta que a Providência fazia aos protestantes de França por se terem calado muito facilmente*'. Ele ousou predizer que em 1689 o Calvinismo seria restabelecido na França... Jurieu dissera: '*O Espírito do Senhor estará convosco. Ele falará pela boca das crianças e das mulheres, em vez de vos abandonar.*'

"Foi mais que o necessário para que os protestantes perseguidos se pusessem a ver as mulheres e as crianças pondo-se a profetizar.

"Um homem mantinha em casa, numa vidraria oculta no topo da montanha de Pevrat, no Delfinado, uma verdadeira escola de profecia. Era um velho gentil-homem, chamado Du Serre, nascido na aldeia de Dieu-le-Fit. Aqui as origens são um pouco obscuras. Dizem que ele tinha sido iniciado, em Gênova, nas práticas de uma arte misteriosa cujo segredo era transmitido a um pequeno número de pessoas. Reunindo em sua casa rapazes e algumas moças cuja natureza impressionável e nervosa ele sem dúvida havia observado, submetia-os previamente a jejuns austeros; agia poderosamente sobre sua imaginação; para eles estendia as mãos como que para lhes impor o Espírito de Deus; soprava sobre suas frontes e os fazia cair como inanimados à sua frente, com os olhos fechados, adormecidos, os membros tensos pela catalepsia, insensíveis à dor, não vendo e não ouvindo mais nada do que se passava ao seu redor, mas pareciam escutar vozes interiores que lhes falavam, e ver espetáculos esplêndidos, cujas maravilhas contavam, porque, nesse estado bizarro, eles falavam e escreviam; depois, voltando ao seu estado ordinário, eles não se lembravam mais de nada do que tinham feito, do que tinham dito, do que tinham escrito.

"Eis o que Brueys conta desses 'pequenos profetas adormecidos', como ele os chama. Aí encontramos os processos, hoje bem conhecidos, do magnetismo, e quem quiser poderá, em muitas circunstâncias, reproduzir os *milagres* do velho gentil-homem vidreiro...

"Em 1701 houve uma nova explosão de profetas. Eles choviam do céu, brotavam da terra e, das montanhas de Lozère até às margens do Mediterrâneo. Contavam-se aos milhares. Os católicos haviam tomado os filhos dos calvinistas. Deus se serviu dos filhos para protestar contra essa prodigiosa iniquidade. O governo do grande rei só conhecia a violência. Prendiam em massa, ao acaso, esses *profetas-meninos*; açoitavam impiedosamente os menores, queimavam as plantas dos pés dos maiores. Nada se fez, e havia mais de trezentos nas prisões de Uzès, quando a Faculdade de Montpellier recebeu ordem de se transportar àquela cidade para examinar o seu estado. Após maduras reflexões, a douta Faculdade os declarou 'atingidos de fanatismo.'

"Essa bela solução da ciência oficial, que hoje ainda não poderia dizer muito mais sobre o assunto, não pôs termo à onda transbordante de inspirações. Bâville então publicou uma ordenação (setembro de 1701) para tornar os pais responsáveis pelo *fanatismo* de seus filhos.

"Puseram soldados à vontade nas casas de todos quantos não haviam podido desviar seus filhos desse perigoso ofício e os condenaram a penas arbitrárias. Assim, tudo repercutia os lamentos e clamores desses pais infortunados. A vidência foi levada tão longe que, para dela se livrarem, houve várias pessoas que denunciaram seus próprios filhos, ou os entregaram aos intendentes e aos magistrados, dizendo: 'Ei-los, nós nos desobrigamos; vós mesmos fazei-os, se possível, perder a vontade de profetizar.'

"Vãos esforços! Prendiam, torturaram os corpos, mas o Espírito ficava livre e os profetas se multiplicavam. Em novembro retiraram mais de duzentos das Cevenas 'que condenaram a servir ao rei, uns nos seus exércitos, outros nas galés' (Corte de Gébelin). Houve execuções capitais, que não pouparam nem mesmo as mulheres. Em Montpellier enforcaram uma profetisa de Vivarais, porque saía sangue de seus olhos e de seu nariz, que ela chamava de lágrimas de sangue que chorava sobre os infortúnios de seus correligionários, sobre os crimes de Roma e dos papistas...

"Uma surda irritação, uma onda de cólera há muito contida rugia em todas as gargantas ao término desses vinte anos de intoleráveis iniquidades. A paciência das vítimas não diminuía a fúria dos carrascos. Pensaram, enfim, em conter a força pela força.

"Era, sem dúvida, diz Brueys, um espetáculo muito extraordinário e muito novo; via-se marcharem as forças armadas para combaterem pequenos exércitos de profetas." (t. 1, pág. 156).

"Espetáculo estranho, com efeito, porque os mais perigosos entre esses pequenos profetas defendiam-se a pedradas, refugiados em alturas inacessíveis. Mas na maioria das vezes eles não tentavam nem mesmo defender a própria vida. Quando as tropas avançavam para atacá-los, eles marchavam atrevidamente contra elas, soltando brados: 'Tartará! Tartará! Para trás, Satã!' Dizia-se que eles acreditavam que a palavra *tartará*, como um exorcismo, devia pôr os inimigos em fuga; que eles próprios eram invulneráveis, ou que ressuscitariam ao cabo de três dias, se viessem a sucumbir na luta. Suas ilusões não duravam muito nesses vários pontos, e em breve opuseram aos católicos armas mais eficazes.

"Em dois encontros na montanha de Chailaret, não longe de Saint-Genieys mataram algumas centenas, prenderam um bom número, e o resto pareceu dispersar-se. Bâville julgava os cativos, mandava prender alguns e enviava o resto para as galés; e como nada disso parecia absolutamente desencorajar os reformados, continuaram a procurar as reuniões do deserto, a estrangular impiedosamente os que se rendiam, sem que estes pensassem ainda em opor uma séria resistência a seus carrascos. Segundo o depoimento de uma profetisa chamada Isabel Charras, consignado no *Teatro sagrado de Cevenas*, esses infelizes mártires voluntários entregavam-se, previamente advertidos pelas revelações dos extáticos, à sorte que os aguardava. Lemos ali:

"O chamado Jean Héraut, nosso vizinho, e quatro ou cinco de seus filhos com ele, tinham inspirações. Os dois mais novos tinham, um sete anos, o outro cinco e meio, quando receberam o dom. Eu os vi muitas vezes em seus êxtases. Um outro vizinho nosso, chamado Marliant, também tinha dois filhos e três filhas no mesmo estado. A mais velha era casada. Estando grávida de cerca de oito meses, foi a uma assembleia, em companhia de seus irmãos e irmãs, levando com ela o filhinho de sete anos. Ali foi massacrada com o dito menino, um de seus irmãos e uma das irmãs. O irmão que não foi morto ficou ferido, mas se curou, e a mais nova das irmãs foi deixada como morta, debaixo de corpos massacrados, sem ter sido ferida. A outra irmã foi levada ainda viva para a casa do pai, mas morreu dos ferimentos, alguns dias depois. Eu não estava na assembleia, mas vi o espetáculo desses mortos e desses feridos."

"O que há de mais notável é que todos esses mártires tinham sido avisados pelo Espírito do que lhes devia acontecer. Eles tinham-no dito a seu pai, dele se despedindo e pedindo sua bênção, na mesma tarde em que saíram de casa para ir à assembleia que devia realizar-se na noite seguinte. Quando o pai viu todas essas lamentáveis ocorrências, não sucumbiu à sua dor, mas, ao contrário, disse com piedosa resignação: 'O Senhor o deu, o Senhor o tirou; que o nome do Senhor seja bendito!' Foi do irmão, do genro, dos dois filhos feridos e de toda a família que eu soube que tudo isto tinha sido predito."

EUGÈNE BONNEMÈRE
ALLAN KARDEC

REVISTA ESPÍRITA
JORNAL DE ESTUDOS PSICOLÓGICOS

ANO XII	MARÇO DE 1869	VOL. 3

A CARNE É FRACA
ESTUDO FISIOLÓGICO E MORAL

Há inclinações viciosas que evidentemente são mais inerentes ao espírito, porque têm a ver mais com a moral do que com o físico; outras mais parecem consequência do organismo e, por este motivo, a gente se julga menos responsável. Tais são as predisposições à cólera, à moleza, à sensualidade etc.

Está hoje perfeitamente reconhecido pelos filósofos espiritualistas que os órgãos cerebrais correspondentes às diversas aptidões devem seu desenvolvimento à atividade do espírito; que esse desenvolvimento é, assim, um efeito e não uma causa. Um homem não é músico porque tem a bossa da música, mas tem a bossa da música porque seu espírito é músico *(Revista de julho de 1860 e abril de 1862).*

Se a atividade do espírito reage sobre o cérebro, deve reagir igualmente sobre as outras partes do organismo. Assim, o espírito é o artífice de seu próprio corpo, por assim dizer, modela-o, a fim de apropriá-lo às suas necessidades e à manifestação de suas tendências. Assim sendo, a perfeição do corpo nas raças adiantadas seria o resultado do trabalho do espírito que aperfeiçoa seu utensílio à medida que aumentam suas faculdades. (*A Gênese segundo o Espiritismo,* cap. XI, Gênese Espiritual).

Por uma consequência natural desse princípio, as disposições morais do espírito devem modificar as qualidades do sangue, dar-lhe maior ou menor atividade, provocar uma secreção mais ou menos abundante de bile ou de outros fluidos. É assim, por exemplo, que o glutão sente vir a saliva, ou, como se diz vulgarmente, vir água à boca à vista de um prato apetitoso. Não é o alimento que pode superexcitar o órgão do paladar, pois não há contato; é, portanto, o espírito, cuja sensualidade é despertada, que age pelo pensamento sobre esse órgão, ao passo que, sobre outro Espírito, a visão daquele prato nada produz. Dá-se o mesmo em todas as cobiças, todos os desejos provocados pela visão. A diversidade das emoções não pode ser compreendida, numa porção de casos, senão pela diversidade das qualidades do espírito. Tal é a razão pela qual uma pessoa sensível facilmente derrama lágrimas; não é a abundância das lágrimas que dá a sensibilidade ao espírito, mas a sensibilidade do espírito que provoca a abundante secreção de lágrimas. Sob o império da sensibilidade, o organismo modelou-se sob esta disposição normal do espírito, como se modelou sob a do espírito glutão.

Seguindo esta ordem de ideias, compreende-se que um espírito irascível deve levar ao temperamento bilioso, de onde se segue que um homem não é colérico porque é bilioso, mas que é bilioso porque é colérico. Assim acontece com todas as outras disposições instintivas; um espírito mole e indolente deixará seu organismo num estado de atonia em relação com seu caráter, ao passo que, se ele for ativo e enérgico, dará a seu sangue, a seus nervos, qualidades bem diferentes. A ação do espírito sobre o físico é de tal modo evidente, que por vezes se veem graves desordens orgânicas produzidas por efeito de violentas comoções morais. A expressão vulgar: *A emoção lhe fez subir o sangue*, não é assim despida de sentido quanto se podia crer. Ora, o que pôde alterar o sangue senão as disposições morais do espírito?

Este efeito é sensível sobretudo nas grandes dores, nas grandes alegrias, nos grandes pavores, cuja reação pode chegar a causar a morte. Vemos pessoas que morrem do medo de morrer. Ora, que relação existe entre o corpo do indivíduo e o objeto que causa pavor, objeto que, muitas vezes, não tem qualquer realidade? Diz-se que é o efeito da imaginação; seja, mas o que é a imaginação senão um atributo, um modo de sensibilidade do espírito? Parece difícil atribuir à imaginação, aos músculos e aos nervos, pois então não compreenderíamos por que esses músculos e esses nervos não têm imaginação sempre; por que não a têm após a morte; por que o que nuns causa um pavor mortal, noutros excita a coragem.

Seja qual for a sutileza que usemos para explicar os fenômenos morais exclusivamente pelas propriedades da matéria, cairemos inevitavelmente num impasse, no fundo do qual se percebe, com toda a evidência, e como única solução possível, o ser espiritual independente, para quem o organismo não é senão um meio de manifestação, como o piano é o instrumento das manifestações do pensamento do músico. Assim como o músico afina seu piano, pode-se dizer que o Espírito afina seu corpo para pô-lo no diapasão de suas disposições morais.

É realmente curioso ver o materialismo falar incessantemente da necessidade de elevar a dignidade do homem, quando se esforça para reduzi-lo a um pedaço de carne que apodrece e desaparece sem deixar qualquer vestígio; de reivindicar para si a liberdade como um direito natural, quando o transforma num mecanismo, marchando como um boneco, sem responsabilidade por seus atos.

Com o ser espiritual independente, preexistente e sobrevivente ao corpo, a responsabilidade é absoluta. Ora, para a maioria, o primeiro, o principal móvel da crença no niilismo, é o pavor que causa essa responsabilidade, *fora da lei humana,* e à qual crê escapar fechando os olhos. Até hoje essa responsabilidade nada tinha de bem definido; não era senão um medo vago, fundado, há que reconhecer, em crenças nem sempre admissíveis pela razão. O Espiritismo a demonstra como uma realidade patente, efetiva, sem restrição, como uma consequência natural da espiritualidade do ser. Eis por que certas pessoas temem o Espiritismo, que as perturbaria em sua quietude, erguendo à sua frente o temível tribunal do futuro. Provar que o homem é responsável por todos os seus atos é provar sua liberdade de ação, e provar sua liberdade é revelar sua dignidade. A perspectiva da responsabilidade fora da lei humana é o mais poderoso elemento moralizador: é o objetivo ao qual conduz o Espiritismo pela força das coisas.

Portanto, conforme as observações fisiológicas que precedem, podemos admitir que o temperamento é, pelo menos em parte, determinado pela natureza do espírito, que é causa e não efeito. Dizemos em parte, porque há casos em que o físico evidentemente influi sobre o moral: é quando um estado mórbido ou anormal é determinado por uma causa externa, acidental, independente do espírito, como a temperatura, o clima, os vícios hereditários de constituição, um mal-estar passageiro etc. O moral do Espírito pode, então, ser afetado em suas manifestações pelo estado patológico, sem que sua natureza intrínseca seja modificada.

Escusar-se de suas más ações com a fraqueza da carne não é senão um subterfúgio para eximir-se da responsabilidade. *A carne não é fraca senão porque o espírito é fraco,* o que derruba a questão e deixa ao espírito a responsabilidade de todos os seus atos. A carne, que não tem nem pensamento nem vontade, jamais prevalece sobre o Espírito, que é o ser *pensante e voluntarioso.* É o espírito que dá à carne as qualidades correspondentes aos instintos, como um artista imprime à sua obra material o cunho de seu gênio. Liberto dos instintos da bestialidade, o espírito modela um corpo que não é mais um tirano para suas aspirações à espiritualidade de seu ser; então o homem come para viver, porque viver é uma necessidade, mas não vive para comer.

A responsabilidade moral dos atos da vida, portanto, permanece íntegra. Mas, diz a razão que as consequências dessa responsabilidade devem ser proporcionais ao desenvolvimento intelectual do Espírito, pois quanto mais esclarecido ele for, menos escusável será, porque, com a inteligência e o senso moral, nascem as noções do bem e do mal, do justo e do injusto. O selvagem, ainda vizinho da animalidade, que cede ao instinto do animal, comendo o seu semelhante, é, sem contradita, menos culpável que o homem civilizado que comete uma simples injustiça.

Esta lei ainda encontra sua aplicação na Medicina e dá a razão do seu insucesso em certos casos. Considerando-se que o temperamento é um efeito, e não uma causa, os esforços tentados para modificá-lo podem ser paralisados pelas disposições morais do espírito que opõe uma resistência inconsciente e neutraliza a ação terapêutica. É, pois, sobre a causa primeira que devemos agir; se se consegue mudar as disposições morais do espírito, o temperamento modificar-se-á por si mesmo, sob o império de uma vontade diferente ou, pelo menos, a ação do tratamento médico será ajudada, em vez de ser tolhida. Se possível, dai coragem ao poltrão, e vereis cessarem os efeitos fisiológicos do medo. Dá-se o mesmo com as outras disposições.

Mas, perguntarão, pode o médico do corpo fazer-se médico da alma? Está em suas atribuições fazer-se moralizador de seus doentes? Sim, sem dúvida, em certos limites; é mesmo um dever que um bom médico jamais negligencia, desde o instante que vê no estado da alma um obstáculo ao restabelecimento da saúde do corpo. O essencial é aplicar o remédio moral com tato, prudência e convenientemente, conforme as circunstâncias. Deste ponto de vista, sua ação é forçosamente circunscrita, porque, além de ele ter sobre seu doente apenas uma ascendência moral, em certa idade é difícil uma transformação do caráter. É, pois, à educação, e sobretudo à primeira educação, que incumbem os cuidados dessa natureza. Quando a educação, desde o berço, for dirigida nesse sentido; quando nos aplicarmos em abafar, em seus germes, as imperfeições morais, como fazemos com as imperfeições físicas, o médico não mais encontrará no temperamento um obstáculo contra o qual sua ciência muitas vezes é impotente.

Como se vê, é todo um estudo, mas um estudo completamente estéril, enquanto não levarmos em conta a ação do elemento espiritual sobre o organismo. Participação incessantemente ativa do elemento espiritual nos fenômenos da vida, tal é a chave da maior parte dos problemas contra os quais se choca a Ciência. Quando ela levar em consideração a ação desse princípio, verá abrir-se à sua frente horizontes completamente novos. É a demonstração desta verdade que o Espiritismo traz.

APÓSTOLOS DO ESPIRITISMO NA ESPANHA

Ciudad-Real, fevereiro de 1869

AO SENHOR ALLAN KARDEC

Caro Senhor,
Os espíritas que compunham o círculo da cidade de Andujar, hoje disseminados pela vontade de Deus para a propagação da verdadeira doutrina, vos saúdam fraternalmente.

Ínfimos pelo talento, grandes pela fé, propomo-nos sustentar, tanto pela imprensa quanto pela palavra, tanto em público quanto em particular, a Doutrina Espírita, porque é a mesma que Jesus pregou, quando veio à Terra para a redenção da Humanidade.

A Doutrina Espírita, chamada a combater o materialismo, a fazer prevalecer a divina palavra, a fim de que o espírito do Evangelho não seja mais truncado por ninguém; a preparar o caminho da igualdade e da fraternidade, necessita hoje, na Espanha, de apóstolos e de mártires. Se não podemos ser os primeiros, seremos os últimos. Estamos prontos para o sacrifício.

Lutaremos sós ou reunidos com os que professam a nossa doutrina. Os tempos são chegados. Não percamos, por indecisão ou por medo, a recompensa que está reservada aos que sofrem e são perseguidos pela justiça.

Nosso grupo era composto de seis pessoas, sob a direção espiritual do Espírito de Fénelon. Nosso médium era Francisco Perez Blanca, e os outros: Pablo Medina, Luis Gonzalez, Francisco Marti, José Gonzalez e Manuel Gonzalez.

Depois de haver espalhado a semente em Andujar, estamos hoje em diferentes cidades: León, Sevilha, Salamanca etc., onde cada um de nós trabalha na propagação da Doutrina, o que consideramos como nossa missão.

Seguindo os conselhos de Fénelon, vamos publicar um jornal espírita. Desejando ilustrá-lo com extratos tirados das obras que publicastes, pedimos que nos concedais permissão. Além disso, sentir-nos-íamos muito felizes com a vossa benévola cooperação e, para tal fim, pomos à vossa disposição as colunas do nosso jornal.

Agradecendo-vos antecipadamente, rogamos saudar, em nosso nome, os nossos irmãos da Sociedade de Paris.

E vós, caro Senhor, recebei o fraternal abraço de vossos irmãos.

Por todos,

MANUEL GONZALEZ SORIANO

Já tivemos muitas ocasiões de dizer que a Espanha contava numerosos adeptos, sinceros, devotados e esclarecidos. Aqui já não é mais devotamento, é abnegação; não uma abnegação irrefletida, mas calma, fria, como a do soldado que marcha para o combate, dizendo: "Custe-me o que custar, cumprirei o meu dever." Não é essa coragem que chameja como um fogo de palha e se extingue ao primeiro alarme; que, antes de agir, calcula cuidadosamente o que pode perder ou ganhar; é o devotamento daquele que põe o interesse de todos acima do interesse pessoal.

O que teria ocorrido às grandes ideias que fizeram o mundo progredir, se só tivessem encontrado defensores egoístas, devotados em palavras desde que nada tivessem a perder, mas se dobrando ante um olhar de ameaça e o medo de comprometer algumas parcelas de seu bem-estar? As ciências, as artes, a indústria, o patriotismo, as religiões, as filosofias tiveram seus apóstolos e seus mártires. O Espiritismo também é uma grande ideia regeneradora; ele acaba de nascer; ele ainda não está completo, e já encontra corações devotados até a abnegação, até o sacrifício, devotamentos às vezes obscuros, que não buscam nem a glória nem o brilho, mas que, por agirem numa pequena esfera, são mais meritórios ainda, porque são moralmente mais desinteressados.

Contudo, em todas as causas, os devotamentos em plena luz são necessários, porque eletrizam as massas. Certamente não está distante o tempo em que o Espiritismo terá também seus grandes defensores que, desafiando os sarcasmos, os preconceitos e a perseguição, hastearão a sua bandeira com a firmeza que dá a consciência de fazer uma coisa útil; apoiá-lo-ão com a autoridade de seu nome e de seu talento, e seu exemplo arrastará a multidão dos tímidos, que prudentemente ainda se põem à margem.

Nossos irmãos da Espanha iniciam a caminhada; cingem os rins e aprestam-se para a luta. Que recebam as nossas felicitações e as de seus irmãos em crença de todos os países, pois entre os espíritas não há distinção de nacionalidades. Seus nomes serão inscritos com honra ao lado dos corajosos pioneiros aos quais a posteridade deverá um tributo de reconhecimento por terem sido os primeiros a pagar com suas pessoas, e contribuído para a ereção do edifício.

Dir-se-á que o devotamento consiste em tomar o bastão de viagem para ir pregar pelo mundo a todas as pessoas? Não, por certo; em qualquer lugar onde estejamos, podemos ser úteis. O verdadeiro devotamento consiste em tirar o melhor partido de sua posição, pondo a serviço da causa, o mais utilmente possível e com discernimento, as forças físicas e morais que a Providência concedeu a cada um.

A dispersão desses senhores não é um fato de sua vontade. Reunidos, no início, pela natureza de suas funções, estas os chamaram a vários pontos da Espanha. Longe de se desencorajarem por esse isolamento, eles compreenderam que, ficando unidos por pensamento e pela ação, poderiam fincar a bandeira em vários centros, e que assim sua separação reverteria em proveito da vulgarização da ideia.

Assim se deu num regimento francês, onde um certo número de oficiais tinha formado grupos, dos mais sérios e mais bem organizados que vimos. Animados de um zelo esclarecido e de um devotamento a toda prova, de início seu objetivo era instruir-se a fundo nos princípios da Doutrina, depois exercitar-se na palavra, impondo-se a obrigação de tratar, em rodízio, uma questão, para se familiarizarem na controvérsia. Fora do círculo, eles pregavam pela palavra e pelo exemplo, mas com prudência e moderação; não procurando fazer propaganda a qualquer preço, tornavam-na mais útil. O regimento, tendo mudado sua sede, foi repartido por várias cidades. Assim o grupo se dispersou materialmente, mas, sempre unido em intenções, continuou sua obra em pontos diferentes.

O ESPIRITISMO POR TODA PARTE
EXTRAÍDO DOS JORNAIS INGLESES

Um dos nossos correspondentes de Londres nos transmite a seguinte notícia:

"O jornal inglês *The Builder* (O Construtor), órgão dos arquitetos, muito estimado por seu caráter prático e retidão de seus julgamentos, tratou incidentemente, em várias ocasiões, de questões atinentes ao Espiritismo. Em seus artigos ele aborda mesmo as manifestações de nossos dias, sobre as quais o autor faz uma apreciação do seu ponto de vista.

"O Espiritismo também foi abordado em algumas das últimas notícias da Revista Antropológica de Londres; aí se declara que *o fato da intervenção ostensiva dos Espíritos, em certos fenômenos, é muito bem verificado para ser posto em dúvida*. Aí se fala do envoltório corporal do homem como de uma grosseira vestimenta apropriada ao seu estado atual, que se considera como o mais baixo escalão do reino hominal; esse reino, apesar de ser o coroamento da animalidade do planeta, não é senão um esboço do corpo glorioso, leve, purificado e luminoso que a alma deve revestir no futuro, à medida que a raça humana se desenvolve e se aperfeiçoa.

"Ainda não é, acrescenta o correspondente, a doutrina homogênea e coerente da escola espírita francesa, mas dela muito se aproxima, e me pareceu interessante como indício do movimento das ideias no *senso espírita* deste lado do estreito. Entretanto, falta-lhes direção; eles navegam à deriva nesse mundo novo que se abre ante a Humanidade, e não é de admirar que nele a gente se perca por falta de um guia. Não temos dúvidas que, se as obras da Doutrina fossem traduzidas para o inglês, reuniriam numerosos partidários, firmando as ideias ainda incertas."

A. BLACKWELL

CHARLES FOURIER

Numa obra intitulada: *Charles Fourier, sua vida e suas obras*, por Pellarin, encontra-se uma carta de Fourier ao Sr. Muiron, datada de 3 de dezembro de 1826, pela qual ele prevê os futuros fenômenos do Espiritismo.

Ela é assim concebida:

"Parece que os Srs. C. e P. renunciaram ao seu trabalho sobre o magnetismo. Eu apostaria que não fazem valer o argumento fundamental: é que, *se tudo está ligado no universo, devem existir meios de comunicação entre as criaturas do outro mundo e deste*; quero dizer: comunicações de faculdades, participação temporária ou acidental das faculdades dos extramundanos ou defuntos, e não comunicação com eles. Essa participação não se pode dar em vigília, mas apenas num estado misto, como o sono ou outro. Os magnetizadores encontraram esse estado? Eu o ignoro! Mas, em princípio, sei que deve existir."

Fourier escrevia isto em 1826, a propósito dos fenômenos sonambúlicos; ele não podia ter qualquer ideia dos meios de comunicação direta descobertos vinte e cinco anos mais tarde, e não concebia a sua possibilidade senão num estado de desprendimento, que de certo modo aproximasse os dois mundos; mas nem por isso deixava de ter a convicção do fato principal, o da existência dessas relações.

Sua crença sobre um outro ponto capital, o da reencarnação na Terra, é ainda mais preciso quando ele diz: *Um mau rico poderá voltar para mendigar à porta do castelo do qual foi proprietário*. É o princípio da expiação terrena nas existências sucessivas, em tudo semelhante ao que ensina o Espiritismo, conforme os exemplos fornecidos por essas mesmas relações entre o mundo visível e o mundo invisível. Graças a tais relações, esse princípio de justiça, que não existia no pensamento de Fourier senão no estado de teoria ou de probabilidade tornou-se uma verdade patente.

PROFISSÃO DE FÉ DE UM FOURIERISTA

A seguinte passagem é extraída de uma nova obra intitulada *Cartas a meu irmão sobre as minhas crenças religiosas*, por Math. Briancourt:[1]

"Creio *num* só Deus todo-poderoso, justo e bom, tendo por corpo a luz, por membros a totalidade dos astros ordenados em série hierárquica.

---
[1] 1 vol. in-18. Livraria de Ciências Sociais.

"Creio que Deus designa a todos os seus membros, grandes e pequenos, uma função a cumprir no desenvolvimento da vida universal que é a sua vida, reservando a inteligência para aqueles membros que ele associa a si mesmo no governo do mundo.

"Creio que os membros inteligentes do último grau, as Humanidades, têm por tarefa a gestão dos astros que habitam e sobre os quais têm missão de fazer reinar a ordem, a paz e a justiça.

"Creio que as criaturas cumprem suas funções satisfazendo às suas necessidades que Deus adapta exatamente às exigências das funções; e como, em sua bondade, ele liga o prazer à satisfação das necessidades, creio que toda criatura, realizando a sua tarefa, é tão feliz quanto comporta a sua natureza, e que os sofrimentos são tanto mais vivos quanto mais ele se afasta da realização de sua tarefa.

"Creio que a Humanidade terrena em breve terá adquirido os conhecimentos e o material que lhe são indispensáveis para cumprir sua alta função, e que, em consequência, o dia da felicidade geral aqui na Terra não tardará muito a surgir.

"Creio que a inteligência dos seres racionais dispõe de dois corpos, um formado de substâncias visíveis aos nossos olhos, outro de matérias mais sutis e invisíveis chamadas aromas.

"Creio que, com a morte de seu corpo visível, esses seres continuam a viver num mundo aromal, onde encontram a recompensa exata de suas obras boas ou más; em seguida, após um tempo mais ou menos longo, retomam um corpo material para abandoná-lo novamente à decomposição, e assim por diante.

"Creio que as inteligências que crescem cumprindo exatamente as suas funções vão animar seres cada vez mais elevados na divina hierarquia, até que entrem, no fim dos tempos, no seio de Deus, de onde saíram, que se unam à sua inteligência e partilhem de sua vida aromal."

Com uma tal profissão de fé, compreende-se que os fourieristas e espíritas possam dar-se as mãos.

VARIEDADES

SENHORITA DE CHILLY

Lê-se na *Petite Presse,* de 11 de fevereiro de 1869:

"O Sr. de Chilly, simpático diretor do Odéon, tão cruelmente provado pela morte quase fulminante de sua filha única, está ameaçado de uma nova dor. Sua sobrinha, Senhorita Artus, filha do antigo regente da orquestra do Ambigu-Comique, está neste momento, por assim dizer, às portas do túmulo. A propósito, o *Figaro* relata esta triste e tocante história:

"*Agonizante, a Senhorita Chilly deu um pequeno anel a essa prima cuja vida está hoje tão cruelmente ameaçada e lhe disse:*
– Toma-o; tu mo devolverás!
"*Estas palavras feriram a imaginação da pobre menina? Eram elas a expressão dessa dupla vista atribuída à morte? Entrementes, alguns dias após os funerais da Senhorita de Chilly, sua jovem prima caía doente.*"

"O que o *Figaro* não diz é que, em seus últimos momentos, a pobre morta, que se agarrava à vida com toda a energia do seus belos dezoito anos, gritava de seu leito de dor à sua prima que se fundia em lágrimas num canto do quarto, teatro de sua agonia:
"– Não! Eu não quero morrer! Não quero partir sozinha! Virás comigo! Eu te espero! Eu te espero! Tu não te casarás!
"Que espetáculo e que angústias para essa infortunada Senhorita Artus, cujo casamento, aliás, se preparava no momento mesmo em que a Senhorita de Chilly se acamava para não mais se erguer!"

Sim, certamente, estas palavras são a expressão da *dupla vista atribuída à morte*, cujos exemplos não são raros. Quantas pessoas tiveram pressentimentos desse gênero antes de morrer! Dirão que elas representam uma comédia? Que os niilistas expliquem esses fenômenos, se puderem! Se a inteligência não fosse senão uma propriedade da matéria, e devesse extinguir-se com esta, como explicar a recrudescência da atividade dessa mesma inteligência, as faculdades novas, por vezes transcendentes, que se manifestam tantas vezes no momento mesmo em que o organismo se dissolve, em que o último suspiro será exalado? Isto não prova que algo sobrevive ao corpo? Foi dito centenas de vezes que a alma independente se revela a cada instante, sob mil formas e em condições de tal modo evidentes que é preciso fechar voluntariamente os olhos para não vê-la.

APARIÇÃO DE UM FILHO VIVO À SUA MÃE

O fato seguinte é relatado por um jornal de medicina de Londres e reproduzido pelo *Journal de Rouen,* de 22 de dezembro de 1868:

"Na semana passada, o Sr. Samuel W..., um dos principais empregados do Banco, teve que ausentar-se de uma reunião para a qual tinha sido convidado com sua senhora, pois se achava muito indisposto. Chegou em casa com uma febre violenta. Procuraram o médico, mas este tinha sido chamado a uma cidade próxima e só voltaria tarde da noite.

"A Senhora Samuel decidiu esperar o médico à cabeceira do seu marido. Embora com uma febre ardente, o doente dormia tranquilamente. Um pouco tranquilizada, vendo que seu marido não sofria, a Sra. Samuel não lutou contra o sono e por sua vez adormeceu.

"Por volta das três horas ela ouviu tocar a campainha da porta principal. Deixou a poltrona precipitadamente, tomou um castiçal e desceu ao salão.

"Lá esperava ver entrar o médico. Aberta a porta do salão, ao invés do médico ela viu entrar seu filho Edward, um rapaz de doze anos que estudava num colégio perto de Windsor. Estava pálido e tinha a cabeça envolta em largo penso branco.

"– Esperavas o médico para o papai, não? perguntou ele abraçando a mãe. Mas papai está melhor. Ele não tem nada mesmo, e levantará amanhã. Sou eu que necessito de um bom médico. Trata de chamá-lo já, porque o do colégio não entende muito da coisa... "Imobilizada de medo, a Sra. Samuel teve forças para tocar a sineta. Chegou a criada de quarto. Encontrou a patroa no meio do salão, imóvel, com o castiçal na mão. O som de sua voz despertou a Sra. Samuel. Ela tinha sido presa de uma visão, de um sonho, chamemos como quisermos. Lembrava-se de tudo e repetiu à camareira o que tinha julgado ouvir. Depois exclamou chorando: 'Deve ter acontecido uma desgraça a meu filho!'

"Chegou o médico tão esperado. Examinou o Sr. Samuel. A febre tinha quase desaparecido. Afirmou que tinha sido apenas uma febre nervosa, que seguia o seu curso e acabaria em algumas horas.

"Depois destas palavras tranquilizadoras, a mãe narrou ao médico o que lhe havia acontecido uma hora antes. O profissional, por incredulidade ou talvez por vontade de ir repousar, aconselhou a Sra. Samuel a não ligar importância a esses fantasmas. Contudo, teve que ceder aos rogos, às angústias da mãe e acompanhá-la a Windsor.

"Ao romper do dia chegaram ao colégio. A Sra. Samuel pediu notícias de seu filho; responderam que ele estava na enfermaria desde a véspera. O coração da pobre mãe apertou-se; o médico ficou desconfiado.

"Apressaram-se em visitar o menino. Ele havia sofrido grande ferimento na testa, brincando no jardim. Haviam-lhe prestado os primeiros cuidados. Apenas o curativo estava mal feito. Entretanto, a ferida nada tinha de perigoso.

"Eis o fato em todos os seus detalhes; soubemo-lo por pessoas dignas de fé. Dupla vista ou sonho, devemos de qualquer maneira considerá-lo como um fato pouco comum."

Como se vê, a ideia da dupla vista ganha terreno. Ela ganha crédito fora do Espiritismo, como a pluralidade das existências, o perispírito etc. Tanto é verdade que o Espiritismo chega por mil caminhos e se implanta sob todas as formas, até mesmo por conta dos cuidados daqueles que não o querem.

A possibilidade do fato acima é evidente e seria supérfluo discuti-la. É um sonho ou efeito da dupla vista? A Sra. Samuel dormia e, ao despertar, lembra-se do que viu; era, pois, um sonho; mas um sonho que traz a imagem de uma atualidade tão precisa, que é verificada quase imediatamente, não é um produto da imaginação: É uma visão muito real. Há ao mesmo tempo dupla vista ou visão espiritual, porque é bem certo que não foi com os olhos do corpo que a mãe viu o seu filho. De um lado e do outro houve desprendimento da alma. Foi a alma da mãe que foi para o filho, ou a do filho que veio para a mãe? As circunstâncias tornam este último caso mais provável, porque na outra hipótese a mãe teria visto o filho na enfermaria.

Alguém que só conhece o Espiritismo muito superficialmente, mas admite perfeitamente a possibilidade de certas manifestações, perguntava como é que o filho, que estava em seu leito, tinha podido apresentar-se à mãe com as suas roupas. "Concebo, dizia ele, a aparição pelo fato do desprendimento da alma, mas não compreenderia que os objetos puramente materiais, como roupas, tenham a propriedade de transportar para longe uma parte quintessenciada de sua substância, o que suporia uma vontade."

Respondemos que as roupas, tanto quanto o corpo material do jovem, ficaram em seu lugar. Após uma curta explicação sobre os fenômenos de criações fluídicas, acrescentamos que o Espírito do jovem apresentou-se em casa de sua mãe com o corpo fluídico ou perispiritual. Sem ter tido o desígnio premeditado de vestir as roupas, sem ter feito este raciocínio: "Minhas roupas de pano ali estão; não posso vesti-las; há que fabricar roupas fluídicas que terão a sua aparência", bastou-lhe pensar em sua roupa habitual, na que teria usado em circunstâncias comuns, para que esse pensamento desse ao seu perispírito as aparências dessa mesma roupa. Pela mesma razão ele teria podido apresentar-se com a roupa de dormir, se tal tivesse sido o seu pensamento. Para si mesmo essa aparência ter-se-ia tornado uma espécie de realidade; ele tinha apenas uma imperfeita consciência de seu estado fluídico e, assim como certos Espíritos ainda se julgam no mundo, ele julgava vir à casa da mãe em carne e osso, pois a beijou como de costume.

As formas exteriores que revestem os Espíritos que se tornam visíveis, são, pois, verdadeiras criações fluídicas, muitas vezes inconscientes. A roupa, os sinais particulares, os ferimentos, os defeitos físicos, os objetos que usa são o reflexo de seu próprio pensamento no envoltório perispiritual.

– Mas, então, diz o nosso interlocutor, é toda uma ordem de ideias novas; há nisso tudo um mundo, e esse mundo está em nosso meio; muitas coisas se explicam; as relações entre mortos e vivos se compreendem.

– Sem dúvida nenhuma, e é ao conhecimento desse mundo, que nos interessa por tantos motivos, que o Espiritismo conduz. Esse mundo se revela por uma multidão de fatos que são desprezados, por falta de compreensão de sua causa.

UM TESTAMENTO NOS ESTADOS UNIDOS

"No Estado do Maine, nos Estados Unidos, uma senhora pleiteava a nulidade de um testamento de sua mãe. Ela dizia que, membro de uma Sociedade Espírita, sua mãe tinha escrito suas últimas vontades sob o ditado de uma mesa girante.

"O juiz declarou que a lei não proibia as consultas às mesas girantes, e as cláusulas do testamento foram mantidas."

Ainda não chegamos a tanto na Europa. Assim, o jornal francês que relata o fato, precede-o desta exclamação: *São fortes esses americanos!* Entenda-se: *São bobos!*

Pense o que pensar o autor desta reflexão crítica, esses americanos poderão questionar, sobre certos pontos, se a velha Europa ainda se arrastará por muito tempo na trilha dos velhos preconceitos. O movimento progressivo da Humanidade partiu do Oriente e pouco a pouco se propagou pelo Ocidente. Já teria ele transposto o Atlântico e plantado a sua bandeira no novo continente, deixando a Europa na retaguarda, como a Europa deixou a Índia? Isto é uma lei, e o ciclo do progresso já teria dado várias voltas no mundo? O fato seguinte poderia fazê-lo supor:

Emancipação das mulheres nos Estados Unidos

Escrevem de Yankton, cidade de Dakota, nos Estados Unidos, que a legislação desse território acaba de adotar, por grande maioria, um decreto do Sr. Enos Stutsman, que concede às mulheres o direito de voto e de elegibilidade. (*Siècle,* 15 de janeiro de 1869).

Quarta-feira, 29 de julho, a Sra. Alexandrine Bris prestou, perante a Faculdade de Ciências de Paris, um exame de bacharelado em ciências. Ela foi recebida com quatro bolas brancas, sucesso raro que lhe valeu as felicitações por parte do presidente, ratificadas por toda a assistência.

O *Temps* assegura que a Sra. Bris deve inscrever-se na Faculdade de Medicina, visando o doutorado. (*Grand Moniteur,* 6 de agosto de 1868).

Disseram-nos que a Sra. Bris é americana. Conhecemos duas senhoritas de Nova Iorque, irmãs de Miss B..., membro da Sociedade Espírita de Paris, que têm diploma de doutor e exercem a Medicina exclusivamente para mulheres e crianças. Nós ainda não chegamos lá.

MISS NICHOL, MÉDIUM DE TRANSPORTE

Nestes últimos dias o hotel dos *Deux-Mondes,* da Rua d'Antin, foi teatro de sessões sobrenaturais dadas pela célebre *médium* Nichol, apenas em presença de alguns iniciados.

A Sra. Nichol vai a Roma submeter ao exame do Santo Padre a sua faculdade extraordinária, que consiste em fazer cair chuva de flores. É o que se chama um *médium de transporte* (Jornal *Paris,* 15 de janeiro de 1869).

A Sra. Nichol é de Londres, onde goza de certa reputação como médium. Assistimos a algumas de suas experiências, numa sessão íntima, há mais de um ano, e confessamos que deixaram muito a desejar. É verdade que somos um tanto quanto cético a respeito de certas manifestações e um tanto exigente quanto às condições em que se produzem, não que ponhamos em dúvida a boa-fé dessa senhora. Dizemos apenas que *aquilo que vimos* não nos pareceu de natureza a convencer os incrédulos.

Desejamos-lhe boa sorte junto ao Santo Padre, porquanto ela não terá trabalho em convencê-lo da realidade dos fenômenos que hoje são abertamente confessados pelo clero (Ver a obra intitulada *Dos Espíritos e suas relações com o mundo visível*, pelo padre Triboulet[2]. Mas duvidamos muito que ela chegue a fazê-lo reconhecer oficialmente que não são obra do diabo. Roma é uma terra malsã para os médiuns que não fazem milagres segundo a Igreja. Lembramos que em 1864 o Sr. Home, que ia a Roma, não para exercer a sua faculdade, mas unicamente para estudar escultura, teve que ceder à injunção que lhe foi feita de deixar a cidade em vinte e quatro horas (*Revista* de fevereiro de 1864).

AS ÁRVORES MAL-ASSOMBRADAS DA ILHA MAURÍCIO

As últimas notícias que recebemos da Ilha Maurício constatam que o estado dessa infeliz região segue exatamente as fases anunciadas (Revista de julho de 1867 e novembro de 1868). Além disso, elas contêm um fato notável, que forneceu assunto a uma importante instrução na Sociedade de Paris.

"Os calores do verão, diz o nosso correspondente, trouxeram a terrível febre, mais frequente, mais tenaz do que nunca. Minha casa tornou-se uma espécie de hospital, e eu passo o tempo a me tratar e tratar do próximo. É verdade que a mortalidade não é tão grande, mas, depois dos horríveis sofrimentos que nos causa cada acesso, experimentamos uma perturbação geral que desenvolve em nós novas doenças: as faculdades se alteram pouco a pouco; os sentidos, sobretudo a visão e a audição, são particularmente afetados. Entretanto, nossos bons Espíritos, perfeitamente de acordo em suas comunicações com as vossas, nos anunciam o fim próximo da epidemia, mas a ruína e a decadência dos ricos, o que, aliás, já começa.

"Aproveito o pouco tempo disponível para vos dar os detalhes que prometi, sobre os fenômenos de que minha casa tem sido teatro. As pessoas às quais ela pertencia antes de

[2] 1 volume in 8º. Preço: 5 francos.

mim, despreocupadas e negligentes, conforme o uso da terra, tinham-na deixado cair quase em ruínas, e fui obrigado a fazer grandes reformas. O jardim, transformado num matagal, estava cheio dessas grandes árvores da Índia, chamadas *multiplicadoras,* cujas raízes, saídas do alto dos galhos, descem até o solo, onde se implantam e formam, ora troncos enormes, superpondo-se uns aos outros, ora galerias muito extensas.

"Essas árvores têm reputação muito má na região, onde passam por ser assombradas por maus Espíritos. Sem consideração por seus supostos habitantes misteriosos, como absolutamente não eram do meu gosto e enchiam inutilmente o jardim, mandei abatê-las. Desde esse momento tornou-se quase impossível um dia de repouso na casa. Seria preciso ser realmente espírita para continuar a habitá-la. A cada instante ouvíamos batidas por todos os lados, portas abrindo-se e fechando-se, móveis mexendo-se, suspiros, palavras confusas; muitas vezes, também, ouvíamos que andavam pelos quartos vazios. Os operários que reparavam a casa foram muitas vezes perturbados por esses ruídos estranhos mas, como era dia, não se apavoravam muito, pois essas manifestações são muito frequentes na região. Tivemos que fazer muitas preces, evocar esses Espíritos, doutriná-los, e eles só respondiam por injúrias e ameaças e não cessavam seu barulho.

"Nessa época tínhamos uma reunião por semana, mas não podeis imaginar todas as traquinagens que nos foram feitas para perturbar e interromper as sessões. Ora as comunicações eram interceptadas, ora os médiuns experimentavam sofrimentos que os constrangiam à inação.

"Parece que os frequentadores da casa eram muito numerosos e muito maus para serem moralizados, porque não o conseguimos, e fomos obrigados a cessar as reuniões, onde nada podíamos obter. Só um nos quis escutar e se recomendar às nossas preces. Era um pobre português, chamado Gulielmo, que se supunha vítima das criaturas com as quais tinha cometido não sei que maldade, e que o retinham lá, dizia ele, para sua punição. Tomei informações e soube que, efetivamente, um marinheiro português com esse nome tinha sido um dos locatários da casa, e que tinha morrido.

"A febre chegou; os ruídos tornaram-se menos frequentes, mas não cessaram; aliás, acabamos por nos habituar. Reuníamo-nos ainda, mas a doença impedia que as sessões prosseguissem normalmente. Tenho cuidado para que sejam feitas tanto quanto possível no jardim, pois notamos que na casa as boas comunicações são mais difíceis de obter e que nesses dias somos mais atormentados, sobretudo à noite."

A questão dos lugares assombrados é um fato constatado; os barulhos e perturbações são coisas conhecidas, mas certas árvores terão um poder atrativo particular? Na circunstância de que se trata, existe uma relação qualquer entre a destruição dessas árvores e os fenômenos que se seguiram imediatamente? A crença popular teria aqui alguma realidade? É sobre isso que a instrução abaixo parece dar uma explicação lógica, até mais ampla confirmação.

(Sociedade de Paris, 19 de fevereiro de 1869)

Todas as lendas, sejam quais forem, por mais ridículas e pouco fundamentadas que pareçam, repousam numa base real, numa verdade incontestável, demonstrada pela experiência, mas amplificada e desnaturada pela tradição. Diz-se que certas plantas são boas para expulsar os maus Espíritos; outras podem provocar a possessão; certos arbustos são mais particularmente assombrados. Tudo isto é verdadeiro, de fato, isoladamente. Um *fato* ocorreu, uma manifestação especial justificou esse dito, e a massa supersticiosa apressou-se em generalizá-lo. É a história de um homem que pôs um ovo. A coisa corre *em segredo* de boca em boca e se amplia até tomar as proporções de uma lei incontestável, e essa lei que não existe é aceita em razão das aspirações para o desconhecido, para o *extranatural* da generalidade dos homens.

As *multiplicadoras* foram, sobretudo em Maurício, e são ainda, pontos de referência para as reuniões da noite; acomodam-se junto ao tronco, respiram o ar à sua volta, abrigam-se sob sua folhagem.

Ora, os homens, ao desencarnar, sobretudo quando estão em certa inferioridade, conservam seus hábitos materiais; eles frequentam os lugares de que gostavam quando encarnados; aí se reúnem e aí ficam; eis por que há lugares mais particularmente assombrados. Aí não vêm os primeiros Espíritos que chegam, mas os Espíritos que os frequentaram em vida. As *multiplicadoras* não são, pois, mais propícias à habitação dos

Espíritos inferiores do que qualquer outro abrigo. O costume as designa aos fantasmas de Maurício, como certos castelos, certas clareiras das florestas alemãs, certos lagos são mais particularmente assombrados pelos Espíritos, na Europa.

Se forem perturbados esses Espíritos, ainda inteiramente materializados, e que, na sua maioria, se julgam vivos, eles se irritam e tendem a se vingar, a disputar com os que os privaram de seu abrigo, daí as manifestações de que essa senhora e muitos outros tiveram que se queixar.

Em geral, sendo a população mauriciana inferior, do ponto de vista moral, a desencarnação não pode fazer do espaço senão um viveiro de Espíritos muito pouco desmaterializados, ainda marcados por todos os seus hábitos terrenos, e que continuam, ainda que Espíritos, a viver como se fossem homens. Eles privam da tranquilidade e do sono aqueles que os privam de sua habitação predileta, eis tudo. A natureza do abrigo, seu aspecto lúgubre, nada têm que ver com isso; é simplesmente uma questão de bem-estar. Desalojam-nos e eles se vingam. Materiais por essência, eles se vingam materialmente, batendo nas paredes, lamentando-se, manifestando seu descontentamento sob todas as formas.

Que os mauricianos se depurem e progridam, e voltarão ao espaço com tendências de outra natureza, e as *multiplicadoras* perderão a faculdade de abrigar os fantasmas.

CLÉLIE DUPLANTIER

CONFERÊNCIA SOBRE O ESPIRITISMO

Sob o título *O Espiritismo ante a Ciência* tinha sido anunciada uma conferência pública, pelo Sr. Chevillard, na sala da Avenida dos Capucines para o dia 30 de janeiro último. Em que sentido devia falar o orador? É o que todo mundo ignorava.

O anúncio parecia prometer uma discussão *ex-professo* de todas as partes da questão. Contudo, o orador fez abstração completa da parte mais essencial, aquela que efetivamente constitui o Espiritismo: a parte filosófica e moral, sem a qual seguramente o Espiritismo não estaria hoje implantado em todas as partes do mundo, e não contaria seus adeptos por milhões. Desde 1855 já se abandonavam as mesas girantes; certamente se a isto se tivesse limitado o Espiritismo, há muito tempo não se falaria mais dele; sua rápida propagação data do momento em que nele se viu algo de sério e de útil, em que se entreviu um objetivo humanitário.

O orador limitou-se, então, ao exame de alguns fenômenos materiais, porque nem mesmo falou dos fenômenos espontâneos tão numerosos que se produzem fora de toda crença espírita. Ora, anunciar que se vai tratar de uma questão tão vasta, tão complexa nas suas aplicações e nas suas consequências e deter-se em alguns pontos de superfície, é absolutamente como se, sob o nome de *Curso de Literatura,* um professor se limitasse a explicar o alfabeto.

Talvez o Sr. Chevillard tenha dito para si mesmo: "Para que falar da doutrina filosófica? Considerando-se que essa doutrina se apoia na intervenção dos Espíritos, quando eu tiver provado que tal intervenção não existe, todo o resto esboroar-se-á."

Quantos, antes do Sr. Chevillard, se gabaram de haver desferido o último golpe no Espiritismo, sem falar no inventor do famoso músculo que range, o doutor Jobert (de Lamballe) que mandava sem piedade todos os espíritas para o hospício e que, dois anos mais tarde, ele próprio morria numa casa de alienados! Contudo, malgrado todos esses fanfarrões, ferindo a punhal e espada, que pareciam não ter mais o que falar para reduzi-lo a pó, o Espiritismo viveu, cresceu e vive sempre, mais forte, mais vivaz do que nunca! Eis um fato que tem o seu valor. Quando uma ideia resiste a tantos ataques, é que algo mais existe.

Não se viram outrora cientistas esforçando-se por demonstrar que o movimento da Terra era impossível? E sem ir muito longe, este século não nos mostrou uma ilustre corporação declarar que a aplicação do vapor à navegação era uma quimera? Um livro curioso para ser editado seria a coletânea dos erros oficiais da Ciência. Isto é simplesmente para chegar à conclusão que quando uma coisa é verdadeira, ela avança a despeito de tudo, malgrado a opinião contrária dos sábios. Ora, se o Espiritismo avançou, apesar dos argumentos opostos pela alta e baixa ciência, há uma presunção em seu favor.

O Sr. Jobert (de Lamballe) tratava sem cerimônia todos os espíritas de charlatães e escroques. Há que render justiça ao Sr. Chevillard, que não os condena senão por se enganarem quanto à causa. Ademais, epítetos indecorosos, além de nada provarem, sempre denotam uma falta de cortesia, e teriam ficado muito deslocados num auditório onde necessariamente deveriam encontrar-se muitos espíritas. O púlpito evangélico é menos escrupuloso. Aí disseram muitas vezes: "Fugi dos espíritas como da peste e expulsai-os," o que prova que o Espiritismo é alguma coisa, pois o temem, e porque não se dão tiros de canhão contra moscas.

O Sr. Chevillard não nega os fatos; ao contrário, ele os admite, pois os constatou. Apenas os explica à sua maneira. Traz ele pelo menos um argumento novo em apoio à sua tese? Pode-se julgar.

"Cada homem, diz ele, possui uma quantidade maior ou menor de eletricidade animal, que constitui o fluido nervoso. Esse fluido se desprende sob o império da vontade, do desejo de fazer mover uma mesa; ele penetra a mesa e a mesa se move; as pancadas na mesa não passam de descargas elétricas, provocadas pela concentração do pensamento." Escrita mecânica: a mesma explicação.

Mas como explicar as pancadas nas paredes, sem a participação da vontade, na casa de pessoas que não sabem o que é o Espiritismo, ou nele não acreditam? Superabundância de eletricidade, que se desprende espontaneamente e produz descargas.

E as comunicações inteligentes? Reflexo do pensamento do médium.

E quando o médium obtém, pela tiptologia ou pela escrita, coisas que ele ignora? Sempre se sabe alguma coisa, e se não for o pensamento do médium, poderá ser o dos outros.

E quando um médium *escreve* inconscientemente coisas que lhe são pessoalmente desagradáveis, é o seu próprio pensamento? Deste fato, assim como de muitos outros, ele não cogita. Entretanto, uma teoria não pode ser verdadeira senão com a condição de resolver todas as fases de um problema. Se um só fato escapar à explicação, é que ela é falsa ou incompleta. Ora, de quantos fatos esta é impotente para dar a solução! Desejaríamos muito saber como o Sr. Chevillard explicaria, por exemplo, os fatos relatados acima, concernentes à Senhorita de Chilly, a aparição do jovem Edward Samuel, todos os incidentes do que se passou na Ilha Maurício. Como explicaria ele, pelo desprendimento da eletricidade, a escrita em pessoas que não sabem escrever? Pelo reflexo do pensamento, o caso daquela criada que escreveu, diante de toda uma sociedade: "Eu roubo a minha patroa?"

Em resumo, o Sr. Chevillard reconhece a existência dos fenômenos, o que já é alguma coisa, mas nega a intervenção dos Espíritos. Quanto à sua teoria, ela não oferece absolutamente nada de novo; é a repetição do que tem sido dito nos últimos quinze anos, sob todas as formas, sem que a ideia tenha prevalecido. Seria ele mais feliz que os seus predecessores? É o que o futuro provará.

É realmente curioso ver os expedientes a que recorrem os que querem tudo explicar sem os Espíritos! Em vez de irem direto ao que se apresenta diante deles na mais simples das formas, eles vão procurar causas tão embrulhadas, tão complicadas, que só para eles são inteligíveis. Eles deveriam, no mínimo, para completar sua teoria, dizer em que, na sua opinião, se tornam os Espíritos dos homens após a morte, pois isto interessa a todo mundo, e provar como é que esses Espíritos não podem manifestar-se aos vivos. É o que até agora ninguém fez, ao passo que o Espiritismo prova como eles podem fazê-lo.

Mas tudo isto é necessário. É preciso que todos esses sistemas se esgotem e mostrem sua impotência. Ademais, é fato notório que toda essa repercussão dada ao Espiritismo, todas as circunstâncias que o puseram em evidência, sempre lhe foram proveitosas; e, o que é digno de destaque, é que quanto mais violentos foram os ataques, mais ele progrediu. Não será necessário a todas as grandes ideias o batismo da perseguição, não bastasse o da zombaria? E por que ele não o vitimou? A razão é muito simples: É porque, fazendo-o dizer o contrário do que ele diz, apresentando-o oposto ao que ele é, corcunda quando é ereto, ele só terá a ganhar num exame sério e consciencioso, e aqueles que quiseram feri-lo, sempre golpearam à margem da verdade (Vide *Revista* de fevereiro de 1869, *Poder do ridículo*).

Ora, quanto mais negras forem as cores sob as quais o apresentam, mais excitam a curiosidade. O partido que se aferrou em dizer que é o diabo fez muito bem, porque, entre os que ainda não tiveram ocasião de ver o diabo, muitos ficaram bem satisfeitos ao saber como ele é, e não o acharam tão negro como haviam dito. Dizei que numa praça de Paris há um monstro horrível que vai empestar toda a cidade, e todo mundo acorrerá para vê-lo. Não se viram autores mandarem publicar nos jornais, críticas contra as suas próprias obras, unicamente para que delas falassem? Tal foi o resultado das diatribes furibundas contra o Espiritismo. Elas provocaram o desejo de conhecê-lo e serviram-no mais do que o prejudicaram.

Falar do Espiritismo, não importa em que sentido, é fazer propaganda em seu proveito. Aí está a experiência para prová-lo. Deste ponto de vista, podemos felicitar-nos pela conferência do Sr. Chevillard. Mas, apressemo-nos em dizer, em louvor ao orador, que ele se fechou numa polêmica decente, leal e de bom gosto. Ele emitiu a sua opinião: é direito seu e, embora não seja a nossa, não temos de que nos lamentar. Mais tarde, sem dúvida nenhuma, quando chegar o momento oportuno, o Espiritismo também terá os seus oradores simpáticos. Apenas lhes recomendaremos que não caiam no erro dos adversários, isto é, que estudem a questão a fundo, a fim de não falar senão com perfeito conhecimento de causa.

DISSERTAÇÕES ESPÍRITAS

A MÚSICA E AS HARMONIAS CELESTES

(Continuação. Vide o número de janeiro último)

(Paris, grupo Desliens, 5 de janeiro de 1869 – Médium: Sr. Desliens)

Senhores, tendes razão de me lembrar minha promessa, porque o tempo, que passa tão rapidamente no mundo do espaço, tem minutos eternos para aquele que o sofre sob o amplexo da provação! Há alguns dias, algumas semanas, eu contava como vós; cada dia acrescentava toda uma série de vicissitudes às vicissitudes já suportadas, e a taça se ia enchendo *piano, piano.*

Ah! Não sabeis quanto o renome de grande homem é difícil de suportar! Não desejeis a glória; não sejais conhecidos: sede úteis. A popularidade tem os seus espinhos e, mais de uma vez, vi-me ferido pelas carícias demasiado brutais da multidão.

Hoje, a fumaça do incenso não mais me inebria. Pairo sobre as mesquinharias do passado, e é um horizonte sem limites que se estende ante a minha insaciável curiosidade. Assim, as horas caem aos punhados na ampulheta secular, e procuro sempre, sempre estudo sem jamais contar o tempo decorrido.

Sim, eu vos prometi. Mas quem pode gabar-se de cumprir uma promessa, quando os elementos necessários para cumpri-la pertencem ao futuro? O poderoso do mundo, ainda sob o bafejo da adulação dos cortesãos, pôde querer enfrentar o problema corpo a corpo; mas não era mais de uma luta fictícia que se travava aqui; não havia mais bravos, brilhantes aclamações para me encorajar e superar minha fraqueza. Era, e é ainda, um trabalho sobre-humano a que me entreguei. É contra ele que luto sempre, e, se espero triunfar, não obstante não posso dissimular o meu esgotamento. Estou vencido... em apuros!... Repouso antes de explorar de novo, mas, se hoje não posso falar-vos do que será o futuro, talvez possa apreciar o presente: ser crítico, depois de ter sido criticado. Vós me julgareis e não me aprovareis se eu não for justo, o que tentarei fazer, evitando personalismos.

Por que, então, tantos músicos e tão poucos artistas? Tantos compositores e tão poucas verdades musicais? Ah! É que não há, como se pensa, imaginação que a Arte possa criar; não há outro mestre e outro criador senão a verdade. Sem ela não há nada, ou só há uma arte de contrabando, pedras falsas, contrafação. O pintor pode criar a ilusão e mostrar branco onde não pôs senão uma mistura de cores sem nome; as oposições das nuanças criam uma aparência, e foi assim, por exemplo, que Horace Vernet pôde fazer parecer de um branco brilhante um magnífico cavalo baio.

Mas a nota só tem um som. O encadeamento dos sons não produz uma harmonia, uma verdade, senão quando as ondas sonoras se fazem eco de outra verdade. Para ser músico não é necessário nada além de alinhar notas sobre um pentagrama, de maneira a conservar a justeza das relações musicais; só assim se consegue produzir ruídos agradáveis; mas é o sentimento que nasce da pena do verdadeiro artista, é ele que canta, que chora, que ri... Ele assovia na folhagem com o vento tempestuoso; ele salta com a vaga espumante; ele ruge com o tigre furioso!... Mas para dar uma alma à música, para fazê-la chorar, rir, uivar, é preciso que ele próprio tenha experimentado esses diferentes sentimentos, de dor, de alegria, de cólera! É com o sorriso nos lábios e a incredulidade no coração que personificais um mártir cristão? Será um cético do amor que fará um Romeu, uma Julieta? É um vivedor despreocupado que criará a Margarida de *Fausto*? Não! É necessária a paixão por inteiro para aquele que faz vibrar a paixão!... E eis por que, quando se preenchem tantas folhas, as obras são tão raras e as verdades excepcionais; é que não se crê, é que a alma não vibra. O som que se escuta é o do ouro que tine, do vinho que crepita!... A inspiração é a mulher que exibe uma beleza mentirosa; e como não possuímos senão defeitos e virtudes fingidas, não produzimos senão um verniz, uma maquiagem musical. Raspai a superfície e logo encontrareis a pedra.

ROSSINI

(17 de janeiro de 1869 – Médium: Sr. Nivard)

O silêncio que guardei sobre a pergunta que me dirigiu o mestre da Doutrina Espírita foi explicado. Era conveniente, antes de abordar este assunto difícil, recolher-me, lembrar-me e condensar os elementos que me estavam à mão. Eu não tinha que estudar música, tinha apenas que classificar os argumentos com método, a fim de apresentar um resumo capaz de dar uma ideia de minha concepção sobre a harmonia. Esse trabalho, que não fiz sem dificuldade, está terminado, e estou pronto para submetê-lo à apreciação dos espíritas.

A harmonia é difícil de definir. Muitas vezes confundem-na com a música, com os sons resultantes de um arranjo de notas e das vibrações dos instrumentos ao reproduzirem esse arranjo. Mas a harmonia não é isso, como a chama não é a luz. A chama resulta da combinação de dois gases: ela é tangível; a luz que ela projeta é um efeito dessa combinação, e não a própria chama: ela não é tangível. Aqui o efeito é superior à causa. Assim se dá com a harmonia. Ela resulta de um arranjo musical; é um efeito igualmente superior à causa: a causa é brutal e tangível; o efeito é sutil e não é tangível.

Pode-se conceber a luz sem chama e compreender a harmonia sem música. A alma é apta a perceber a harmonia fora de todo concurso de instrumentação, como é apta a ver a luz fora de todo concurso de combinações materiais. A luz é um sentido íntimo que a alma possui. Quanto mais desenvolvido esse sentido, melhor ela percebe a luz. A harmonia é igualmente um sentido íntimo da alma; ela é percebida em razão do desenvolvimento desse sentido. Fora do mundo material, isto é, fora das causas tangíveis, a luz e a harmonia são de essência divina; nós as possuímos em razão dos esforços feitos para adquiri-las. Se comparo a luz e a harmonia, é para melhor me fazer compreender, e também porque essas duas sublimes satisfações da alma são filhas de Deus, e, por consequência, são irmãs.

A harmonia do espaço é tão complexa, tem tantos graus que eu conheço, e muitos mais ainda que me são ocultos no éter infinito, que aquele que estiver colocado a uma certa altura de percepções, é como que tomado de admiração ao contemplar essas harmonias diversas, que constituiriam, se fossem reunidas, a mais insuportável cacofonia, ao passo que, ao contrário, percebidas separadamente, elas constituem a harmonia particular a cada grau. Essas harmonias são elementares e grosseiras nos graus inferiores; levam ao êxtase nos graus superiores. Tal harmonia que desagrada um Espírito de percepções sutis, deslumbra um Espírito de percepções grosseiras; e quando ao Espírito inferior é dado deleitar-se nas delícias das harmonias superiores, ele é colhido pelo êxtase e a prece o penetra; o encantamento o arrasta às esferas elevadas do mundo moral; ele vive uma vida superior à sua e desejaria continuar a viver sempre assim. Mas, quando a harmonia cessa de invadi-lo, ele desperta, ou, se preferirem, ele adormece; em todo caso, volta à realidade de sua situação, e nos lamentos que deixa escapar por ter descido se exala uma prece ao Eterno, pedindo forças para subir. É para ele um grande motivo de emulação.

Não tentarei dar a explicação dos efeitos musicais que produz o Espírito agindo sobre o éter. O que é certo é que o Espírito produz os sons que quer, e que ele não pode querer o que não sabe. Ora, então, aquele que compreende muito, que tem a harmonia em si, que dela está saturado, que goza, ele próprio, o seu sentido íntimo, esse nada impalpável, essa abstração que é a concepção da harmonia, age quando quer sobre o fluido universal que, instrumento fiel, reproduz o que o Espírito concebe e quer. O éter vibra sob a ação da vontade do Espírito; a harmonia que ele traz em si se concretiza, por assim dizer; ela se exala terna e suave como o perfume da violeta, ou ruge como a tempestade, ou rebenta como o raio, ou se lamenta como a brisa; ela é rápida como o relâmpago, ou lenta como a nuvem; ela é entrecortada como um soluço, ou uniforme como a relva; ela é agitada como uma catarata, ou calma como um lago; ela murmura como um regato ou estruge como uma torrente. Ora tem a agreste aspereza das montanhas, ora a frescura de um oásis; é sucessivamente triste e melancólica como a noite, animada e alegre como o dia; é caprichosa como a criança, consoladora como a mãe e protetora como o pai; é desordenada como a paixão, límpida como o amor e grandiosa como a Natureza. Quando ela chega a este último termo, confunde-se com a prece, glorifica a Deus e leva ao deslumbramento aquele que a produz ou a concebe.

 Oh! Comparação! Comparação! Por que se é obrigado a empregar-te? Por que dobrar-se às tuas necessidades degradantes e tomar à Natureza tangível, imagens grosseiras para fazer conceber a sublime harmonia em que se deleita o Espírito? E ainda, a despeito das comparações, não se pode dar a compreender essa abstração, que é um sentimento, quando ela é causa, e uma sensação quando ela se torna um efeito?

 O Espírito que tem o sentimento da harmonia é como o Espírito que tem a quitação intelectual; um e outro gozam constantemente da propriedade inalienável que conquistaram. O Espírito inteligente, que ensina sua ciência aos que ignoram, experimenta a felicidade de ensinar, porque sabe que torna felizes aqueles a quem instrui; o Espírito que faz ressoar no éter os acordes da harmonia que nele está, experimenta a felicidade de ver satisfeitos os que o escutam.

 A Harmonia, a Ciência e a Virtude são as três grandes concepções do Espírito: a primeira o deslumbra, a segunda o esclarece, a terceira o eleva. Possuídas em sua plenitude, elas se confundem e constituem a pureza. Ó Espíritos puros que as contendes! Descei às nossas trevas e clareai a nossa marcha;

mostrai-nos o caminho que tomastes, para que sigamos as vossas pegadas!

E quando penso que esses Espíritos cuja existência posso compreender são seres finitos, átomos, em face do Senhor universal e eterno, minha razão fica confusa, pensando na grandeza de Deus e da felicidade infinita que ele goza em si mesmo, pelo simples fato de sua pureza infinita, porquanto tudo o que a criatura adquire não é senão uma parcela que emana do Criador. Ora, se a parcela chega a fascinar pela vontade, a cativar e a deslumbrar pela suavidade, a resplender pela virtude, que deve então produzir a fonte eterna e infinita de onde foi tirada? Se o Espírito, ser criado, chega a tirar de sua pureza tanta felicidade, que ideia se deve fazer da que o Criador tira de sua pureza absoluta? Eterno problema!

O compositor que concebe a harmonia e a traduz na grosseira linguagem chamada música, concretiza a ideia e escreve-a. O artista apreende a forma e toma do instrumento que lhe deve permitir exprimir a ideia. O ar posto em atividade pelo instrumento leva-a ao ouvido, que a transmite à alma do ouvinte. Mas o compositor foi impotente para exprimir inteiramente a harmonia que concebia, por falta de uma linguagem suficiente; por sua vez, o executante não compreendeu toda a ideia escrita, e o instrumento indócil de que ele se serve não lhe permite traduzir tudo quanto ele compreendeu. O ouvido é ferido pelo ar grosseiro que o cerca, e a alma recebe, enfim, por um órgão rebelde, a horrível tradução da ideia nascida na alma do maestro.

A ideia do maestro era o seu sentimento íntimo. Embora deturpada pelos agentes de instrumentação e de percepção, contudo produz sensações nos que escutam a sua tradução; essas sensações são a harmonia. A música as produziu; elas são efeitos desta última. A música foi posta a serviço do sentimento para produzir a sensação. O sentimento, no compositor, é a harmonia; a sensação, no ouvinte, também é harmonia, com a diferença de que é concebida por um e recebida pelo outro. A música é o *médium* da harmonia; ela a recebe e a dá, como o refletor é o *médium* da luz, como tu és o *médium* dos Espíritos. Ela a dá mais ou menos deturpada, conforme seja mais ou menos bem executada; o refletor envia melhor ou pior a luz, conforme ele seja mais ou menos brilhante e polido; o médium exprime mais ou menos os pensamentos do Espírito, conforme seja mais ou menos flexível.

E agora que a harmonia está bem compreendida em sua significação; que se sabe que ela é concebida pela alma e transmitida à alma, compreender-se-á a diferença que existe entre a harmonia da Terra e a do espaço. Entre vós tudo é grosseiro: o instrumento de tradução e o instrumento de percepção. Entre nós, tudo é sutil. Vós tendes o ar, nós temos o éter. Tendes o órgão que obstrui e vela; em nós a percepção é direta e nada a vela. Entre vós, o autor é traduzido; entre nós, ele fala sem intermediário e na língua que exprime todas as concepções. Entretanto, essas harmonias têm a mesma fonte, como a luz da Lua tem a mesma fonte, que é o Sol; assim como a luz da Lua é reflexo da do Sol, a harmonia da Terra não passa de reflexo da harmonia do espaço.

A harmonia é tão indefinível quanto a felicidade, o medo, a cólera: é um sentimento. Não se compreende senão quando se possui, e não se possui senão quando se adquiriu.

O homem que é alegre não pode explicar sua alegria; o que é medroso não pode explicar seu medo. Eles podem relatar os fatos que provocam esses sentimentos, defini-los, descrevê-los, mas os sentimentos ficam sem explicação. O fato que causa a alegria de um, nada produzirá em outro; o objeto que ocasiona o medo em um, produzirá a coragem no outro. As mesmas causas são seguidas de efeitos contrários. Isto não se dá em Física, mas se dá em Metafísica. Isto se dá porque o sentimento é propriedade da alma, e as almas diferem entre si em sensibilidade, em impressionabilidade, em liberdade.

A música, que é a causa secundária da harmonia percebida, penetra e transporta um e deixa o outro frio e indiferente. É que o primeiro está em estado de receber a impressão produzida pela harmonia e o segundo num estado contrário; ele escuta o ar que vibra, mas não compreende a ideia que ele lhe traz. Este chega ao aborrecimento e adormece; aquele ao entusiasmo e chora. Evidentemente, o homem que goza as delícias da harmonia é mais elevado, mais depurado que aquele que ela não pode penetrar; sua alma está mais apta para sentir; ela desprende-se mais facilmente e a harmonia a ajuda a se desprender; ela a transporta e lhe permite ver melhor o mundo moral. Disto deve-se concluir que a música é essencialmente moralizadora, porque leva a harmonia às almas e a harmonia as eleva e as engrandece.

A influência da música sobre a alma, sobre o seu progresso moral, é reconhecida por todo mundo, mas a razão dessa influência geralmente é ignorada. Sua explicação está inteiramente neste fato: A harmonia coloca a alma sob o poder de um sentimento que a desmaterializa. Tal sentimento existe em um certo grau, mas se desenvolve sob a ação de um sentimento similar mais elevado. Aquele que é privado desse sentimento a ele é trazido gradativamente; também ele acaba por se deixar penetrar e arrastar ao mundo ideal, onde ele esquece, por um instante, os grosseiros prazeres que prefere à divina harmonia.

E agora, se considerarmos que a harmonia emana do conceito do Espírito, deduziremos que se a música exerce uma influência feliz sobre a alma, a alma, que a concebe, também exerce sua influência sobre a música. A alma virtuosa, que tem a paixão do bem, do belo, do grande, e que adquiriu harmonia, produzirá obras-primas capazes de penetrar as almas mais encouraçadas e de comovê-las. Se o compositor é terra a terra, como expressará a virtude que ele desdenha, o belo que ele ignora e o grande que ele não compreende? Suas composições serão o reflexo de seus gostos sensuais, de sua leviandade, de sua despreocupação. Elas serão ora licenciosas, ora obscenas, ora cômicas e ora burlescas; comunicarão aos ouvintes os sentimentos que exprimirem, e os perverterão, em vez de melhorá-los.

O Espiritismo, moralizando os homens, exercerá uma grande influência sobre a música. Produzirá mais compositores virtuosos, que comunicarão suas virtudes, fazendo ouvir suas composições.

As pessoas rirão menos e chorarão mais; a hilaridade abrirá espaço para a emoção; a feiúra dará lugar à beleza e o cômico à grandeza.

Por outro lado, os ouvintes que o Espiritismo tiver preparado para receber facilmente a harmonia sentirão, ouvindo música séria, um verdadeiro encanto. Eles desdenharão a música frívola e licenciosa que se apodera das massas. Quando o grotesco e o obsceno forem substituídos pelo belo e pelo bem, desaparecerão os compositores dessa ordem, porque, sem ouvintes, eles nada ganharão, e é para ganhar que se conspurcam.

Oh! sim, o Espiritismo terá influência sobre a música! Como não seria assim? Seu advento mudará a Arte, depurando-a.

Sua fonte é divina, sua força o conduzirá por toda parte onde houver homens para amar, para se elevar e para compreender. Ele tornar-se-á o ideal e o objetivo dos artistas. Pintores, escultores, compositores, poetas lhe pedirão suas inspirações, e ele lhas fornecerá, porque ele é rico, porque ele é inesgotável.

O Espírito do maestro Rossini, em nova existência, virá continuar a arte que ele considera como o primeiro estágio de todas. O Espiritismo será o seu símbolo e o inspirador de suas composições.

ROSSINI

A MEDIUNIDADE E A INSPIRAÇÃO

(Paris, grupo Desliens, 16 de fevereiro de 1869)

Sob suas formas variadas ao infinito, a mediunidade abarca a Humanidade inteira, como um feixe ao qual ninguém poderá escapar. Cada um, estando em contato diário, saiba-o ou não, queira-o ou se revolte, com inteligências livres, não há um homem que possa dizer: Não fui, não sou ou não serei médium. Sob a forma intuitiva, modo de comunicação ao qual vulgarmente se deu o nome de *voz da consciência,* cada um está em relação com várias influências espirituais, que aconselham num ou noutro sentido, e muitas vezes simultaneamente, o bem puro, absoluto; acomodações com o interesse; o mal em toda a sua nudez.

O homem evoca essas vozes, elas respondem ao seu apelo e ele escolhe, mas escolhe entre essas diversas inspirações e o seu próprio sentimento.

Os inspiradores são amigos invisíveis; como os amigos da Terra, são sérios ou volúveis, interesseiros ou verdadeiramente guiados pela afeição.

Nós os consultamos ou eles aconselham espontaneamente, mas, como os conselhos dos amigos da Terra, seus conselhos são ouvidos ou rejeitados; por vezes provocam um resultado contrário ao que se espera; muitas vezes não produzem qualquer efeito. –

Que concluir daí? Não que o homem esteja sob o poder de uma mediunidade incessante, mas que ele obedece livremente à própria vontade, modificada por avisos que jamais podem, no estado normal, ser imperativos.

Quando o homem faz mais do que ocupar-se com os mínimos detalhes de sua existência, e quando se trata de trabalhos que ele veio realizar mais especialmente, de provas decisivas que ele deve suportar, ou de obras destinadas à instrução e à elevação geral, as vozes da consciência não se fazem mais somente e simplesmente conselheiras, mas atraem o Espírito para certos assuntos, provocam certos estudos e colaboram na obra, fazendo ressoar certos escaninhos cerebrais pela inspiração. Eis aqui uma obra a dois, a três, a dez, a cem, se quiserdes; mas se cem nela tomaram parte, só um pode e deve assiná-la, porque só um a fez e é o responsável por ela!

Que é uma obra, afinal de contas, seja qual for? Jamais é uma criação; é sempre uma descoberta. O homem nada faz, tudo descobre. É preciso não confundir estes dois termos. Inventar, no seu verdadeiro sentido, é pôr à luz uma lei existente, um conhecimento até então desconhecido, mas posto em germe no berço do Universo. Aquele que inventa levanta a ponta do véu que oculta a verdade, mas não cria a verdade. Para inventar é preciso procurar e procurar muito; é preciso compulsar livros, cavar no fundo das inteligências, pedir a um a Mecânica, a outro a Geometria, a um terceiro o conhecimento das relações musicais, a outro ainda as leis históricas, e do todo fazer algo de novo, de interessante, de não imaginado.

Aquele que for explorar os recantos das bibliotecas, que ouviu falarem os mestres, que perscrutou a Ciência, a Filosofia, a Arte, a Religião, da Antiguidade mais remota até os nossos dias, é o médium da Arte, da História, da Filosofia e da Religião? É ele o médium dos tempos passados, quando por sua vez escreve? Não, porque não conta os outros, mas ensinou outros a contar, e ele enriquece os seus relatos com tudo o que lhe é pessoal.

Por muito tempo o músico ouviu a toutinegra e o rouxinol, antes de inventar a música; Rossini escutou a Natureza antes de traduzi-la para o mundo civilizado. É ele o médium do rouxinol e da toutinegra? Não, ele compõe e escreve. Ele escutou o Espírito que lhe veio cantar as melodias do Céu; ele ouviu o Espírito que clamou a paixão ao seu ouvido; ele ouviu gemerem a virgem e a mãe, deixando cair, em pérolas harmoniosas, sua prece sobre a cabeça do filho. O amor e a poesia, a liberdade, o ódio, a vingança e numerosos Espíritos que possuem esses sentimentos diversos, cada um por sua vez cantou sua partitura a seu lado. Ele as escutou e as estudou, no mundo e na inspiração, e de um e outro fez as suas obras. Mas ele não era médium, como não o é o médico que ouve os doentes contando o que sofrem, e que dá um nome às suas doenças. A mediunidade despendeu suas horas como qualquer outro, mas fora desses momentos muito curtos para a sua glória, o que ele fez, fez apenas à custa dos estudos colhidos dos homens e dos Espíritos.

Assim sendo, é-se médium de todos; é-se o médium da Natureza, médium da verdade, e médium muito imperfeito, porque muitas vezes ela aparece de tal modo desfigurada pela tradução, que é irreconhecível e desconhecida.

HALÉVY

ALLAN KARDEC

ERRATA

Número de fevereiro de 1869. No artigo "Bibliografia – História dos calvinistas das Cevenas", leia-se: *opuseram aos católicos armas...*

No mesmo artigo, no penúltimo parágrafo, leia-se; *"E a mais nova das irmãs foi deixada como morta, debaixo de corpos massacrados, sem ter sido ferida. A outra irmã foi levada ainda viva para a casa do pai, mas morreu dos ferimentos, alguns dias depois."*

Nota do Tradutor: Estas emendas foram feitas nos devidos lugares. Damos a **errata** por fidelidade ao texto.

REVISTA ESPÍRITA

JORNAL DE ESTUDOS PSICOLÓGICOS

| ANO XII | ABRIL DE 1869 | VOL. 4 |

AVISO MUITO IMPORTANTE

A partir de 1º de abril, o escritório de assinaturas e de expedição da *Revista Espírita* se transfere para a sede da Livraria Espírita, Rua de Lille, 7.
A partir da mesma data, a sede da redação e o domicílio pessoal do Sr. Allan Kardec ficam na *Avenida* e *Villa Ségur*, 39, atrás dos Inválidos.
A Sociedade Espírita de Paris provisoriamente fará suas sessões no local da Livraria, na Rua de Lille, 7.

LIVRARIA ESPÍRITA

Há algum tempo tínhamos anunciado o projeto de publicação de um catálogo minucioso das obras que interessam ao Espiritismo, e a intenção de juntá-lo, como suplemento, a um dos números da *Revista*. Nesse ínterim, tendo sido o projeto da criação de uma casa especial para as obras desse gênero concebido e executado por uma sociedade de espíritas, demos-lhe o nosso trabalho, que foi completado à vista de seu novo destino.

Tendo reconhecido a incontestável utilidade dessa fundação e a solidez das bases em que ela está apoiada, não hesitamos em dar-lhe nosso apoio moral.

Eis em que termos ela está anunciada no topo do catálogo que remetemos aos nossos assinantes com o presente número:

"O interesse cada vez maior atribuído aos estudos psicológicos em geral, e em particular o desenvolvimento que as ideias espíritas vêm tomando há alguns anos, fizeram sentir a utilidade de uma casa especial para a concentração dos documentos concernentes a essas matérias. Fora das obras fundamentais da Doutrina Espírita, existe um grande número de livros, tanto antigos quanto modernos, úteis ao complemento desses estudos, e que são ignorados, ou sobre os quais faltam informações necessárias para obtê-los. Visando preencher esta lacuna foi fundada a *Livraria Espírita*.

"A *Livraria Espírita* não é uma empresa comercial. Ela foi criada por uma sociedade de espíritas, com vistas aos interesses da Doutrina, e renuncia, pelo contrato que os liga, a qualquer especulação pessoal.

"Ela é administrada por um gerente, simples mandatário, e todos os lucros apurados no balanço anual serão por ele lançados na Caixa Geral do Espiritismo.

"Essa Caixa é provisoriamente administrada pelo gerente da *Livraria,* sob a supervisão da sociedade fundadora. Em consequência, receberá os fundos de qualquer procedência, enviados para esse destino, terá uma contabilidade exata e operará a movimentação até o momento em que as circunstâncias determinarem o seu emprego."

PROFISSÃO DE FÉ ESPÍRITA AMERICANA

Reproduzimos do *Salut*, de Nova Orleans, a declaração de princípios aprovada na quinta *convenção nacional*, ou assembleia dos delegados dos espíritas das diversas partes dos Estados Unidos. A comparação das crenças, sobre essas matérias, entre o que se chama a escola americana e a escola europeia, é uma coisa de grande importância, de que cada um poderá convencer-se.

Declaração de princípios

O espiritualismo nos ensina:

1. – Que o homem tem uma natureza espiritual, bem como uma natureza corporal; ou antes, que o homem verdadeiro é um Espírito que tem uma forma orgânica composta de materiais sublimados, que representa uma estrutura correspondente à do corpo material.

2. – Que o homem, como Espírito, é imortal. Tendo reconhecido que sobrevive a essa mudança chamada morte, pode-se razoavelmente supor que sobreviverá a todas as vicissitudes futuras.

3. – Que há um mundo, ou estado espiritual, com suas realidades substanciais, tanto objetivas quanto subjetivas.

4. – Que o processo da morte física não transforma, de nenhum modo essencial, a constituição mental ou o caráter moral daquele que a experimenta, pois, se assim não fosse, sua identidade seria destruída.

5. – Que a felicidade ou a infelicidade, tanto no estado espiritual quanto neste, não depende de um decreto arbitrário ou de uma lei especial, mas antes, do caráter, das aspirações e do grau de harmonia ou conformidade do indivíduo com a lei divina e universal.

6. – Segue-se que a experiência e os conhecimentos adquiridos desde esta vida se tornam as bases sobre as quais começa a vida nova.

7. – Considerando-se que o crescimento, sob certos aspectos, é a lei do ser humano na vida presente, e que aquilo que se chama a morte não é, na realidade, senão o nascimento para uma outra condição de existência que conserva todas as vantagens adquiridas na experiência desta vida, daí se pode inferir que o crescimento, o desenvolvimento, a expansão ou a progressão são o destino infinito do espírito humano.

8. – Que o mundo espiritual não está afastado de nós, mas que está perto, que nos rodeia ou está entremeado ao nosso presente estado de existência, e, consequentemente, que estamos constantemente sob a vigilância dos seres espirituais.

9. – Que, tendo em vista que os indivíduos passam constantemente da vida terrestre para a vida espiritual, em todos os graus de desenvolvimento intelectual e moral, o estado

espiritual compreende todos os graus de caracteres, do mais baixo ao mais elevado.

10. – Que, considerando-se que o céu e o inferno, ou a felicidade e a infelicidade, dependem antes dos sentimentos íntimos que das circunstâncias exteriores, há tantas gradações para cada um quantas as nuanças de caracteres, e cada indivíduo gravita em seu próprio lugar, por uma lei natural de afinidade. Podemos dividi-los em sete graus gerais ou esferas, mas estas devem compreender as variedades indefinidas, ou uma "infinidade de moradas", correspondentes aos caracteres diversos dos indivíduos, pois cada ser goza de tanta felicidade quanto lhe permite o seu caráter.

11. – Que as comunicações do mundo dos Espíritos, quer sejam recebidas por impressão mental, por inspiração, ou por qualquer outra maneira, não são, necessariamente, verdades infalíveis, mas, ao contrário, se ressentem inevitavelmente das imperfeições da inteligência das quais emanam e da via pelas quais elas chegam; e que, ainda, são suscetíveis de receber uma falsa interpretação daqueles a quem são dirigidas.

12. – Segue-se que nenhuma comunicação inspirada, atualmente ou no passado (sejam quais forem as pretensões que possam ou tenham podido ser apresentadas quanto à sua fonte), tem uma autoridade mais ampla que a de retratar a verdade à consciência individual, porquanto esta última é o padrão final a que se devem reportar para o julgamento de todos os ensinamentos inspirados ou espirituais.

13. – Que a inspiração, ou a afluência das ideias e sugestões vindas do mundo espiritual, não é um milagre dos tempos passados, mas um fato perpétuo, o método constante da economia divina para a elevação da raça humana.

14. – Que todos os seres angélicos ou demoníacos que se manifestaram ou que se imiscuíram nos negócios dos homens no passado, eram simples Espíritos humanos desencarnados, em diversos graus de progressão.

15. – Que todos os milagres autênticos (assim chamados) dos tempos passados, tais como a ressurreição dos que estavam mortos em aparência, a cura das moléstias pela imposição das mãos ou outros meios igualmente simples, o contato inofensivo com venenos, o movimento de objetos materiais sem concurso visível etc. etc., foram produzidos em harmonia

com as leis universais e, por conseguinte, podem repetir-se em todos os tempos, sob condições favoráveis.

16. – Que as causas de todo fenômeno – as fontes da vida, da inteligência e do amor – devem ser procuradas no domínio interior e espiritual, e não no domínio exterior e material.

17. – Que o encadeamento das causas tende inevitavelmente a remontar e a avançar para um Espírito infinito, que é não só um *princípio formador* (a sabedoria), mas *uma fonte de afeição* (o amor), – que assim sustenta a dupla relação do parentesco, do pai e da mãe, de todas as inteligências finitas que, entretanto, são unidas por laços filiais.

18. – Que o homem, a título de filho desse Pai Infinito, é sua mais alta representação nesta esfera de seres, sendo o homem perfeito a mais completa personificação da "plenitude do Pai" que podemos contemplar, e que cada homem, em virtude desse parentesco, é, ou tem em seus refolhos íntimos, um germe de divindade, uma porção incorruptível da essência divina que o leva constantemente ao bem, e que, com o tempo, ultrapassará todas as imperfeições inerentes à condição rudimentar ou terrena, e triunfará sobre todo o mal.

19. – Que o mal é a falta mais ou menos grande de harmonia com esse princípio íntimo ou divino, portanto, quer se chame Cristianismo, Espiritualismo, Religião, Filosofia; quer se reconheça o "Espírito Santo", a Bíblia, ou a inspiração espiritual e celeste, tudo quanto ajuda o homem a submeter à sua natureza interna o que em si há de mais exterior e a torná-lo harmonioso com ela, é um meio de triunfar sobre o mal.

Eis, pois, a base da crença dos espíritas americanos. Se não é a da totalidade, é, ao menos, a da maioria. Essa crença não é mais o resultado de um sistema preconcebido nesse país do que o Espiritismo na França. Ninguém a imaginou; viu-se, observou-se e tiraram-se conclusões. Lá, como aqui, não se partiu da hipótese dos Espíritos para explicar os fenômenos, mas dos fenômenos, como efeito, chegou-se aos Espíritos como causa, pela observação. Eis uma circunstância capital que os detratores se obstinam em não levar em conta. Porque trazem consigo, com o pensamento, o desejo de não encontrarem os Espíritos, eles imaginam que os espíritas deveriam ter tomado seu ponto de partida na ideia preconcebida dos

Espíritos, e que a imaginação os fez vê-los por toda parte. Como é, então, que tantas pessoas que neles não acreditavam se renderam à evidência? Há milhares de exemplos, na América, como aqui. Muitos, ao contrário, passaram pela hipótese que o Sr. Chevillard julga ter inventado, e a ela não renunciaram senão depois de haverem reconhecido a sua impotência para tudo explicar. Ainda uma vez, não se chegou à afirmação dos Espíritos senão depois de haver experimentado todas as outras soluções.

Já pudemos notar as relações e as diferenças existentes entre as duas escolas, e para os que não se apegam às palavras, mas vão ao fundo das ideias, a diferença se reduz a pouca coisa. Não se tendo copiado estas duas escolas, tal coincidência é um fato muito notável. Assim, eis dos dois lados do Atlântico milhões de pessoas que observam um fenômeno e chegam ao mesmo resultado. É verdade que o Sr. Chevillard ainda não tinha passado por lá para opor o seu veto e dizer àqueles milhões de criaturas, entre as quais há bom número que não passa por tolos: "Estais todos enganados; só eu possuo a chave desses estranhos fenômenos, e eu vou dar ao mundo a sua solução definitiva."

Para tornar a comparação mais fácil, vamos tomar a profissão de fé americana, artigo por artigo, e pôr em paralelo ao que diz, sobre cada uma das proposições aí formuladas, a doutrina do *Livro dos Espíritos,* publicado em 1857, e que, ademais, está desenvolvida em outras obras fundamentais.

Um resumo mais completo é encontrado no cap. II de *O que é o Espiritismo?*

1. O homem possui uma alma ou espírito, princípio inteligente, no qual residem o pensamento, a vontade, o senso moral, e do qual o corpo não é senão o envoltório material. O espírito é o ser principal, preexistente e sobrevivente ao corpo, que não passa de acessório temporário.

Quer durante a vida carnal, quer depois de tê-la deixado, o espírito é revestido de um corpo fluídico ou perispírito, que reproduz a forma do corpo material.

2. O espírito é imortal; só o corpo é perecível.

3. Desprendidos do corpo carnal, os Espíritos constituem o mundo invisível ou espiritual que nos rodeia e em cujo meio vivemos.

As transformações fluídicas produzem imagens e objetos tão reais para os Espíritos, eles próprios fluídicos, quão reais são as imagens e os objetos terrestres para os homens, que são materiais. Tudo é relativo em cada um desses dois mundos. (Vide *A Gênese segundo o Espiritismo,* capítulo dos fluidos e das criações fluídicas).

4. A morte do corpo nada muda na natureza do Espírito, que conserva as aptidões intelectuais e morais adquiridas durante a vida terrestre.

5. O Espírito leva em si mesmo os elementos de sua felicidade ou de sua infelicidade; é feliz ou infeliz em razão do seu grau de depuração moral; ele sofre por suas próprias imperfeições, cujas consequências naturais suporta, sem que a punição seja uma condenação especial e individual.

A infelicidade do homem na Terra provém da inobservância das leis divinas. Quando ele conformar os seus atos e as suas instituições sociais a essas leis, será tão feliz quanto o comporta a sua natureza corporal.

6. Nada do que o homem adquire durante a vida terrena em conhecimentos e perfeições morais para ele é perdido; ele é, na vida futura, aquilo que se fez na vida presente.

7. O progresso é a lei universal, em virtude da qual o Espírito progride indefinidamente.

8. Os Espíritos estão em meio a nós; rodeiam-nos, veem-nos, escutam-nos e participam, em certa medida, das ações dos homens.

9. Não sendo senão as almas dos homens, são encontrados Espíritos em todos os graus de saber e de ignorância, de bondade e de perversidade que existem na Terra.

10. Segundo a crença vulgar, o céu e o inferno são lugares circunscritos de recompensas e punições. Segundo o Espiritismo, levando os Espíritos em si mesmos os elementos de sua felicidade ou de seus sofrimentos, são felizes ou infelizes em qualquer parte onde se encontrem; as palavras céu e inferno não passam de figuras que caracterizam um estado de felicidade ou de desgraça.

Há, por assim dizer, tantos graus entre os Espíritos quantas as nuanças nas aptidões intelectuais e morais. Não obstante, se considerarmos os caracteres mais marcantes, podemos agrupá-los em nove classes ou categorias principais, que podemos dividir ao infinito, sem que essa classificação nada tenha de absoluto. (*O Livro dos Espíritos*, item 100. Escala espírita).

À medida que os Espíritos avançam na perfeição, habitam mundos cada vez mais adiantados fisicamente e moralmente. Sem dúvida é o que entendia Jesus por estas palavras: "Na casa de meu Pai há muitas moradas." (Vide *O Evangelho segundo o Espiritismo,* Cap. III).

11. Os Espíritos podem manifestar-se aos homens de diversas maneiras: pela inspiração, pela palavra, pela vista, pela escrita etc.

É um erro crer que os Espíritos tenham a ciência infusa; seu saber, no espaço como na Terra, está subordinado ao seu grau de adiantamento, e há Espíritos que, sobre certas coisas, sabem menos que os homens. Suas comunicações estão em relação com os seus conhecimentos e, por isto mesmo, não poderiam ser infalíveis. O pensamento do Espírito pode, além disso, ser alterado pelo meio que ele atravessa para se manifestar.

Aos que perguntam para que servem as comunicações dos Espíritos, já que eles não sabem mais que os homens, respondemos que eles servem, em primeiro lugar, para provar que os Espíritos existem e, por consequência, a imortalidade da alma; em segundo lugar, para nos mostrar onde eles estão, o que eles são, o que fazem, em que condições são felizes ou infelizes na vida futura; em terceiro lugar, para destruir os preconceitos vulgares sobre a natureza dos Espíritos e o estado das almas após a morte, coisas estas que não seriam por nós conhecidas sem a comunicação com o mundo invisível.

12. As comunicações dos Espíritos são opiniões pessoais, que não devem ser aceitas cegamente. Em nenhuma circunstância deve o homem abrir mão de seu próprio julgamento e de seu livre-arbítrio. Seria dar prova de ignorância e de leviandade aceitar como verdades absolutas tudo quanto vem dos Espíritos, pois eles dizem o que sabem. Cabe-nos submeter seus ensinamentos ao controle da lógica e da razão.

13. Sendo as comunicações a consequência do incessante contato dos Espíritos e dos homens, elas se deram em todos os tempos; estão na ordem das leis da Natureza e nada têm de miraculoso, seja qual for a forma sob a qual se apresentem. Pondo em contato o mundo material e o espiritual, essas comunicações tendem à elevação do homem, provando-lhe

que a Terra não é para ele nem o começo nem o fim de todas as coisas, e que ele tem outros destinos.

14. Os seres designados sob o nome de anjos ou de demônios não são criações especiais, distintas da Humanidade. Os anjos são Espíritos que saíram da Humanidade e chegaram à perfeição. Os demônios são Espíritos ainda imperfeitos, mas que melhorarão. Seria contrário à justiça e à bondade de Deus ter criado seres perpetuamente votados ao mal, incapazes de voltar ao bem, e outros privilegiados, isentos de qualquer trabalho para chegar à perfeição e à felicidade.

Segundo o Espiritismo, Deus não concede favores nem privilégios para nenhuma de suas criaturas; todos os Espíritos têm um mesmo ponto de partida e a mesma rota a percorrer, para chegarem, pelo trabalho, à perfeição e à felicidade. Alguns chegaram: são os anjos ou Espíritos Puros; outros ainda estão para trás: são os Espíritos imperfeitos. (Vide *A Gênese,* capítulos dos Anjos e dos Demônios).[1]

15. O Espiritismo não admite os milagres, no sentido teológico da palavra, visto que, segundo ele, nada se realiza fora das leis da Natureza. Certos fatos, supondo-os autênticos, só foram reputados miraculosos porque se ignoravam as suas causas naturais. O caráter do milagre é ser excepcional e insólito. Quando um fato se reproduz espontaneamente ou facultativamente, é que ele está subordinado a uma lei, e então já não é um milagre. Os fenômenos de dupla vista, de aparições, de presciência, de curas pela imposição das mãos, e todos os efeitos designados sob o nome de manifestações físicas estão neste caso. (Vide, para o desenvolvimento completo desta questão, a segunda parte de *A Gênese, os Milagres e as Predições segundo o Espiritismo).*

16. Todas as faculdades intelectuais e morais têm sua fonte no princípio espiritual, e não no princípio material.

17. Depurando-se, o Espírito do homem tende a aproximar-se da Divindade, princípio e fim de todas as coisas.

18. A alma humana, emanação divina, traz em si o germe ou princípio do bem, que é o seu objetivo final, e deve fazê-la triunfar das imperfeições inerentes ao seu estado de inferioridade na Terra.

---
[1] No original consta: *A Gênese*, no entanto, acreditamos que a referência correta seria *O Céu e o Inferno, capítulos VIII – Os Anjos e IX – Os Demônios.* (Nota do revisor Boschiroli)

19. Tudo o que tende a elevar o homem, a desprender sua alma dos braços da matéria, seja sob a forma filosófica ou sob a forma religiosa, é um elemento de progresso que o aproxima do bem, ajudando-o a triunfar de seus maus instintos. Todas as religiões conduzem a esse objetivo, por meios mais ou menos eficazes e racionais, conforme o grau de adiantamento dos homens, para o uso dos quais elas foram feitas.

Em que o Espiritismo americano difere, então, do Espiritismo europeu? Seria porque um se chama *Espiritualismo* e o outro *Espiritismo*? Questão pueril de palavras, sobre a qual seria supérfluo insistir. De um e do outro lado a coisa é vista de um ponto muito elevado para semelhante futilidade. Talvez ainda difiram em alguns pontos de forma e de detalhes, muito insignificantes, que se devem mais aos usos e costumes de cada país do que ao fundo da Doutrina. O essencial é que haja concordância sobre os pontos fundamentais, e é o que ressalta, com evidência, da comparação acima.

Ambos reconhecem o progresso indefinido da alma como a lei essencial do futuro; ambos admitem a pluralidade das existências sucessivas nos mundos cada vez mais avançados. A única diferença consiste em que o Espiritismo europeu admite essa pluralidade de existências na Terra, até que o Espírito tenha atingido aqui o grau de adiantamento intelectual e moral que comporta este globo, após o que o deixa por outros mundos, onde adquire novas qualidades e novos conhecimentos. De acordo sobre a ideia principal, eles não diferem, portanto, senão quanto a um dos modos de aplicação. Poderá estar aí uma causa de antagonismo entre criaturas que perseguem um grande objetivo humanitário?

Ademais, o princípio da reencarnação na Terra não é peculiar no Espiritismo europeu; era um ponto fundamental da doutrina druídica; em nossos dias, antes do Espiritismo, esse princípio foi proclamado por ilustres filósofos, tais como Dupont de Nemours, Charles Fourier, Jean Reynaud etc. Faríamos uma lista interminável de escritores de todas as nações, poetas, romancistas e outros que o proclamaram em suas obras; nos

Estados Unidos citaremos Benjamin Franklin e a Sra. Beecher Stowe, autora de *A Cabana do Pai Tomás.* Assim, não somos o seu criador nem o seu inventor. Hoje ele tende a tomar lugar na Filosofia moderna, fora do Espiritismo, como única solução possível e racional para uma porção de problemas psicológicos e morais até agora inexplicáveis. Não é aqui o lugar de discutir essa questão, para cujo desenvolvimento remetemos à introdução de *O Livro dos Espíritos,* e ao capítulo IV de *O Evangelho segundo o Espiritismo.* De duas, uma: esse princípio é verdadeiro, ou não é. Se é verdadeiro, é uma lei, e como toda lei da Natureza, não são as opiniões contrárias de alguns homens que o impedirão de ser uma verdade e de ser aceito.

Já explicamos muitas vezes as causas que se haviam oposto à sua introdução no Espiritismo americano; essas causas desaparecem dia a dia, e é do nosso conhecimento que já encontra numerosas simpatias naquele país. Além disto, o programa acima, dele não fala. Se ele não é proclamado, também não é contestado. Podemos mesmo dizer que ele ressalta implicitamente, como consequência forçada de certas afirmações.

Em suma, como se vê, a maior barreira que separa os espíritas dos dois continentes é o Oceano, através do qual eles podem perfeitamente dar-se as mãos.

O que faltou aos Estados Unidos foi um centro de ação para coordenar os princípios. Não existe, a bem dizer, corpo metódico de doutrina; havemos de convir que ali se encontram ideias muito justas e de alto alcance, mas sem ligação. É opinião de todos os americanos que tivemos ocasião de ver, e é confirmado por um relato feito numa das convenções em Cleveland, em 1867, de onde extraímos as seguintes passagens:

"Na opinião de vossa comissão, o que hoje se chama Espiritualismo é um caos onde a verdade mais pura está incessantemente misturada aos erros mais grosseiros. Uma das coisas que mais servirão para o adiantamento da nova filosofia será o hábito de empregar bons métodos de observação. Recomendamos aos nossos irmãos e irmãs uma atenção levada ao escrúpulo em toda esta parte do Espiritualismo. Nós os induzimos, também, a desconfiar das aparências e a nem sempre tomar por um estado extático, ou por uma agitação vinda do mundo espiritual, disposições de alma que podem ter sua origem na desordem dos órgãos, e em particular nas moléstias dos nervos e do fígado, ou em qualquer outra excitação completamente independente da ação dos Espíritos.

"Cada um dos membros da comissão já teve uma experiência muito longa desses fenômenos; há dez a quinze anos, todos já tínhamos sido testemunhas de fatos cuja origem extraterrestre não podia ser posta em dúvida, e que se impunham à razão. Mas todos estávamos igualmente convencidos de que uma grande parte do que se dá à multidão como manifestações espiritualistas são muito simplesmente habilidades manuais mais ou menos bem executadas por impostores que disto se servem para explorar a credulidade pública.

"As observações que acabamos de fazer a propósito das habilidades qualificadas de manifestações se aplicam por inteiro a todos os supostos médiuns que se recusam a fazer suas experiências em outro lugar que não seja um quarto escuro: os Davenport, Fays, Eddies, Ferrises, Church, miss Vanwie e outros, que pretendem fazer coisas materialmente impossíveis, e se dão como instrumentos dos Espíritos, sem trazer a menor prova em apoio às suas operações. Depois de uma atenta investigação da matéria, temos obrigação de declarar que a obscuridade não é uma condição indispensável à produção dos fenômenos; que ela é como tal reclamada apenas pelos impostores, e que não tem outra utilidade senão favorecer as suas trapaças. Em consequência, aconselhamos às pessoas que se ocupam de Espiritualismo, a renunciar à evocação dos Espíritos no escuro.

"Criticando uma prática que pode ser substituída sem esforço por modos de experimentação infinitamente mais probantes, não pretendemos infligir uma censura aos médiuns que a utilizam de boa-fé, mas denunciar à opinião pública os charlatães que exploram uma coisa digna de todo o respeito. Queremos defender os verdadeiros médiuns, e livrar a nossa gloriosa causa das imposturas que a desonram.

"Nós acreditamos nas manifestações físicas; elas são indispensáveis ao progresso do Espiritualismo. São provas simples e claras que ferem, desde o início, aqueles a quem não cegam os preconceitos; elas são um ponto de partida para chegar à compreensão das manifestações de uma ordem mais elevada; o caminho que conduziu a maior parte dos espiritualistas americanos do ateísmo ou da dúvida ao conhecimento da imortalidade da alma." (Extraído do *New-York Herald* de 10 de setembro de 1867).

AS CONFERÊNCIAS DO SR. CHEVILLARD APRECIADAS PELO JORNAL PARIS

(Vide *Revista Espírita,* março de 1869)

Lê-se no jornal *Paris,* de 7 de março de 1869, a propósito das conferências do Sr. Chevillard, sobre o Espiritismo: "Recordam-se da celeuma causada há alguns anos, no mundo, pelo fenômeno das mesas girantes.

"Não havia família que não possuísse sua mesinha animada, nem círculo que não tivesse os seus *Espíritos familiares;* marcava-se dia para fazer a mesinha girar, como se marcava encontro para uma festinha dançante. Um instante de curiosidade pública (reavivada pelo clero a amedrontar as almas timoratas pelo espectro *abominável* de Satã) não conheceu mais limites e as mesas estalavam, faziam barulho, dançavam, do subsolo à mansarda, com uma obediência das mais meritórias.

"Pouco a pouco a febre caiu, fez-se silêncio, a moda encontrou outros *divertimentos*, quem sabe? Sem dúvida *os quadros vivos*.

"Mas, afastando-se, a multidão deixava imóveis alguns cabeças-duras, apesar de tudo presos a essas manifestações singulares. Insensivelmente uma espécie de laço misterioso se estendia, correndo de um a outro. Os isolados da véspera reapareciam no dia seguinte; em breve uma vasta associação não fazia mais, desses grupos esparsos, senão uma única família, marchando, sob a divisa de uma crença comum, à procura da verdade pelo Espiritismo.

"Parece que neste momento o exército conta bastantes soldados aguerridos para que lhes deem as honras do combate. O Sr. Chevillard, depois de haver apresentado a *solução*

DEFINITIVA *do problema espírita*, não hesitou em prosseguir o seu assunto numa nova conferência: *As ilusões do Espiritismo.*

"Por outro lado, o Sr. Desjardin, depois de ter falado dos *inovadores em Medicina*, ameaça bater, em futuro próximo, as teorias espíritas. Sem dúvida os crentes responderão que os Espíritos não poderão encontrar uma melhor ocasião para se afirmar. É pois um despertar, uma luta que se trava.

"Hoje os espíritas são mais numerosos na Europa do que se supõe. Contam-se por milhões, sem falar dos que creem *e não se gabam.* O exército recruta todos os dias novos adeptos. Que há de admirável? Não são cada vez mais numerosos os que choram e pedem às comunicações de um mundo melhor, a esperança do futuro?

"A discussão sobre este assunto parece que deve ser séria. É interessante tomar algumas notas desde o primeiro dia.

"O Sr. Chevillard é generoso; ele não nega os fatos; – ele atesta a boa-fé dos médiuns com os quais foi posto em contato; não sente qualquer embaraço em declarar que *ele próprio* produziu os fenômenos de que fala. Testemunha que os espíritas jamais se encontraram em semelhante festa, e não deixarão de tirar partido de tais concessões, – se podem opor ao Sr. Chevillard outra coisa senão a sinceridade de sua convicção.

"Não nos cabe responder, mas apenas separar desse conjunto de fatos umas tantas leis magnéticas que compõem a teoria do conferencista. 'As vibrações da mesa, diz ele, são produzidas pelo pensamento interno voluntário do médium, ajudado pelo desejo dos assistentes crédulos, sempre numerosos.' Assim se acha formalmente indicado o fluido nervoso ou vital com o qual o Sr. Chevillard estabelece a solução *definitiva* do problema espírita. 'Todo fato espírita, acrescenta ele mais adiante, é uma sucessão de movimentos produzidos sobre um objeto inanimado por um magnetismo inconsciente.'

"Enfim, resumindo todo o seu sistema numa fórmula abstrata, ele afirma que *a ideia da ação voluntária mecânica se transmite, pelo fluido nervoso, do cérebro até o objeto inanimado que executa a ação na qualidade de órgão ligado pelo fluido ao ser que quer, quer seja a ligação por contato, quer à distância; mas o ser não tem a percepção de seu ato, porque não o executa por esforço muscular."*

"Esses três exemplos bastam para indicar uma teoria, que, aliás, não temos que discutir, e sobre a qual talvez tenhamos que voltar mais tarde. Mas, lembrando-nos de uma lição do Sr. E. Caro, na Sorbonne, naturalmente censuraríamos ao Sr. Chevillard o próprio título de sua conferência. Terá ele, para começar, perguntado se nessas questões que escapam ao controle, à prova matemática – que não podem ser julgadas senão por dedução – a pesquisa das causas primeiras não é incompatível com as fórmulas da Ciência?

"O Espiritismo deixa uma larga margem à liberdade de raciocínio para poder depender da Ciência propriamente dita. Os fatos que se constatam, sem dúvida maravilhosos, mas sempre idênticos, escapam a todo controle, e a convicção não pode nascer senão da multiplicidade das observações.

"A causa, digam o que disserem os iniciados, permanece um mistério para o homem que friamente pesa esses fenômenos estranhos, e os crentes ficam reduzidos a fazer votos para que, mais cedo ou mais tarde, uma circunstância fortuita rompa esse véu que aos nossos olhos oculta os grandes problemas da vida, e nos mostre radioso o deus desconhecido."

PAGÈS DE NOYEZ

Demos a nossa apreciação sobre o alcance das conferências do Sr. Chevillard no número precedente, e seria supérfluo refutar uma teoria que, como dissemos, nada tem de novo, não importando como pense o autor. Que ele tenha seu sistema sobre a causa das manifestações, é direito seu; que o creia justo, é muito natural; mas que tenha a pretensão de dar, só ele, a solução *definitiva* do problema, é dizer que só a ele é dado proferir a última palavra dos segredos da Natureza, e que depois dele nada mais há para ver, nem nada para descobrir. Qual é o sábio que já pronunciou o *nec plus ultra* nas ciências? Há coisas que se podem pensar, mas nem sempre é correto proclamar muito alto.

Ademais, não vimos nenhum espírita inquietar-se com a pretensa descoberta do Sr. Chevillard; todos, ao contrário, fazem votos para que ele continue a sua aplicação até os últimos limites, sem omitir nenhum dos fenômenos que lhe possam opor; quereríamos, sobretudo, vê-lo resolver *definitivamente* estas duas questões:

Em que se tornam os Espíritos dos homens após a morte?

Em virtude de que lei esses mesmos Espíritos, que agitavam a matéria durante a vida do corpo, *não podem mais* agitá-la depois da morte e manifestar-se aos vivos? Se o Sr. Chevillard admite que o Espírito é distinto da matéria e sobrevive ao corpo, deve admitir que o corpo é o instrumento do Espírito nos diferentes atos da vida; que ele obedeça a vontade do Espírito. Desde que admita que, pela transmissão do fluido elétrico, as mesas, os lápis e outros objetos se tornem apêndices do corpo e obedeçam, assim, ao pensamento do Espírito encarnado, por que, por uma corrente elétrica análoga, não poderiam eles obedecer ao pensamento de um Espírito desencarnado?

Entre os que admitem a realidade dos fenômenos, quatro hipóteses foram emitidas sobre sua causa, a saber: 1º A ação exclusiva do fluido nervoso, elétrico, magnético ou qualquer outro; 2º O reflexo do pensamento dos médiuns e dos assistentes, nas manifestações inteligentes; 3º A intervenção dos demônios; 4.º A continuidade das relações dos Espíritos humanos desprendidos da matéria, com o mundo corporal.

Essas quatro proposições, desde a origem do Espiritismo foram preconizadas e discutidas sob todas as formas, em numerosos escritos, por homens de um valor incontestável. Então não faltou a luz da discussão. Como é que, desses diversos sistemas, o dos Espíritos encontrou mais simpatias; que só ele prevaleceu e é hoje o único admitido pela imensa maioria dos observadores em todos os países do mundo; que todos os argumentos de seus adversários, após mais de quinze anos, dele não puderam triunfar, se eles são a expressão da verdade?

É ainda uma questão interessante a resolver.

A CRIANÇA ELÉTRICA

Vários jornais reproduziram o seguinte fato:
A aldeia de Saint-Urbain, nos limites de Loire e do Ardèche, está toda inquieta. Escrevem-nos que ali se passam coisas

estranhas. Uns as imputam ao diabo, outros aí veem o dedo de Deus, marcando com o selo da predestinação uma de suas criaturas privilegiadas.

Eis, em duas palavras, de que se trata, diz o *Memorial de la Loire*:

"Há uns quinze dias nasceu nesta aldeia uma criança que desde a sua entrada no mundo manifestou as mais admiráveis virtudes, as mais singulares propriedades, diriam os sábios. Logo depois de batizada, tornou-se impalpável e intangível! Intangível, não como a sensitiva, mas à maneira de uma garrafa de Leyde carregada de eletricidade, que não se pode tocar sem sentir uma viva comoção. Além do mais, ela é luminosa! De todas as suas extremidades se desprendem, por momentos, eflúvios brilhantes, que a fazem assemelhar-se a uma lucíola.

"À medida que o bebê se desenvolve e se fortalece, esses curiosos fenômenos se acentuam com mais energia e intensidade. Até se produzem novos. Conta-se, por exemplo, que em certos dias, quando se aproxima das mãos e dos pés do menino algum objeto de pequeno volume, como uma colher, uma faca, uma taça, mesmo um prato, os utensílios são tomados de um frêmito e de uma vibração sutis, que nada pode explicar.

"É particularmente à tarde e à noite que esses fatos extraordinários se acentuam, quer em estado de sono, quer em vigília. Por vezes, então – e aqui está um prodígio – o berço parece encher-se de uma claridade esbranquiçada, semelhante a essas belas fosforescências que tomam as águas do mar na esteira dos navios, e que a Ciência ainda não explicou perfeitamente.

"Contudo, o menino não parece absolutamente incomodado com as manifestações de que sua minúscula pessoa é o misterioso teatro. Ele mama, dorme, passa muito bem e nem é menos chorão nem mais impaciente do que os seus semelhantes. Ele tem dois irmãozinhos de quatro a cinco anos, que nasceram e vivem à maneira dos mais vulgares pequerruchos.

"Acrescentemos que os pais, valentes agricultores, o marido chegando aos quarenta e a mulher aos trinta, são os esposos menos elétricos e luminosos do mundo. Eles só brilham pela honestidade e pelo cuidado com que criam sua pequena família.

"Chamaram o cura da comuna vizinha, que declarou, após um longo exame, não compreender absolutamente nada disso;

depois o cirurgião, que apalpou, reapalpou, tocou de novo, auscultou e percutiu o paciente, sem querer pronunciar-se claramente sobre o caso, mas que prepara um relatório científico à Academia, do qual se falará no mundo médico.

"Um malandro da região, e os há em toda a parte, farejando uma boa especulaçãozinha, propôs alugar o menino à razão de 200 francos por mês, 'para mostrá-lo nas feiras'. É um belo negócio para os pais. Mas naturalmente o pai e a mãe querem acompanhar um filho tão precioso – a 2 francos por dia – e esta condição ainda impede a conclusão do negócio.

"O correspondente que nos dá esses estranhos detalhes nos certifica, 'sob palavra de honra', que eles são a mais exata expressão da verdade e que ele teve o cuidado de fazer subscrever sua carta 'pelos quatro maiores proprietários da região.'"

Certamente nenhum Espírita verá neste fato algo de sobrenatural nem miraculoso. É um fenômeno puramente físico, uma variante, quanto à forma, do que apresentam as pessoas ditas elétricas. Sabe-se que certos animais, como o peixe-elétrico e o gimnoto, têm propriedades análogas.

Eis a instrução dada a respeito por um dos guias instrutores da Sociedade de Paris:

"Como vos temos dito com frequência, os mais singulares fenômenos se multiplicam dia a dia, para atrair a atenção da Ciência. O menino em questão é, pois, um instrumento, mas não foi escolhido para esse efeito senão em razão da situação criada em seu passado. Por excêntrico que seja, em aparência, um fenômeno qualquer, produzido num encarnado, tem sempre como causa imediata a situação intelectual e moral desse encarnado e uma relação com seus antecedentes, pois todas as existências são solidárias. Sem dúvida é um assunto de estudo para os que o testemunham, mas secundariamente. É sobretudo para aquele que dele é objeto, uma provação ou uma expiação. Há, pois, o fato material, que é do campo da Ciência, e a causa moral, que pertence ao Espiritismo.

"Mas, perguntareis, como semelhante estado pode ser uma provação para um menino dessa idade? Para o menino, certamente não, mas para o Espírito, que não tem idade, a provação é certa.

"Achando-se, como encarnado, numa situação excepcional, cercado de uma auréola física que não passa de uma máscara, mas que pode passar aos olhos de certa gente por um sinal de santidade ou de predestinação, o Espírito, desprendido durante o sono, se orgulha da impressão que produz. Era um taumaturgo de uma espécie particular que passou sua última existência a brincar de pessoa santa, em meio aos prodígios que se tinha exercitado a realizar, e que quis continuar seu papel nesta existência. Para atrair o respeito e a veneração, ele quis nascer, como menino, em condições excepcionais. Se viver, será um falso profeta do futuro, e não será o único.

"Quanto ao fenômeno em si mesmo, é certo que terá pouca duração. A Ciência deve, pois, apressar-se, se quiser estudá-lo *de visu*. Mas ela nada fará, temerosa de encontrar dificuldades embaraçosas. Ela contentar-se-á em considerar o menino como um peixe-elétrico humano."

DR. MOREL LAVALLÉE

UM CURA MÉDIUM CURADOR

Um dos nossos assinantes do Departamento dos Hautes- -Alpes escreve-nos o seguinte:

"Há algum tempo se fala muito, no vale do Queyras, de um padre que, sem estudos médicos, cura uma porção de pessoas de várias afecções. Há muito tempo que age assim, e dizem que augustas pessoas o consultaram, quando era chefe de outra paróquia nos Basses-Alpes. Suas curas tinham repercutido, e dizem que, por punição, ele foi mandado como cura em La Chalpe, comuna vizinha de Abriès, na fronteira do Piemonte. Lá continuou a ser útil à Humanidade, aliviando e curando, como no passado.

"Para os espíritas isto nada tem de admirável. Se vos falo do caso é porque no vale do Queyras, como alhures, ele faz muito alvoroço. Como todos os médiuns curadores sérios, ele nunca aceita nada. S. M. a Imperatriz herdeira da Rússia, ao que dizem, ter-lhe-ia oferecido várias notas de banco, que ele recusou, pedindo-lhe que as pusesse na caixa de esmolas, se as quisesse dar para a sua igreja.

"Um outro indivíduo um dia escorregou uma moeda de vinte francos entre os seus papéis; quando ele percebeu, fê-lo voltar sob pretexto de novas indicações a lhe dar e lhe devolveu o dinheiro.

"Uma porção de pessoas fala dessas curas *de visu*; outras não acreditam. Sei do fato através de pessoas que são as menos favoráveis.

"Tinham denunciado o cura por exercício ilegal da Medicina; dois policiais se apresentaram em sua casa para levá-lo à autoridade. Ele lhes disse: 'Eu vos seguirei, mas aguardai um instante, por favor, porque não comi. Almoçai comigo e me vigiareis.' Durante o repasto, ele disse a um dos policiais:

"– Estais doente.

"– Doente? Agora, nem tanto. Há três meses, não nego.

"– Ora! Sei o que tendes, e se quiserdes, posso curar-vos já, se fizerdes o que eu disser.

"Conversaram e a proposta foi aceita.

"O cura mandou suspender o policial pelos pés, de modo que as mãos ficassem no chão e o sustentassem; colocou sob sua cabeça uma tigela de leite quente e lhe administrou o que se chama uma fumigação de leite. Ao cabo de alguns minutos, uma cobrinha, dizem uns, um grande verme, segundo outros, caiu na vasilha. Reconhecido, o policial pôs a cobra numa garrafa e conduziu o cura ao magistrado, ao qual explicou o seu caso. Como consequência disso, o cura foi posto em liberdade.

"Eu teria desejado muito ver esse cura, acrescenta o nosso correspondente, mas a neve em nossas montanhas tornam os caminhos muito difíceis nesta estação; sou obrigado a me contentar com as informações que vos transmito. A conclusão de tudo isto é que esta faculdade se desenvolve e os exemplos se multiplicam. Na comuna que vos cito, e em nosso vale, isto produz um grande efeito. Como sempre, uns dizem *charlatão,* outros *demônio*; outros *feiticeiro*, mas os fatos aí estão, e não perdi a ocasião para declarar minha maneira de pensar, explicando que os fatos desse gênero nada têm de sobrenatural nem de diabólico, como se tem visto milhares de exemplos, desde os tempos mais remotos, e que é um modo de manifestação do poder de Deus, sem que haja derrogação de suas leis eternas."

VARIEDADES

OS MILAGRES DE BOIS-D'HAINE

Le Progrès thérapeutique, jornal de Medicina, em seu número de 1.º de março de 1869, dá conta de um fenômeno bizarro, tornado objeto de curiosidade pública no burgo de Bois-d'Haine, na Bélgica. Trata-se de uma jovem de 18 anos que todas as sextas-feiras, de 1h30min às 4h30min cai num estado de êxtase cataléptico; nesse estado ela fica deitada, braços estendidos, um pé sobre o outro, na posição de Jesus na cruz. A insensibilidade e a rigidez dos membros foram constatadas por diversos médicos. Durante a crise, cinco feridas se abrem nos lugares exatos onde se localizaram as do Cristo, e deixam minar sangue verdadeiro. Depois da crise, o sangue para de correr, as chagas se fecham e são cicatrizadas em 24 horas. Durante os acessos, diz o doutor Beaucourt, autor do artigo, o reverendo Pe. Séraphin, presente às sessões, graças ao ascendente que ele tem sobre a doente, tem o poder de despertá-la de seu êxtase. Ele acrescenta: "Todo homem que não for ateu deve, para ser lógico, admitir que aquele que estabeleceu as leis admiráveis, tanto físicas quanto fisiológicas que regem a Natureza, também pode, à vontade, suspender ou mudar momentaneamente uma ou várias dessas leis."

Como se vê, é um milagre em regra, e uma repetição do milagre das *estigmatizadas*. Como os milagres segundo a Igreja não são do campo do Espiritismo, julgamos supérfluo levar mais longe a busca das causas do fenômeno, e isto tanto mais quanto outro jornal disse, depois, que o bispo da diocese tinha interditado toda exibição.

O DESPERTAR DO SR. LOUIS

No número precedente publicamos o relato do estado singular de um Espírito que julgava sonhar. Enfim, ele despertou e o anunciou espontaneamente, na comunicação seguinte:

(Sociedade de Paris, 12 de fevereiro de 1869 – Médium, Sr. Leymarie)

Decididamente, senhores, malgrado meu, é preciso que eu abra os olhos e os ouvidos; é preciso que eu escute e veja. Por mais que negue, que declare que sois maníacos, muito corajosos, mas muito inclinados aos vossos devaneios, às ilusões, é necessário, confesso-o, a despeito dos meus ditos, que eu finalmente saiba que não mais sonho. Quanto a isto, estou certo, mas completamente certo. Venho à vossa casa todas as sextas-feiras, dia de reunião e, à força de ouvir repetir, quis saber se esse famoso sonho se prolongará indefinidamente. O amigo Jobard encarregou-se de me edificar a respeito, e isto com provas fundamentadas.

Não pertenço mais à Terra; estou morto; vi o luto dos meus, o pesar dos amigos, o contentamento de alguns invejosos, e agora venho ver-vos. Meu corpo não me seguiu; está mesmo lá, no seu recanto, no meio do adubo humano; e, com ou sem apelo, hoje venho a vós, não mais com despeito, mas com o desejo e a convicção de me esclarecer. Tenho perfeito discernimento; vejo o que fui; percorro com Jobard distâncias imensas, portanto, eu vivo, eu concebo, eu combino, eu possuo a minha vontade e meu livre-arbítrio, assim, nem tudo morre. Não éramos, pois, uma agregação inteligente de moléculas, e todas as salmodias sobre a inteligência da matéria não passavam de frases vazias e sem consistência.

Ah! Crede, senhores, se meus olhos se abrem, entrevejo uma verdade nova, e não é sem sofrimentos, sem revoltas, sem retornos amargos!

É, pois, muito verdadeiro! O Espírito permanece! Fluido inteligente, ele pode, sem a matéria, viver sua vida própria, etérea, e segundo a vossa expressão: semimaterial. Por vezes, entretanto, eu me pergunto se o sonho bizarro que eu tinha há mais de um mês não continua com essas peripécias novas, inauditas; mas o raciocínio frio, impassível de Jobard força-me a mão, e quando resisto, ele ri e se delicia em me confundir e, todo contente, cumula-me de epigramas e ditos alegres! Por mais que me rebele e me revolte, há que obedecer à verdade. O Desnoyers da Terra, o autor de *Jean-Paul Choppard* ainda está em vida, e seu pensamento ardente abarca outros horizontes. Outrora ele era liberal e terra a terra, ao passo que agora aborda e abraça problemas desconhecidos, maravilhosos; e, ante essas novas apreciações, senhores, tende a bondade de perdoar minhas expressões um tanto levianas, porque, se eu não tinha razão completamente, bem poderíeis estar um pouco errados.

Vou refletir, reconhecer-me definitivamente, e se o resultado de minhas pesquisas sérias me conduzir às vossas ideias, há que esperar, não será mais para me queimar o cérebro.

Até outra vez, senhores.

LOUIS DESNOYERS

O mesmo Espírito deu espontaneamente a comunicação seguinte, a propósito da morte de Lamartine:

(Sociedade de Paris, 5 de março de 1869 – Médium: Sr. Leymarie)

Sim, senhores, nós morremos mais ou menos esquecidos; pobres seres, vivemos confiantes nos órgãos que transmitem os nossos pensamentos. Queremos a vida com suas exuberâncias, fazemos uma multidão de projetos. Neste mundo o nosso trajeto é ter tido sua repercussão e, chegada a última hora, todo esse alvoroço, todo esse barulhinho, nossa altivez, nosso egoísmo, nosso labor, tudo é engolido na massa. É uma gota d'água no oceano humano.

Lamartine era um grande e nobre Espírito, cavalheiresco, entusiasta, um verdadeiro mestre na acepção da palavra, um diamante muito puro, bem lapidado. Ele era belo, grande; ele tinha o olhar, ele tinha o gesto do predestinado; ele sabia pensar, escrever; ele sabia falar; ele era um inspirado, um transformador!... Poeta, mudou o impulso da Literatura, emprestando-lhe suas asas prodigiosas; homem, ele governou um povo, uma revolução, e suas mãos se retiraram puras do contato com o poder. Ninguém mais que ele foi amado, acariciado, bendito, adorado; e quando vieram os cabelos brancos, quando o desencorajamento tomava o belo velho, o lutador dos grandes dias, não lhe perdoaram mais um instante de desfalecimento. A própria França, que estava em desfalecimento, esbofeteou o poeta, o grande homem; ela quis apequená-lo, a esse lutador de duas revoluções, e o esquecimento, repito, parecia enterrar essa grande e magnânima figura! Ele está morto e bem morto, pois o acolhi no Além-Túmulo, com todos os que o tinham apreciado e estimado, malgrado o ostracismo, do qual a juventude das escolas fazia uma arma contra ele.

Ele estava transfigurado, sim, senhores, transfigurado por ver a dor de ter visto os que o tinham tanto amado recusar-lhe o devotamento que, entretanto, ele não soube nunca recusar em outros tempos, ao passo que os vencedores lhe estendiam as mãos. O poeta havia se tornado filósofo, e esse pensador amadurecia sua alma dolorida, para a grande prova. Ele via melhor; ele pressentia tudo, tudo o que esperais, senhores, e tudo o que eu não esperava.

Mais que ele, eu sou um vencido; vencido pela morte, vencido em vida pela necessidade, esse inimigo insaciável que nos inquieta como um roedor; e muito mais vencido hoje, porque venho inclinar-me ante a verdade.

Ah! Se para a França hoje reluz uma grande verdade; se a França de 89, se a mãe de tantos gênios desaparecidos recomeça a sentir que um de seus mais caros filhos, o bom, o nobre Lamartine desapareceu, hoje sinto que para ele nada está morto; sua lembrança está por toda parte; as ondas sonoras de tantas lembranças emocionam o mundo. Ele era imortal entre vós, mas muito mais ainda entre nós, onde está realmente transfigurado. Seu Espírito resplandece, e Deus pode receber o grande desconhecido. De agora em diante Lamartine pode abarcar os mais vastos horizontes e cantar os hinos grandiosos que o seu grande coração havia sonhado. Ele pode preparar o vosso futuro, meus amigos, e acelerar conosco as etapas humanitárias. Mais do que nunca, ele poderá ver desenvolver-se em vós esse ardente amor de instrução, de progresso, de liberdade e de associação, que são os elementos do futuro. A França é uma iniciadora; ela sabe o que pode. Ela quererá, ousará, quando sua juba poderosa tiver sacudido o formigueiro que vive às custas de sua virilidade e de sua grandeza.

Poderei eu, como ele, ganhar minha auréola e tornar-me resplandecente de felicidade, ver-me regenerar por vossa crença, cuja grandeza hoje compreendo? Por vós, Deus me marcou como uma ovelha desgarrada. Obrigado, senhores. Ao contato dos mortos tão lamentados, sinto-me viver e em breve direi convosco na mesma prece: A morte é a auréola; a morte é a vida.

LOUIS DESNOYERS

OBSERVAÇÃO: Uma senhora, membro da Sociedade, que conhecia particularmente o Sr. Lamartine e tinha assistido aos seus últimos momentos, acabara de dizer que depois de sua morte sua fisionomia se havia literalmente transfigurado, que ela não tinha mais a decrepitude da velhice. É a essa circunstância que o Espírito faz alusão.

DISSERTAÇÕES ESPÍRITAS

LAMARTINE

(Sociedade Espírita de Paris, 14 de março de 1869. – Médium, Sr. Leymarie)

Um amigo, um grande poeta, escrevia-me em dolorosa circunstância: "Ela é sempre vossa companheira, invisível, mas presente; perdestes a mulher, mas não a alma! Caro amigo, vivamos nos mortos!" Pensamento consolador, salutar, que reconforta na luta e faz pensar incessantemente nesta sucessão ascendente da matéria, nesta unidade na concepção de tudo o que é, neste maravilhoso e incomparável obreiro que, para a continuidade do progresso, liga o Espírito a esta matéria, por sua vez espiritualizada pela presença do elemento superior.

Não, minha bem-amada, não perdi tua alma, que vivia gloriosa, cintilante de todas as claridades do mundo invisível. Minha vida é um protesto vivo contra o flagelo ameaçador do ceticismo em suas múltiplas formas.

Ninguém, mais que eu, afirmou energicamente a personalidade divina e acreditou na personalidade humana, defendendo a liberdade. Se o sentimento do infinito estava desenvolvido em mim; se a presença divina palpita em páginas entusiásticas, é que eu devia desbravar a minha senda; é que eu vivia da presença de Deus, e essa fonte, jorrando incessantemente, sempre me fez crer no bem, no belo, na retidão, no devotamento, na honra do indivíduo e, mais ainda, na honra da nação, essa individualidade condensada. É que minha companheira era uma natureza de escol, forte e terna. Junto dela, compreendi a natureza da alma e suas íntimas relações com a estátua de carne, essa maravilha! Assim, meus estudos eram espiritualizados, por consequência fecundos e rápidos, voltando-se incessantemente para as formas do belo e a paixão das letras. Casei a ciência com o pensamento, para que, em mim, a Filosofia pudesse servir-se desses dois preciosos instrumentos poéticos.

Por vezes minha forma era abstrata e não estava ao alcance de todos, mas os pensadores sérios a adotaram; todos os grandes espíritos de meu tempo me abriram suas fileiras. A ortodoxia católica me olhava como uma ovelha fugindo do rebanho do pastor romano, sobretudo quando, levado pelos acontecimentos, partilhei a responsabilidade de uma revolução gloriosa.

Arrastado um momento pelas aspirações populares, por esse poderoso sopro de ideias comprimidas, eu não era mais o homem das grandes situações; eu tinha terminado a minha jornada e, para mim, no relógio do tempo, soavam as horas de lassidão e desencorajamento. Vi o meu calvário, e enquanto Lamartine o subia penosamente, os filhos desta França tão amada lhe cuspiam no rosto, sem respeito aos seus cabelos brancos, o ultraje, o desafio, a injúria.

Prova solene, senhores, na qual a alma se retempera e se retifica, porque o esquecimento é a morte, e a morte na Terra é o comércio com Deus, esse distribuidor judicioso de todas as forças! Morri como cristão; tinha nascido na Igreja e parto diante dela! Há um ano, eu tinha uma profunda intuição. Falava pouco, mas viajava sem cessar pelas planícies etéreas, onde tudo se refunde sob o olhar do Senhor dos Mundos; o problema da vida se desenrolava majestosamente, gloriosamente. Compreendi o pensamento de Swedenborg e da escola dos teósofos, de Fourier, de Jean Reynaud, de Henri Martin, de Victor Hugo, e o Espiritismo, que me era familiar, embora em contradição com os meus preconceitos e o meu nascimento, preparava-me para o desligamento, para a partida. A transição não foi penosa; como o pólen de uma flor, meu Espírito, levado por um turbilhão, encontrou a planta irmã. Como vós, eu a chamo de erraticidade, e para me fazer amar essa irmã desejada, minha mãe, minha esposa bem-amada, uma multidão de amigos e de invisíveis me cercavam como uma auréola luminosa. Mergulhado nesse fluido benéfico, meu Espírito se asserenava, como o corpo desse viajor do deserto que, após uma longa viagem sob um céu de chumbo e fogo, encontraria um banho generoso para seu corpo, uma fonte límpida e fresca para a sua sede ardente.

Alegrias inefáveis do céu sem limites, concertos de todas as harmonias, moléculas que repercutis os acordes da ciência divina, calor vivificante de suas impressões sem nome que a língua humana não poderia decifrar, bem-estar novo, renascimento, completa elasticidade, elétrica profundeza das certezas, similitudes das leis, calma cheia de grandeza, esferas que encerrais as Humanidades, oh! sede bem-vindas, emoções previstas, aumentadas indefinidamente de radiações do infinito!

Permutai vossas ideias, espíritas que acreditais em nós. Estudai nas fontes sempre novas do nosso ensino; firmai-vos, e que cada membro da família seja um apóstolo que fale, marche e se conduza com vontade, com a certeza de que não dais nada ao desconhecido. Sabei muito para que vossa inteligência se eleve. A ciência humana, reunida à ciência dos vossos auxiliares invisíveis, mas luminosos, vos fará senhores do futuro. Expulsareis a sombra para vir a nós, isto é, à luz, a Deus.

ALPHONSE DE LAMARTINE

CHARLES FOURIER

Um discípulo de Charles Fourier, que ao mesmo tempo é espírita, ultimamente nos dirigiu uma evocação com o pedido de solicitar uma resposta, se fosse possível, a fim de se esclarecer sobre certas questões. Tendo-nos parecido ambas instrutivas, transcrevemo-las a seguir.

(Paris, Grupo Desliens, 9 de março de 1869)

"Irmão Fourier,
"Do alto da esfera ultramundana, se teu Espírito me pode ver e ouvir, eu te peço comunicar-te comigo, a fim de me fortalecer na convicção que tua admirável teoria dos quatro movimentos fez nascer em mim sobre a lei da harmonia universal, ou de me desenganar se tiveste a infelicidade, tu mesmo, de te enganares. – A ti, cujo gênio incomparável parece ter levantado a cortina que ocultava a Natureza, e cujo Espírito deve ser mais lúcido ainda do que era no mundo material, eu te peço que me digas se reconheces, no mundo dos Espíritos, como na Terra, que haja desmoronamento da ordem natural estabelecida por Deus, em nossa organização social; se as atrações passionais são realmente a alavanca de que Deus se serve para conduzir o homem ao seu verdadeiro destino; se a analogia é um meio seguro para descobrir a verdade.

"Peço-te que me digas, também, o que pensas das sociedades cooperativas que germinam de todos os lados na superfície do nosso globo. Se teu Espírito pode ler no pensamento do homem sincero, tu deves saber que a dúvida o torna infeliz; eis por que te suplico, de tua morada de Além-Túmulo, a bondade de fazer tudo quanto dependa de ti para me convencer.

"Recebe, nosso irmão, a certeza do respeito que devo à tua memória, e de minha maior veneração."

J. G.

Resposta. – "É uma pergunta muito séria, caro irmão em crença, indagar de um homem se ele se enganou, quando um certo número de anos se passaram desde que ele expôs o sistema que melhor satisfazia às suas aspirações para o desconhecido! Enganei-me?... Quem não se enganou quando quis, apenas com as suas forças, levantar o véu que lhe ocultava o fogo sagrado?! Prometeu fez homens com esse fogo, mas a lei do progresso condenou esses homens às lutas físicas e morais. Eu fiz um sistema, destinado, como todos os sistemas, a viver um tempo, depois a transformar-se, a associar-se a novos elementos mais verdadeiros. Como vedes, há ideias como homens. Desde que elas nasceram, elas não morrem: elas se transformam. Grosseiras de início, envoltas na ganga da linguagem, encontram sucessivamente artesãos que as talham e as vão polindo cada vez mais, até que esse eixo informe se tenha tornado o diamante de brilho vivo, a pedra preciosa por excelência.

"Busquei conscienciosamente e achei muito. Apoiando-me nos princípios adquiridos, fiz avançar alguns passos o pensamento inteligente e regenerador. O que descobri era verdadeiro em princípio; falseei-o, ao querer aplicá-lo. Quis criar a série, estabelecer harmonias, mas essas séries, essas harmonias não necessitavam de criador; elas existiam desde o começo; eu não podia senão perturbá-las, querendo estabelecê-las sobre as pequenas bases de minha concepção, quando Deus lhes havia dado o Universo por laboratório gigantesco.

"Meu mais sério título, aquele que ignoram e talvez mais desdenhem, é ter partilhado com Jean Reynaud, Ballanche, Joseph de Maîstre e muitos outros, o pressentimento da verdade; é ter sonhado com essa regeneração humana pela provação, essa sucessão de existências reparadoras, essa comunicação do mundo livre e do mundo encadeado à matéria, que tendes a felicidade de tocar com o dedo. Nós tínhamos previsto e vós realizais o nosso sonho. Eis os nossos maiores títulos de glória, os únicos que, de minha parte, estimo e dos quais me lembro.

"Duvidais, dizeis vós, meu amigo! Tanto melhor, porque aquele que duvida verdadeiramente, procura, e aquele que procura, encontra. Procurai, pois, e se não depende senão de mim pôr a convicção em vossas mãos, contai com o meu concurso devotado. Mas escutai um conselho de amigo, que pus em prática em minha vida e no qual sempre me dei bem: 'Se quiserdes uma demonstração séria de uma lei universal, buscai a sua aplicação individual. Quereis a verdade? Buscai-a em vós mesmo, e na observação dos fatos de vossa própria vida. Todos os elementos de prova aí estão. Que aquele que quer saber se examine, e encontrará.'"

CHARLES FOURIER

BIBLIOGRAFIA

HÁ UMA VIDA FUTURA?

Opiniões diversas sobre este assunto, colhidas e ordenadas por *um Fantasma*[2].

Para a maioria, não importando a vida futura, uma demonstração se torna de certo modo supérflua, porque é mais ou menos como se quiséssemos provar que o Sol se ergue todas as manhãs. Entretanto, como há cegos que não veem o Sol se levantar, é bom saber como se lhes pode provar; ora, é a tarefa que empreendeu o Fantasma, autor deste livro. Esse Fantasma é um ilustre engenheiro, que conhecemos pela reputação, por outras obras filosóficas que trazem o seu nome; mas como ele julgou apropriado neste não apor o seu nome, não nos julgamos com o direito de cometer uma indiscrição, embora saibamos que ele não faz qualquer mistério sobre suas crenças.

Este livro prova, mais uma vez, que a Ciência não conduz fatalmente ao materialismo, e que um matemático pode ser um

---
[2] 1 vol. in-12. 3 francos.

firme crente em Deus, na alma, na vida futura e em todas as suas consequências.

Não é uma simples profissão de fé, mas uma demonstração digna de um matemático, por sua lógica cerrada e irresistível. Não é, também, uma dissertação árida e dogmática, mas uma polêmica orientada sob a forma de conversação familiar, na qual o pró e o contra são imparcialmente discutidos.

Conta o autor que, assistindo ao enterro de um de seus amigos, em caminho pôs-se a conversar com vários convidados. A circunstância e as emoções da cerimônia levaram a conversa para a sorte do homem após a morte. A princípio ela se travou com um niilista, ao qual ele resolveu demonstrar a realidade da vida futura por argumentos encadeados com uma arte admirável, e sem chocá-lo ou feri-lo, conduzi-lo naturalmente às suas ideias.

Junto ao túmulo são pronunciados dois discursos sobre a questão do futuro, num sentido diametralmente oposto, e produzem impressões diferentes. No retorno, novos interlocutores se juntam aos dois primeiros; eles concordam em se reunir na casa de um deles, e lá se trava uma polêmica séria, na qual as diversas opiniões fazem valer as razões sobre as quais se apoiam.

Este livro, cuja leitura é atraente, tem todo o atrativo de uma história e toda a profundeza de uma tese filosófica. Acrescentaremos que entre os princípios que preconiza não encontramos um só em contradição com a Doutrina Espírita, na qual o autor deve ter-se inspirado.

A necessidade da reencarnação para o progresso, sua evidência, sua concordância com a justiça de Deus, a expiação e a reparação pelo reencontro dos que se prejudicaram numa precedente existência, ali são demonstradas com uma clareza absoluta. Vários exemplos citados provam que o esquecimento do passado, na vida de relação, é um benefício da Providência, e que esse esquecimento momentâneo não impede de tirar proveito da experiência do passado, visto que a alma se recorda nos momentos de desprendimento.

Eis, em poucas palavras, um dos fatos contados por um dos interlocutores e que, diz ele, lhe é pessoal.

Ele era aprendiz numa grande fábrica. Por sua conduta, inteligência e caráter, conquistara a estima e a amizade do patrão que, em consequência, o associou à sua casa. Vários fatos, dos quais agora não se dá conta, nele provam a percepção e a intuição das coisas durante o sono; essa faculdade até lhe serviu para prevenir um acidente que poderia ter consequências desastrosas para a fábrica.

A filha do patrão, encantadora menina de oito anos, lhe testemunha afeição e se diverte com ele; mas, cada vez que ela se aproxima, ele experimenta um frio glacial e uma repulsa instintiva; seu contato lhe faz mal. Pouco a pouco, entretanto, tal sentimento se abranda, depois se extingue. Mais tarde ele a desposa. Ela é boa, afetuosa, previdente e a união é muito feliz.

Uma noite ele teve um sonho horrível. Ele se via na sua precedente encarnação; sua mulher se havia conduzido de maneira indigna e tinha sido a causa de sua morte e, coisa estranha! ele não podia separar a ideia dessa mulher da de sua atual esposa; parecia-lhe que se tratava da mesma pessoa. Abalado por essa visão, ao despertar, ficou triste; pressionado pela mulher para lhe dizer a causa, decidiu-se a contar-lhe o pesadelo. "É singular, disse ela. Tive um sonho semelhante, e eu é que era a culpada." As circunstâncias fazem com que ambos reconheçam não estarem unidos pela primeira vez. O marido compreende a repulsa que tinha por sua esposa, quando ela era menina; a mulher redobra de cuidados para apagar seu passado, mas ela já está perdoada, porque a reparação se deu e a união continua a ser próspera.

Daí a conclusão que esses dois seres se encontravam novamente unidos, um para reparar, o outro para perdoar; que se eles tivessem tido a lembrança do passado, ter-se-iam afastado e teriam perdido o benefício, um da reparação, o outro do perdão.

Para dar uma ideia exata do interesse desse livro, seria preciso citá-lo por inteiro. Limitar-nos-emos à passagem seguinte:

"Vós me perguntais se creio na vida futura, dizia-me um velho general; se nós, os soldados, cremos! E como quereis que não seja assim, a menos que sejamos um tríplice animal? Em que quereis que pensemos na véspera de um combate, de um assalto que tudo prenuncia que deve ser mortífero?... Depois de ter dito adeus, em pensamento, aos seres queridos que estamos ameaçados de deixar, voltamos instintivamente aos ensinos maternos que nos mostraram uma vida futura na qual os seres simpáticos se reencontram. Colhemos nessas lembranças um redobramento de coragem que nos faz enfrentar os maiores perigos, conforme o nosso temperamento, com calma ou com um certo entusiasmo e, mais vezes ainda, com um arrebatamento, uma alegria, que são os traços característicos do exército francês.

"Afinal de contas, nós somos descendentes desses bravos gauleses cuja crença na vida futura era tão grande que tomavam emprestadas grandes somas para reembolsar numa outra existência. Vou mais longe; estou persuadido de que somos sempre esses filhos da velha Gália que, entre o tempo de César e o nosso, atravessaram um grande número de existências, em cada uma das quais conquistaram um grau mais elevado nas falanges terrenas."

Este livro será lido com proveito pelos mais firmes crentes, porque aí colherão novos argumentos para refutar seus adversários.

A ALMA

SUA EXISTÊNCIA E SUAS MANIFESTAÇÕES, POR DYONIS[3]

Este livro tende para o mesmo objetivo do precedente: a demonstração da alma, da vida futura, da pluralidade das existências, mas sob uma forma mais didática, mais científica, posto que sempre clara e inteligível para todo mundo. A refutação do materialismo e, em particular, das doutrinas de Büchner e de Maleschott, aí ocupa largo espaço, e não é a parte menos interessante nem a menos instrutiva, pela irresistível lógica dos argumentos. A doutrina desses dois escritores, de um incontestável talento, e que pretendem explicar todos os fenômenos morais só pelas forças da matéria, teve muita repercussão na Alemanha e, por consequência, na França; ela naturalmente foi aclamada com entusiasmo pelos materialistas, felizes por aí encontrarem a sanção às suas ideias; ela recrutou partidários sobretudo entre a juventude das escolas, que delas se valem para se libertar, em nome da aparente legalidade de

---
[3] 1 volume in 12; 3,50 francos.

uma filosofia, do que impõe freio à crença em Deus e na imortalidade.

O autor se ocupa em reduzir ao seu justo valor os sofismas sobre os quais se apoia essa filosofia; demonstra as desastrosas consequências que ela teria para a Sociedade, se algum dia viesse a prevalecer, e sua incompatibilidade com toda doutrina moral. Embora ela quase não seja conhecida senão em determinada esfera, uma refutação de certo modo popular é muito útil, a fim de premunir os que pudessem deixar-se seduzir pelos argumentos especiosos que ela invoca. Estamos persuadidos de que, entre as pessoas que a preconizam, algumas recuariam se tivessem compreendido toda a sua extensão.

Ainda que não fosse senão deste ponto de vista, a obra do Sr. Dyonis mereceria sérios encorajamentos, porque é um campeão enérgico para a causa do Espiritualismo, que é também a do Espiritismo, ao qual se vê que o autor não é estranho. Mas a isso não se limita a tarefa que ele se impôs; ele encara a questão da alma de maneira ampla e completa; ele é um desses que admitem o seu progresso indefinido, através da animalidade, da humanidade e além da humanidade. Talvez, sob certos aspectos, seu livro encerre algumas proposições um pouco aventurosas, mas que é bom trazer à luz, a fim de que sejam amadurecidas pela discussão.

Lamentamos que a falta de espaço não nos permita justificar a nossa apreciação por algumas citações. Limitar-nos-emos à seguinte passagem, e a dizer que os que lerem este livro não perderão seu tempo:

"Se examinamos os seres que se sucederam nos períodos geológicos, notamos que há progresso nos indivíduos dotados sucessivamente de vida, e que o último chegado, o homem, é uma prova irrecusável desse desenvolvimento moral, pelo dom da inteligência transmissível que ele foi o primeiro a receber, e o único de todos os animais.

"Esta perfectibilidade da alma, oposta à imperfectibilidade da matéria nos leva a pensar que a alma humana não é a primeira expressão da alma, mas apenas a última expressão até aqui. Em outros termos, que a alma progrediu desde a primeira manifestação da vida, passando alternativamente pelas plantas, os animálculos, os animais e o homem, para se elevar ainda mais, por meio de criações de uma ordem superior que os nossos sentidos imperfeitos não nos permitem compreender, mas que a lógica dos fatos nos leva a admitir. A Lei do Progresso, que seguimos nos desenvolvimentos físicos dos animais sucessivos, existiria, pois, igualmente, e principalmente em seu desenvolvimento moral."

SOCIEDADES E JORNAIS ESPÍRITAS NO ESTRANGEIRO

A abundância das matérias nos obriga a adiar para o próximo número o relatório de duas sociedades espíritas constituídas em bases sérias, por estatutos impressos mui sabiamente concebidos: uma em Sevilha, na Espanha, a outra em Florença, na Itália.

Falaremos igualmente de dois novos jornais espíritas que nos limitaremos a anunciar a seguir.

El Espiritismo (O Espiritismo); 12 páginas in-4º, saindo duas vezes por mês, desde 1º de março, em Sevilha, Calle de Genova, 51. – Preço por trimestre: Sevilha, 5 reales; províncias, 6 reales; estrangeiro, 10 reales.

Il Veggente (O Vidente), jornal magnético-espírita hebdomadário; quatro páginas in-4º; publicado em Florença, via Pietra Piana, 40. – Preço: 4,50 francos por ano. Por seis meses, 2,50 francos.

ERRATUM

Número de março de 1869, pág. 93, linha 31, em vez de: *concerto do Espírito,* leia-se: *conceito do Espírito*[4].

ALLAN KARDEC

---
[4] A correção foi feita no devido lugar. Nota do tradutor.

REVISTA ESPÍRITA

JORNAL DE ESTUDOS PSICOLÓGICOS

| ANO XII | MAIO DE 1869 | VOL. 5 |

AOS ASSINANTES DA REVISTA

BIOGRAFIA DO SR. ALLAN KARDEC

É sob o golpe de dor profunda causada pela partida prematura do venerável fundador da Doutrina Espírita que iniciamos uma tarefa, simples e fácil para as suas mãos sábias e experimentadas, mas cujo peso e gravidade nos acabrunhariam, se não contássemos com o concurso eficaz dos bons Espíritos e com a indulgência dos nossos leitores.

Quem, entre nós, poderia, sem ser taxado de presunçoso, gabar-se de possuir o espírito de método e de organização com que se iluminam todos os trabalhos do mestre? Só a sua poderosa inteligência poderia concentrar tantos materiais diversos e triturá-los, transformá-los, para a seguir espalhá-los como um orvalho benfazejo sobre as almas desejosas de conhecer e de amar!

Incisivo, conciso, profundo, ele sabia agradar e fazer-se compreender, numa linguagem ao mesmo tempo simples e elevada, tão afastada do estilo familiar quanto das obscuridades da Metafísica.

Multiplicando-se incessantemente, até aqui ele havia atendido a tudo. Entretanto, o diário crescimento de suas relações e o incessante desenvolvimento do Espiritismo fizeram-no sentir a necessidade de contar com alguns auxiliares inteligentes, e ele preparava simultaneamente a organização nova da doutrina e de seus trabalhos, quando nos deixou para ir a um mundo melhor, colher o prêmio da missão cumprida e reunir os elementos para uma nova obra de devotamento e de sacrifício. Ele era só!... Nós nos chamaremos *legião,* e, por mais fracos e inexperientes que sejamos, temos a íntima convicção de que nos manteremos à altura da situação se, partindo dos princípios estabelecidos e de uma evidência incontestável, nos dedicarmos a executar, tanto quanto nos seja possível e conforme as necessidades do momento, os projetos futuros que o próprio Sr. Allan Kardec se propunha realizar.

Enquanto seguirmos as suas pegadas e todas as boas vontades se unirem num esforço comum para o progresso e a regeneração intelectual e moral da Humanidade, o Espírito do grande filósofo estará conosco e nos ajudará com sua poderosa influência. Possa ele suprir a nossa insuficiência e possamos tornar-nos dignos de seu concurso, consagrando-nos à obra com o mesmo devotamento e sinceridade, senão com tanta ciência e inteligência!

Em sua bandeira ele havia inscrito estas palavras: *Trabalho, solidariedade, tolerância.* Como ele, sejamos infatigáveis; conforme seu desejo, sejamos tolerantes e solidários e não temamos seguir o seu exemplo, pondo em prática os princípios ainda em discussão. Apelamos ao concurso e às luzes de todos. Tentaremos avançar com mais certeza do que velocidade, e nossos esforços não serão infrutíferos se, como estamos persuadidos, e de que seremos os primeiros a dar exemplo, cada um tratar de cumprir o seu dever, pondo de lado qualquer questão pessoal, a fim de contribuir para o bem geral.

Não poderíamos entrar sob melhores auspícios na nova fase que se abre para o Espiritismo, do que dando a conhecer aos nossos leitores, em rápido esboço, o que foi toda a sua vida, o homem íntegro e honrado, o sábio inteligente e fecundo cuja memória se transmitirá aos séculos futuros, cercada da auréola dos benfeitores da Humanidade.

Nascido em Lyon a 3 de outubro de 1804, de uma antiga família que se distinguia na magistratura e na tribuna jurídica, o Sr. Allan Kardec (Léon-Hippolyte-Denizart Rivail) não seguiu essa carreira. Desde a primeira juventude, ele se sentia atraído para o estudo das Ciências e da Filosofia.

Educado na Escola de Pestalozzi, em Yverdun, Suíça, tornou-se um dos mais eminentes discípulos do célebre professor e um dos propagadores zelosos de seu sistema de educação, que exerceu uma grande influência sobre a reforma dos estudos na Alemanha e na França.

Dotado de uma inteligência notável e atraído para o ensino por seu caráter e suas aptidões especiais, desde a idade de quatorze anos ensinava o que sabia aos seus condiscípulos que tinham aprendido menos que ele. Nessa escola se desenvolveram as ideias que mais tarde deveriam colocá-lo na classe dos homens avançados e dos livres-pensadores.

Nascido na religião católica, mas educado em país protestante, os atos de intolerância que a propósito teve de sofrer, desde cedo lhe fizeram conceber a ideia de uma reforma religiosa, na qual trabalhou em silêncio durante longos anos, com o pensamento de chegar à unificação das crenças; mas lhe faltava o elemento indispensável à solução desse grande problema.

Mais tarde o Espiritismo lhe veio fornecer esse elemento e imprimir uma direção especial aos seus trabalhos.

Terminados os estudos, voltou para a França. Dominando a língua alemã, traduziu para a Alemanha diversas obras de educação e de moral e, o que é característico, as obras de Fénelon, que o haviam particularmente seduzido.

Era membro de várias sociedades científicas, entre outras, da Academia Real de Arras, que, em seu concurso de 1831, o recompensou por uma memória notável sobre esta questão: *Qual o sistema de estudos mais em harmonia com as necessidades da época?*

De 1835 a 1840, em seu domicílio, na Rua de Sèvres, fundou cursos gratuitos onde ensinava Química, Física, Anatomia Comparada, Astronomia etc., empreendimento digno de elogios em todos os tempos, mas sobretudo numa época em que um pequeníssimo número de inteligências se aventurava a entrar por esse caminho.

Constantemente preocupado em tornar atraentes e interessantes os sistemas de educação, ele inventou, ao mesmo tempo, um método engenhoso para ensinar a contar e um quadro mnemônico da História da França, tendo por objetivo fixar na memória as datas dos acontecimentos marcantes e das grandes descobertas que ilustraram cada reinado.

Entre as suas numerosas obras de educação, citamos as seguintes: *Plano proposto para o melhoramento da instrução pública* (1828); *Curso prático e teórico de Aritmética*, segundo o método de Pestalozzi, para uso dos professores e das mães de família (1829); *Gramática Francesa Clássica* (1831); *Manual dos exames para os títulos de capacitação*; *Soluções raciocinadas das questões e problemas de Aritmética e de Geometria* (1846); *Catecismo gramatical da Língua Francesa* (1848); *Programa dos cursos de Química, Física, Astronomia, Fisiologia,* que professava no *Liceu Polimático*; *Ditados normais dos exames da Prefeitura e da Sorbonne*, acompanhados de *Ditados especiais sobre as dificuldades ortográficas* (1849), obra muito apreciada na época de seu aparecimento e da qual ainda recentemente ele tirava novas edições.

Antes que o Espiritismo viesse popularizar o pseudônimo *Allan Kardec*, tinha ele, como se vê, sabido ilustrar-se por trabalhos de natureza completamente diversa, mas tendo como objetivo esclarecer as massas e ligá-las cada vez mais à família e ao país.

"Por volta de 1850, a partir de quando ouviu falar das manifestações dos Espíritos, o Sr. Allan Kardec entregou-se a observações perseverantes sobre esses fenômenos e empenhou-se principalmente em lhes deduzir as consequências filosóficas. Ele entreviu, desde logo, o princípio de novas leis naturais: as que regem as relações entre o mundo visível e o mundo invisível; reconheceu na ação deste último uma das forças da Natureza, cujo conhecimento deveria lançar luz sobre uma porção de problemas reputados insolúveis, e compreendeu o seu alcance do ponto de vista religioso.

"Suas principais obras sobre esta matéria são: *O Livro dos Espíritos*, para a parte filosófica, cuja primeira edição apareceu a 18 de abril de 1857; *O Livro dos Médiuns*, para a parte experimental e científica (janeiro de 1861); *O Evangelho segundo o Espiritismo,* para a parte moral (abril de 1864); *O Céu e o Inferno,* ou a justiça de Deus segundo o Espiritismo (agosto de 1865); *A Gênese, os Milagres* e *as Predições* (janeiro de 1868); a *Revista Espírita, jornal de estudos psicológicos,* coleção mensal iniciada a 1.º de janeiro de 1858. Fundou, em Paris, a 1.º de abril de 1858, a primeira Sociedade Espírita regularmente constituída, sob o nome de *Sociedade Parisiense de Estudos Espíritas*, cujo fim exclusivo é o estudo de tudo o que possa contribuir para o progresso desta nova Ciência. O Sr. Allan Kardec afirma, com razão, nada ter escrito sob a influência de ideias preconcebidas ou sistemáticas. Homem de um caráter frio e calmo, ele observou os fatos e de suas observações deduziu as leis que os regem; foi o primeiro a apresentar a teoria dessas leis e a dispô-las num corpo metódico e regular.

"Demonstrando que os fatos falsamente qualificados de sobrenaturais estão submetidos a leis, ele os coloca na ordem dos fenômenos da Natureza e assim destrói o último refúgio do maravilhoso, um dos elementos da superstição.

"Durante os primeiros anos em que se cogitava dos fenômenos espíritas, essas manifestações eram objeto de curiosidade, mais do que assunto para sérias meditações. *O Livro dos Espíritos* colocou o assunto sob um aspecto completamente diferente. Foram então abandonadas as mesas girantes, que apenas haviam sido um prelúdio, e os interesses se voltaram para um corpo de doutrina que abarcava todas as questões de interesse da Humanidade.

"Do aparecimento do *O Livro dos Espíritos* data a verdadeira fundação do Espiritismo, que até então se constituía apenas de elementos esparsos sem coordenação, e cujo alcance não havia sido compreendido por todos. Foi também a partir desse momento que a Doutrina chamou a atenção dos homens sérios e tomou rápido desenvolvimento. Em poucos anos essas ideias encontraram numerosos aderentes em todas as camadas da Sociedade e em todos os países. Este sucesso sem precedentes se deve sem dúvida às simpatias que essas ideias encontraram, mas também é devido em grande parte à clareza, que é uma das características distintivas dos escritos de Allan Kardec.

"Abstendo-se das fórmulas abstratas da Metafísica, o autor soube fazer-se ler sem fadiga, condição essencial para a vulgarização de uma ideia. Sobre todos os pontos controvertidos, sua argumentação, de uma lógica cerrada, oferece pouca margem a refutação e predispõe à convicção. As provas materiais que o Espiritismo oferece da existência da alma e da vida futura tendem à destruição das ideias materialistas e panteístas. Um dos mais fecundos princípios dessa doutrina, que decorre do precedente, é o da *pluralidade das existências*, já entrevisto por uma porção de filósofos antigos e modernos e, nestes últimos tempos, por *Jean Reynaud, Charles Fourier, Eugène Sue* e outros; mas ele permaneceu apenas em estado de hipótese e de sistema, ao passo que o Espiritismo demonstra a sua realidade e prova que é um dos atributos essenciais da natureza humana. Deste princípio decorre a solução de todas as anomalias aparentes da vida humana, de todas as desigualdades intelectuais, morais e sociais. Assim, o homem sabe de onde vem, para onde vai, com que finalidade está na Terra e por que aqui sofre.

"As ideias inatas se explicam pelos conhecimentos adquiridos em vidas anteriores; a marcha dos povos e da Humanidade, pela volta dos homens dos tempos passados, que revivem depois de haverem progredido; as simpatias e as antipatias, pela natureza das relações anteriores; essas relações, que ligam a grande família humana de todas as épocas, oferecem as próprias leis da Natureza, e não mais uma teoria, como base dos grandes princípios de fraternidade, de igualdade, de liberdade e de solidariedade universal.

"Em vez do princípio: *Fora da Igreja não há salvação,* que alimenta a divisão e a animosidade entre as diversas seitas, e que fez correr tanto sangue, o Espiritismo tem por máxima: *Fora da caridade não há salvação,* isto é, da igualdade entre os homens perante Deus, da tolerância, da liberdade de consciência e da mútua benevolência.

"Em vez da *fé cega,* que aniquila a liberdade de pensar, ele diz: *Não há fé inabalável senão aquela que pode olhar a razão face a face em todas as épocas da Humanidade. A fé necessita de uma base, e essa base é a perfeita compreensão daquilo em que se deve crer. Para crer não basta ver, é necessário sobretudo compreender. A fé cega não é mais deste século; ora, é precisamente o dogma da fé cega que hoje faz o maior número de incrédulos, porque ela quer impor-se e exige a abdicação de uma das mais preciosas faculdades do homem, o raciocínio e o livre-arbítrio."* (*O Evangelho segundo o Espiritismo*).

Trabalhador infatigável, sempre o primeiro e o último a postos, Allan Kardec sucumbiu a 31 de março de 1869, em meio aos preparativos de uma mudança de local exigida pela extensão considerável de suas múltiplas ocupações. Numerosas obras que ele estava em vias de concluir, ou que aguardavam o tempo oportuno para aparecerem, virão um dia provar, ainda mais, a extensão e o poder de suas concepções.

Ele morreu como viveu: trabalhando. Há longos anos sofria de uma moléstia do coração que só podia ser combatida pelo repouso intelectual e alguma atividade física. Mas, inteiramente dedicado a seu trabalho, recusava-se a tudo quanto pudesse tomar-lhe o tempo em prejuízo de suas ocupações prediletas. Nele, como em todas as almas fortemente temperadas, a lâmina gastou a *bainha*.

Seu corpo tornava-se pesado e se recusava a servi-lo, mas o espírito, mais vivo, mais enérgico, mais fecundo, alargava cada vez mais o seu círculo de atividades.

Nessa luta desigual, a matéria não podia resistir eternamente. Um dia foi vencida; o aneurisma rompeu-se e Allan Kardec caiu fulminado. Um homem deixava a Terra, mas um grande nome tomava lugar entre as celebridades deste século. Um grande Espírito ia retemperar-se no infinito, onde todos os que ele havia consolado e esclarecido impacientemente esperavam a sua chegada.

"A morte, dizia ele ainda recentemente, a morte fere em golpes redobrados nas camadas ilustres!... A quem virá ela agora libertar?"

Ele foi, depois de tantos outros, retemperar-se no Espaço, buscar novos elementos para renovar o seu organismo gasto por uma vida de labores incessantes. Partiu com aqueles que serão os faróis da nova geração, para voltar em breve com eles a fim de continuar e concluir a obra deixada entre mãos devotadas.

O homem não existe mais, mas a alma ficará entre nós. É um protetor seguro, uma luz a mais, um trabalhador infatigável com o qual se engrandecem as Falanges do Espaço. Como na Terra, sem ferir ninguém, a cada um saberá fazer ouvir os conselhos convenientes. Ele dosará o zelo prematuro dos ardentes, ajudará os sinceros e os desinteressados e estimulará os mornos. Hoje ele vê e sabe tudo quanto previa ainda há pouco! Não mais está sujeito às incertezas nem aos desfalecimentos, e nos fará partilhar da sua convicção, obrigando-nos a tocar a meta com o dedo, indicando-nos o caminho, naquela linguagem clara, precisa que o fez um padrão nos anais literários.

O homem não existe mais, repetimo-lo, mas Allan Kardec é imortal, e sua lembrança, seus trabalhos, seu espírito estarão sempre com aqueles que sustentarem, alto e firme, a bandeira que ele sempre soube fazer respeitada.

Uma individualidade poderosa construiu a obra; era o guia e a luz de todos. Na Terra, a obra tomará o lugar do indivíduo. Não nos uniremos em torno de Allan Kardec; estaremos unidos em torno do Espiritismo, tal qual ele o constituiu, e por seus conselhos, sob sua influência, avançaremos a passos firmes para as fases prometidas à Humanidade regenerada.

DISCURSOS PRONUNCIADOS JUNTO AO TÚMULO

EM NOME DA SOCIEDADE ESPÍRITA DE PARIS
Pelo vice-presidente, Sr. Levent

Senhores,

Em nome da Sociedade Espírita de Paris, da qual tenho a honra de ser Vice-Presidente, venho exprimir seu pesar pela perda cruel que acaba de sofrer, na pessoa de seu venerável mestre, Sr. Allan Kardec, falecido subitamente anteontem, quarta-feira, nos escritórios da *Revista*.

A vós, senhores, que todas as sextas-feiras vos reuníeis na sede da Sociedade, não preciso lembrar essa fisionomia ao mesmo tempo benevolente e austera, esse tato perfeito, essa justeza de apreciação, essa lógica superior e incomparável que nos parecia inspirada.

A vós, que todos os dias da semana partilháveis dos trabalhos do mestre, não retraçarei seus labores contínuos, sua correspondência com as quatro partes do mundo, que lhe enviavam documentos sérios, logo classificados *em sua memória* e preciosamente recolhidos para serem submetidos ao cadinho de sua alta razão e formar, depois de um trabalho escrupuloso de elaboração, os elementos dessas obras preciosas que todos conheceis.

Ah! se, como a nós, vos fosse dado ver essa massa de materiais acumulados no gabinete de trabalho desse infatigável pensador; se conosco tivésseis penetrado no santuário de suas meditações, veríeis esses manuscritos, uns quase terminados, outros em fase de execução, outros, enfim, apenas esboçados, espalhados aqui e ali, e que parecem dizer: Onde está agora o nosso mestre, sempre tão madrugador no trabalho?

Ah! Mais do que nunca, também exclamaríeis, com tão amargo pesar que seria quase ímpio: Deus precisaria ter chamado o homem que ainda podia fazer tanto bem; a inteligência tão cheia de seiva, o farol, enfim, que nos tirou das trevas e nos fez entrever esse novo mundo mais vasto e admirável do que aquele que imortalizou o gênio de Cristóvão Colombo, esse mundo cuja descrição ele apenas nos começara a fazer, e cujas leis fluídicas e espirituais nós já pressentíamos?

Mas, reanimai-vos, senhores, por este pensamento tantas vezes demonstrado e lembrado pelo nosso Presidente: "Nada é inútil na Natureza; tudo tem sua razão de ser, e o que Deus faz é sempre bem feito."

Não nos assemelhemos a esses meninos indóceis que, não compreendendo as decisões de seus pais, se permitem criticá-los e por vezes mesmo censurá-los.

Sim, senhores, disto tenho a mais profunda convicção, e vo-la exprimo alto e bom som: a partida do nosso caro e venerável mestre era necessária!

Aliás, seríamos ingratos e egoístas se, não pensando senão no bem que ele nos fazia, esquecêssemos o direito que ele tinha adquirido de ir repousar um pouco na pátria celeste, onde tantos amigos, tantas almas de escol o esperavam e vieram recebê-lo, após uma ausência que, também para eles, parecia bem longa.

Oh! sim, há alegria, há grande festa no Alto, e essa festa, essa alegria só se igualam à tristeza e ao luto que causa sua partida de entre nós, pobres exilados, cujo tempo ainda não chegou! Sim, o mestre havia concluído a sua missão! Cabe-nos, a nós, continuar a sua obra com o auxílio dos documentos que ele nos deixou e daqueles, ainda mais preciosos, que o futuro nos reserva. A tarefa será fácil, ficai certos, se cada um de nós ousar manifestar-se corajosamente; se cada um de nós tiver compreendido que a luz que recebeu deve ser propagada e transmitida aos seus irmãos; se cada um de nós, enfim, tiver a memória do coração para o nosso lamentado presidente e souber compreender o plano de organização que levou o último selo de sua obra.

Continuaremos, pois, o teu trabalho, caro mestre, sob teu eflúvio benfazejo e inspirador. Recebe aqui a nossa promessa formal. É o melhor sinal de afeição que te podemos dar.

Em nome da Sociedade Parisiense de Estudos Espíritas, não te dizemos adeus, mas *até logo, até breve*!

O ESPIRITISMO E A CIÊNCIA

Pelo Sr. Camille Flammarion

Depois que o Sr. Vice-Presidente da Sociedade pronunciou sobre a tumba do mestre, em nome da Sociedade, a prece pelos mortos, e testemunhou os sentimentos de pesar que acompanham o Sr. Allan Kardec à sua partida desta vida, o Sr. Camille Flammarion pronunciou o discurso que vamos reproduzir em parte. De pé numa elevação, de onde dominava a assembleia, o Sr. Flammarion foi ouvido por todos e afirmou publicamente a realidade dos fatos espíritas, seu interesse geral na Ciência e sua importância futura. Esse discurso não é apenas um esboço do caráter do Sr. Allan Kardec e do papel de seus trabalhos no movimento contemporâneo, mas ainda, e sobretudo, uma exposição da situação atual das Ciências Físicas, do ponto de vista do mundo invisível, das forças naturais desconhecidas, da existência da alma e de sua indestrutibilidade.

Falta-nos espaço para dar *in extenso* o discurso do Sr. Flammarion. Eis o que se liga diretamente ao Sr. Allan Kardec e ao Espiritismo, considerado em si mesmo. (O discurso completo será publicado em brochura.)

"Senhores,

"Submetendo-me, com deferência, ao convite simpático dos amigos do pensador laborioso cujo corpo terreno jaz agora aos nossos pés, lembro-me de um dia sombrio de dezembro de 1865. Eu pronunciava então as supremas palavras de adeus sobre o túmulo do fundador da Livraria Acadêmica, o honrado Didier, que foi, como editor, o colaborador convicto de Allan Kardec na publicação das obras fundamentais de uma doutrina que lhe era cara, e que morreu também subitamente, como se o Céu tivesse querido poupar a esses dois espíritos íntegros o embaraço filosófico de sair desta vida por um caminho diferente do comum. A mesma reflexão se aplica à morte do nosso antigo colega Jobard, de Bruxelas.

"Hoje minha tarefa é ainda maior, porque eu desejaria poder submeter ao pensamento dos que me escutam, e ao de milhões de homens que, na Europa inteira e no novo mundo, se ocuparam do problema ainda misterioso dos fenômenos ditos espíritas; desejaria, digo eu, poder retratar-lhes o interesse científico e o futuro filosófico do estudo desses fenômenos (a que se entregaram, como ninguém ignora, homens eminentes entre nossos contemporâneos). Gostaria de lhes fazer entrever que horizontes desconhecidos verá o pensamento humano abrir-se à sua frente, à medida que ela estender o seu conhecimento positivo das forças naturais em ação em torno de nós; mostrar-lhes que tais constatações são o antídoto mais eficaz para a lepra do ateísmo, que parece atacar particularmente a nossa época de transição, e, enfim, aqui testemunhar publicamente o eminente serviço que o autor de *O Livro dos Espíritos* prestou à Filosofia, *chamando a atenção e a discussão* para fatos que até agora pertenciam ao domínio mórbido e funesto das superstições religiosas.

"Com efeito, seria um ato importante aqui estabelecer, diante deste túmulo eloquente, que o exame metódico dos fenômenos, erradamente chamados sobrenaturais, longe de renovar o espírito supersticioso e de enfraquecer a energia da razão, ao contrário, afasta os erros e as ilusões da ignorância e *serve melhor ao progresso* que a negação ilegítima daqueles que não se querem dar ao trabalho de ver.

"Mas não é aqui o lugar para abrir uma arena à discussão irreverente. Deixemos apenas descer de nossos pensamentos, sobre a face impassível do homem deitado à nossa frente, testemunhos de afeição e sentimentos de pesar que fiquem em volta dele, em seu túmulo, como um bálsamo do coração! E como sabemos que sua alma eterna sobrevive a esses despojos mortais, como lhes preexistiu; como sabemos que laços indestrutíveis ligam nosso mundo visível ao mundo invisível; como essa alma existe hoje tão bem como há três dias, e que não é impossível que ela não se encontre aqui, neste momento, diante de mim, digamos-lhe que não quisemos ver apagar-se a sua imagem corporal e encerrá-la em seu sepulcro, sem honrar unanimemente os seus trabalhos e a sua memória e sem pagar um tributo de reconhecimento à sua encarnação terrestre, tão utilmente e tão dignamente realizada.

"Inicialmente traçarei, em rápido esboço, as linhas principais de sua carreira literária.

"Falecido aos sessenta e cinco anos, Allan Kardec havia consagrado a primeira parte de sua vida a escrever obras clássicas destinadas sobretudo ao uso dos instrutores da mocidade. Quando, por volta de 1850, as manifestações aparentemente novas das mesas girantes, das batidas sem causa ostensiva, dos movimentos insólitos de objetos e de móveis, começaram a atrair a atenção pública e mesmo provocaram em imaginações aventurosas uma espécie de febre, devido à novidade dessas experiências, Allan Kardec, estudando ao mesmo tempo o magnetismo e seus estranhos efeitos, seguiu com a maior paciência e uma judiciosa clarividência as experiências e as tentativas tão numerosas então feitas em Paris. Recolheu e pôs em ordem os resultados obtidos nessa longa observação, e com eles compôs o corpo de doutrina publicado em 1857, na primeira edição do *Livro dos Espíritos*. Todos sabeis que sucesso acolheu essa obra, na França e no estrangeiro.

"Atingindo hoje sua décima sexta edição, ele espalhou em todas as classes esse corpo de doutrina elementar, que não é novo em sua essência, de vez que a escola de Pitágoras, na Grécia, e a dos Druidas, em nossa própria Gália, ensinavam os seus princípios, mas que revestia uma verdadeira forma de atualidade, por sua correspondência com os fenômenos.

"Depois dessa primeira obra apareceram, sucessivamente: – *O Livro dos Médiuns,* ou *Espiritismo Experimental*; – *O que é o Espiritismo?* ou resumo sob a forma de perguntas e respostas; – *O Evangelho segundo o Espiritismo*; – *O Céu e o Inferno*; – *A Gênese*, e a morte veio surpreendê-lo no momento em que, em sua atividade infatigável, trabalhava numa obra sobre as relações entre o Magnetismo e o Espiritismo.

"Pela *Revista Espírita* e a Sociedade de Paris, da qual era presidente, ele se havia, de certo modo, constituído em centro para onde tudo convergia, o traço de união de todos os experimentadores. Há alguns meses, sentindo próximo o seu fim, preparou as condições de vitalidade desses mesmos estudos após a sua morte, e estabeleceu a Comissão Central que o sucede.

"Ele despertou rivalidades; fez escola sob uma forma um tanto pessoal; existe ainda alguma divisão entre os 'espiritualistas' e os 'espíritas'. De agora em diante, senhores (tal é, pelo menos, o desejo dos amigos da Verdade), devemos estar todos reunidos por uma solidariedade fraternal, pelos mesmos esforços para a elucidação do problema, pelo desejo geral e impessoal da Verdade e do Bem.

"Quantos corações foram consolados, de início, por esta crença religiosa! Quantas lágrimas foram enxutas! Quantas consciências abertas aos raios da beleza espiritual! Nem todos são felizes aqui na Terra. Muitas afeições foram destruídas! Muitas almas foram adormecidas pelo ceticismo. Então, não significa nada haver trazido ao Espiritualismo tantos seres que flutuavam na dúvida e que não mais amavam a vida física nem a intelectual?

"Allan Kardec era o que eu chamarei simplesmente "o bom senso encarnado". Raciocínio reto e judicioso, ele aplicava, sem olvido, à sua obra permanente, as indicações íntimas do senso comum. Aí não estava uma qualidade menor, na ordem das coisas que nos ocupam. Era, podemos afirmar, a primeira de todas e a mais preciosa, sem a qual a obra não poderia tornar-se popular, nem lançar no mundo as suas raízes imensas.

"A maioria daqueles que se entregaram a esses estudos lembraram-se de ter sido, em sua juventude ou em certas circunstâncias especiais, testemunhas, eles próprios, de manifestações inexplicadas; há poucas famílias que não tenham observado, em sua história, acontecimentos dessa ordem. O primeiro ponto era aplicar a esses fatos o raciocínio firme do simples bom senso, e de examiná-los segundo os princípios de método positivo.

"Como o próprio organizador desse estudo demorado e difícil prevíra, esta doutrina, até então filosófica, deve entrar agora em seu período científico. Os fenômenos físicos, sobre os quais não se insistiu de começo, devem tornar-se objeto da crítica experimental, sem a qual nenhuma constatação séria é possível. Esse método experimental, ao qual devemos a glória do progresso moderno e as maravilhas da eletricidade e do vapor, deve colher os fenômenos de ordem ainda misteriosa a que assistimos, dissecá-los, medi-los e defini-los.

"Porque, senhores, o Espiritismo não é uma religião, mas uma ciência, ciência da qual apenas conhecemos o *á-bê-cê*. O tempo dos dogmas terminou. A Natureza abarca o Universo, e o próprio Deus, que outrora foi feito à imagem do homem, não pode ser considerado pela Metafísica moderna senão como *um espírito na Natureza*. O sobrenatural não existe. As manifestações obtidas através dos médiuns, como as do magnetismo e do sonambulismo, *são de ordem natural* e devem ser severamente submetidas ao controle da experiência. Não há mais milagres. Assistimos à aurora de uma ciência desconhecida. Quem poderá prever a que consequências conduzirá, no mundo do pensamento, o estudo positivo desta psicologia nova?

"De agora em diante a Ciência rege o mundo. E, senhores, não será estranho a este discurso fúnebre notar sua obra atual e as induções novas que ela nos desvenda, precisamente do ponto de vista de nossas pesquisas."

Aqui o Sr. Flammarion entra na parte científica de seu discurso. Ele expõe o estado atual da Astronomia e da Física, desenvolvendo particularmente as descobertas relativas à recente análise do *espectro* solar. Destas descobertas resulta que não vemos quase nada do que se passa em torno de nós na Natureza. Os raios caloríficos, que evaporam a água, formam as nuvens, causam os ventos, as correntes, organizam a vida do globo, são *invisíveis* para a nossa retina. Os raios químicos que regem os movimentos das plantas e as transformações químicas do mundo inorgânico são igualmente *invisíveis*. A Ciência contemporânea autoriza, pois, os pontos de vista revelados pelo Espiritismo e nos abre, por sua vez, um mundo invisível real, cujo conhecimento só pode esclarecer--nos quanto ao modo de produção dos fenômenos espíritas.

A seguir, o jovem astrônomo apresentou o quadro das metamorfoses, do qual resulta que a existência e a imortalidade da alma se revelam pelas próprias leis da vida. Não podemos aqui entrar nessa exposição, mas aconselhamos vivamente os nossos irmãos em doutrina a ler e estudar o discurso do Sr. Flammarion na íntegra[1]. Após a exposição científica, assim terminou ele:

"Aqueles cuja visão é limitada pelo orgulho ou pelo preconceito e não compreendem esses desejos ansiosos de nossos pensamentos ávidos de conhecimento, que atirem sobre tal gênero de estudos o sarcasmo ou o anátema! Nós erguemos mais alto as nossas contemplações!... Tu foste o primeiro, ó mestre e amigo! Tu foste o primeiro que, desde o começo de minha carreira astronômica, testemunhou uma viva simpatia por minhas deduções relativas à existência das Humanidades Celestes, porque, tomando nas mãos o livro *Pluralidade dos mundos habitados,* puseste-o a seguir na base do edifício doutrinário que sonhavas. Muitas vezes nos entretínhamos juntos sobre essa vida celeste tão misteriosa. Agora, ó alma! tu sabes por uma visão direta em que consiste essa vida espiritual à qual todos retornaremos, e que esquecemos durante esta existência.

"Agora voltaste a esse mundo de onde viemos e colhes o fruto de teus estudos terrenos. Teu envoltório dorme aos nossos pés, teu cérebro está extinto, teus olhos estão fechados para não mais se abrirem, tua palavra não mais será ouvida!... Sabemos que todos nós chegaremos a esse mesmo último sono, à mesma inércia, à mesma poeira. Mas não é neste envoltório que pomos a nossa glória e a nossa esperança. O corpo cai, a alma fica e retorna ao Espaço. Nós nos encontraremos num mundo melhor, e no céu imenso, onde se exercitarão as nossas mais poderosas faculdades, continuaremos os estudos que na Terra dispunham de um teatro muito acanhado para comportá-los. Preferimos saber esta verdade a crer que jazes por inteiro nesse cadáver, e que tua alma tenha sido destruída pela cessação do funcionamento de um órgão. A imortalidade é a luz da vida, como este Sol brilhante é a luz da Natureza.

"Até logo, meu caro Allan Kardec, até logo."

---

[1] O discurso pronunciado pelo Sr. Flammarion no túmulo do Sr. Allan Kardec acaba de ser impresso. Ele forma uma brochura de 24 páginas, no formato de *O Livro dos Espíritos*. Na Livraria Espírita, ao preço de 0,50 franco. Para recebê-lo, basta enviar esse valor em selos postais. Na livraria, 0,40 franco. Por dúzia, 4,75 francos.

EM NOME DOS ESPÍRITAS DOS CENTROS DISTANTES

Pelo Sr. Alexandre Delanne

Mui caro mestre,
Tantas vezes tive ocasião, nas minhas numerosas viagens, de ser junto a vós o intérprete dos sentimentos fraternos e reconhecidos de nossos irmãos da França e do estrangeiro, que julgaria faltar a um dever sagrado se não viesse, em nome deles, neste momento supremo, testemunhar-vos o seu pesar.

Ah! Não serei mais que um eco bem fraco, para vos dizer da felicidade daquelas almas tocadas pela fé espírita, que se abrigaram sob a bandeira de consolação e de esperança que entre nós implantastes tão corajosamente.

Muitos dentre eles certamente desempenhariam essa tarefa do coração melhor que eu.

Como a distância e o tempo não lhes permite estar aqui, ouso fazê-lo, pois conheço a vossa benevolência habitual a meu respeito e a de nossos bons irmãos que represento.

Recebei, pois, caro mestre, em nome de todos, a expressão dos pesares sinceros e profundos que a vossa partida precipitada da Terra vai fazer nascer por todos os lados.

Melhor que ninguém conheceis a natureza humana. Sabeis que ela necessita de amparo. Ide, pois, até eles, derramar, uma vez mais, esperança em seus corações.

Provai-lhes, por vossos sábios conselhos e vossa poderosa lógica, que não os abandonais e que a obra a que vos dedicastes tão generosamente não perecerá, *nem poderia perecer*, porque está assente nas bases inabaláveis da fé raciocinada.

Soubestes, pioneiro emérito, coordenar a pura filosofia dos Espíritos e pô-la ao alcance de todas as inteligências, desde as mais humildes, que elevastes, até às mais eruditas, que vieram até vós e hoje se contam modestamente em nossas fileiras.

Obrigado, nobre coração, pelo zelo e pela perseverança que pusestes em nos instruir.

Obrigado por vossas vigílias e vossos labores, pela vigorosa fé que em nós incrustastes.

Obrigado pela felicidade presente de que desfrutamos, pela felicidade futura que nos assegurastes quando nós, como vós, tivermos entrado na grande pátria dos Espíritos. Obrigado ainda pelas lágrimas que enxugastes, pelos desesperos que acalmastes e pela esperança que fizestes brotar nas almas abatidas e desencorajadas.

Obrigado, mil vezes obrigado, em nome de todos os confrades da França e do estrangeiro! Até breve.

EM NOME DA FAMÍLIA E DOS AMIGOS

Pelo senhor E. Muller

Caros consternados,

Falo por último junto a esta fossa aberta, que contém os despojos mortais daquele que entre nós se chamava Allan Kardec.

Falo em nome de sua viúva, daquela que foi sua companheira fiel e feliz durante trinta e sete anos de uma felicidade sem nuvens nem mescla; daquela que compartilhou de suas crenças e de seus trabalhos, como de suas vicissitudes e suas alegrias; que, hoje só, se orgulha da pureza dos costumes, da honestidade absoluta e do desinteresse sublime de seu esposo. Ele é quem nos dá a todos o exemplo de coragem, de tolerância, de perdão das injúrias e do dever cumprido escrupulosamente.

Falo também em nome de todos os amigos, presentes ou ausentes, que seguiram passo a passo a carreira laboriosa que Allan Kardec sempre percorreu honradamente; daqueles que querem honrar sua memória, lembrando algum traço de seu caráter.

E, para começar, quero dizer-vos por que seu envoltório mortal foi para aqui conduzido diretamente, sem pompas e sem outras preces senão as vossas! Haveria necessidade de preces por aquele cuja vida toda não foi senão um longo ato de piedade, de amor a Deus e à Humanidade? Não bastaria que todos pudessem unir-se a nós nesta ação comum, que afirma a nossa estima e a nossa afeição?

A tolerância absoluta era a regra de Allan Kardec. Seus amigos, seus discípulos pertencem a todas as religiões: israelitas, maometanos, católicos e protestantes de todas as seitas; pertenciam a todas as classes: ricos, pobres, cientistas, livres-pensadores, artistas e operários etc. Todos puderam vir aqui, graças a esta medida que não compromete nenhuma consciência e constituirá um bom exemplo.

Mas ao lado desta tolerância que nos reúne, é preciso citar uma intolerância que eu admiro? Fá-lo-ei porque, aos olhos de todos, ela deve legitimar esse título de mestre que muitos dentre nós atribuímos ao nosso amigo. Essa intolerância é um dos caracteres mais marcantes de sua nobre existência. Ele tinha horror à preguiça e à ociosidade; e este grande trabalhador morreu de pé, após um labor imenso que acabou ultrapassando as forças de seus órgãos, mas não as do seu espírito e do seu coração.

Educado na Suíça, naquela escola patriótica em que se respira um ar livre e vivificante, ele ocupava seus lazeres, desde a idade de quatorze anos, a dar cursos aos seus camaradas que sabiam menos que ele.

Vindo para Paris, e sabendo falar e escrever o alemão tão bem quanto o francês, traduziu para a Alemanha os livros da França que mais lhe tocavam o coração. Escolheu Fénelon para torná-lo conhecido, e essa escolha denota a natureza benévola e elevada do tradutor. Depois, entregou-se à educação. Sua vocação era instruir. Seus sucessos foram grandes e as obras que publicou, de gramática, de aritmética e outras, tornaram popular seu verdadeiro nome, o de *Rivail*.

Não satisfeito em utilizar suas faculdades notáveis numa profissão que lhe assegurava um tranquilo bem-estar, quis que aproveitassem os seus conhecimentos aqueles que não podiam pagar-lhe, e foi um dos primeiros a organizar, nessa fase de sua vida, cursos gratuitos mantidos na Rua de Sèvres, 35, nos quais ensinava Química, Física, Anatomia Comparada, Astronomia etc...

É que ele havia feito contacto com todas as ciências e, tendo-as bem aprofundado, sabia transmitir aos outros o que ele próprio conhecia, com talento raro e sempre apreciado.

Para este sábio devotado, o trabalho parecia o próprio elemento da vida. Assim, mais do que ninguém, não podia suportar a ideia da morte como a apresentavam então, tendo por fim um eterno sofrimento ou uma felicidade egoísta e eterna, mas sem utilidade, nem para os outros nem para si mesmo.

Ele era como que predestinado, bem o vedes, a espalhar e vulgarizar esta admirável Filosofia que nos faz esperar o trabalho no Além-Túmulo e o progresso indefinido de nossa individualidade, que se conserva melhorando-se.

Ele soube tirar dos fatos considerados como ridículos e vulgares, admiráveis consequências filosóficas e toda uma doutrina de esperança, de trabalho e de solidariedade, parecendo, assim, em paralelo ao verso de um poeta que ele amava:

Transformar o vil chumbo em ouro puro.

Sob o esforço de seu pensamento, tudo se transformava e engrandecia aos raios de seu coração ardente. Sob sua pena, tudo se precisava e se cristalizava, por assim dizer, em frases de deslumbrante clareza.

Ele tomava para seus livros esta admirável epígrafe: *Fora da caridade não há salvação,* de cuja aparente intolerância ressalta a tolerância absoluta.

Ele transformava as velhas fórmulas, e sem negar a feliz influência da fé, da esperança e da caridade, arvorava uma nova bandeira ante a qual todos os pensadores podem e devem inclinar-se, porque esse estandarte do futuro leva escritas estas três palavras:

Razão, Trabalho e Solidariedade.

É em nome dessa razão que ele colocou tão alto; é em nome de sua viúva; em nome de seus amigos que eu vos digo a todos que não mais olheis para esta fossa aberta. É para mais alto que devemos erguer os olhos para encontrar aquele que acaba de nos deixar! Para conter esse coração tão dedicado e tão bom, essa inteligência de escol, esse espírito tão fecundo, essa individualidade tão poderosa, vós mesmos bem o vedes, medindo-a com os olhos, esta fossa seria muito pequena, e nenhuma poderia ser bastante grande.

Coragem, pois, e saibamos honrar o filósofo e o amigo praticando suas máximas e trabalhando, cada um na medida de suas forças, para propagar aquelas que nos encantaram e convenceram.

REVISTA DA IMPRENSA

A maioria dos jornais noticiaram a morte do Sr. Allan Kardec, e alguns deles, ao simples relato dos fatos, acrescentaram comentários sobre seu caráter e seus trabalhos, que não caberiam aqui. Quando podia vitoriosamente refutar certas diatribes malsãs e mentirosas, o Sr. Allan Kardec sempre desdenhou fazer algo, considerando o silêncio como a mais nobre e a melhor das respostas. A este respeito, seguiremos seu exemplo, lembrando-nos, além disto, que só se tem inveja das grandes personalidades, e que só se atacam as grandes obras, cuja vitalidade pode produzir sombra.

Mas, se a troça sem consistência não pode perturbar, ao contrário, ficamos profundamente tocados pela justiça feita em certo número de órgão da imprensa à memória de nosso saudoso presidente. A estes pedimos que recebam aqui, em nome da família e dos espíritas do mundo inteiro, o testemunho de nossa profunda gratidão.

Por falta de espaço, publicamos apenas dois desses artigos característicos, que provarão superabundantemente, aos nossos leitores, haver na Literatura e na Ciência homens que sabem, quando as circunstâncias o exigem, erguer alta e corajosamente a bandeira que os reúne numa ascensão comum para o progresso e a solidariedade universais.

JORNAL *PARIS*

(3 de abril de 1869)

"Aquele que por tanto tempo figurou no mundo científico e religioso sob o pseudônimo de Allan Kardec, chamava-se Rivail e morreu aos 65 anos.

"Vimo-lo deitado num simples colchão, no meio daquela sala das sessões que há longos anos presidia; vimo-lo com o rosto calmo, como se extinguem aqueles a quem a morte não surpreende, e que, tranquilo quanto ao resultado de uma vida vivida honesta e laboriosamente, deixam como que um reflexo da pureza de sua alma sobre esse corpo que abandonam à matéria.

"Resignados pela fé numa vida melhor e pela convicção da imortalidade da alma, numerosos discípulos foram dar um último olhar a esses lábios descorados que ainda ontem lhes falavam a linguagem da Terra. Mas eles já tinham a consolação do Além-Túmulo; o Espírito de Allan Kardec viera dizer como tinha sido o seu desprendimento, quais as suas impressões primeiras, quais de seus predecessores na morte tinham vindo ajudar sua alma a desprender-se da matéria. Se 'o estilo é o homem', os que conheceram Allan Kardec vivo só podiam comover-se com a autenticidade dessa comunicação espírita.

"A morte de Allan Kardec é notável por uma coincidência estranha. A Sociedade formada por esse grande vulgarizador do Espiritismo acabava de chegar ao fim. O local abandonado, os móveis desaparecidos, nada mais restava de um passado que devia renascer sobre novas bases. Ao fim da última sessão, o presidente tinha feito suas despedidas; cumprida a sua missão, ele se retirava da luta diária para consagrar-se inteiramente ao estudo da filosofia espiritualista. Outros, mais jovens – os valentes – deviam continuar a obra, e fortes na sua virilidade, impor a verdade pela convicção.

"Que adianta contar detalhes da morte? Que importa a maneira pela qual o instrumento se quebrou e por que consagrar uma linha a esses restos agora integrados no imenso movimento das moléculas? Allan Kardec morreu na sua hora. Com ele fechou-se o prólogo de uma religião vivaz que, irradiando cada dia, em breve terá iluminado a Humanidade. Ninguém melhor que Allan Kardec poderia levar a bom termo essa obra de propaganda, à qual era preciso sacrificar as longas vigílias que nutrem o espírito, a paciência que ensina continuamente, a abnegação que desafia a tolice do presente para só ver a radiação do futuro.

"Por suas obras, Allan Kardec terá fundado o dogma pressentido pelas mais antigas Sociedades. Seu nome, estimado como o de um homem de bem, é há muito tempo difundido pelos que creem e pelos que temem. É difícil realizar o bem sem chocar os interesses estabelecidos.

"O Espiritismo destrói muitos abusos; – ele também reergue muitas consciências doloridas, dando-lhes a convicção da prova e a consolação do futuro.

"Hoje os espíritas choram o amigo que os deixa, porque o nosso entendimento demasiado material, por assim dizer, não pode dobrar-se a essa ideia da *passagem*. Mas, pago o primeiro tributo à inferioridade do nosso organismo, o pensador ergue a cabeça, e para esse mundo invisível que sente existir além do túmulo, ele estende a mão ao amigo que já se foi, convencido de que seu Espírito nos protege sempre.

"O Presidente da Sociedade de Paris morreu, mas o número dos adeptos cresce dia a dia, e os valentes, cujo respeito pelo mestre os deixava em segundo plano, não hesitarão em se afirmar, para o bem da grande causa.

"Esta morte, que o vulgo deixará passar indiferente, é um grande fato na história da Humanidade. Este não é mais o sepulcro de um homem; é a pedra tumular que enche o vazio imenso que o materialismo havia cavado sob os nossos pés, e sobre o qual o Espiritismo espalha as flores da esperança."

PAGÈS DE NOYEZ

L'UNION MAGNÉTIQUE

(10 de abril de 1869)

"Ainda uma morte, e uma morte que deixará um grande vácuo nas fileiras dos adeptos do Espiritismo.

"Todos os jornais consagraram um artigo especial à memória desse homem que soube fazer-se um nome e tomar posição entre as celebridades contemporâneas.

"As relações estreitas que, em nossa opinião, existem muito certamente entre os fenômenos espíritas e magnéticos, impõem-nos o dever de dar uma lembrança de simpatia a um homem cujas crenças são partilhadas por certo número de nossos colegas e assinantes, e que havia tentado erigir em Ciência uma doutrina da qual ele era, de certo modo, a viva personificação."

A. BAUCHE

NOVA CONSTITUIÇÃO DA SOCIEDADE DE PARIS

Em face das dificuldades surgidas com a morte do Sr. Allan Kardec, e para não agravar os grandes interesses que ele sempre soube salvaguardar com tanta prudência e sabedoria, a Sociedade de Paris foi levada, no mais curto prazo, a se constituir de maneira regular e estável, tanto para as providências junto às autoridades quanto para animar os espíritos temerosos das consequências do acontecimento imprevisto que tão subitamente feriu toda a grande família espírita.

Não duvidamos que os leitores nos sejam gratos por lhes darmos, a propósito, os mais precisos detalhes. Eis por que nos apressamos a lhes dar a conhecer as decisões da Sociedade, condensadas no discurso do Sr. Levent, vice-presidente da antiga Comissão, e do novo presidente, Sr. Malet, que reproduzimos integralmente.

(Sociedade de Paris, 9 de abril de 1869)

Tomando a palavra em nome da Comissão, o Sr. Levent se exprime nestes termos:

"Senhores,

"É ainda sob a dolorosa impressão que a todos nos causou a inesperada libertação do nosso mui saudoso Presidente que hoje inauguramos o novo local de nossas reuniões hebdomadárias.

"Antes de retomar nossos estudos habituais, paguemos ao nosso venerável mestre um justo tributo de reconhecimento pelo zelo infatigável que ele dedicava aos seus trabalhos, o desinteresse absoluto, a completa abnegação de si mesmo, a perseverança de que sempre deu exemplo na direção desta Sociedade que ele sempre presidiu, desde a sua fundação.

"Esperemos que tão nobre exemplo não seja perdido; que tantos trabalhos não fiquem estéreis e que a obra do mestre seja continuada. Numa palavra, que ele não tenha semeado em solo ingrato.

"Vossa Comissão é de opinião que, para obter este resultado tão desejado, duas coisas importantes são indispensáveis: 1.º – a mais completa união entre todos os associados; 2.º – o respeito ao programa novo que o nosso saudoso Presidente, na sua solicitude esclarecida e lúcida previsão, tinha preparado há alguns meses e publicado na *Revista* de dezembro último.

"Peçamos todos ao Soberano Mestre que permita a esse grande Espírito que acaba de voltar à pátria celeste, nos ajudar com suas luzes e continuar a presidir espiritualmente esta Sociedade, que é sua obra pessoal e que ele tanto estimava.

"Caro e venerado mestre, que estais aqui presente, embora invisível para nós, recebei de todos os vossos discípulos, que quase todos foram vossos amigos, esse fraco testemunho de seu reconhecimento e de sua afeição, que eles levarão – não duvideis – à corajosa companheira de vossa existência terrena. Ela ficou entre nós muito triste, muito isolada, contudo consolada, quase feliz pela certeza de vossa felicidade atual.

– "Senhores, diante da perda irreparável que acaba de sofrer a Sociedade, a Comissão, cujos poderes regulares cessaram a 1.º de abril, julgou dever continuar suas atividades.

"Desde o dia primeiro deste mês, a Comissão já se reuniu duas vezes, a fim de tomar as providências imediatas e não deixar um só instante a Sociedade Parisiense de Estudos Espíritas sem direção legal, aceita e reconhecida.

"Reconheceis, senhores, como a vossa Diretoria, que havia essa necessidade absoluta.

"Os passos a dar junto à administração, a fim de preveni-la da mudança de presidente e da sede da Sociedade;

"As relações de nossa Sociedade Parisiense com as outras Sociedades estrangeiras, as quais estão hoje informadas do passamento do Sr. Allan Kardec e que, em maioria, já nos manifestaram seu sincero pesar;

"A correspondência tão numerosa que deve ser respondida; enfim, muitas outras razões sérias, que são mais bem pressentidas do que explicadas;

"Todos esses motivos levaram a vossa Comissão atual a vos apresentar uma lista de sete nomes que devem compor a nova diretoria para o ano 1869-1870, e que seriam: os Srs. Levent, Malet, Canaguier, Ravan, Desliens, Delanne e Tailleur.

"Como notareis, senhores, a maioria dos membros da antiga diretoria fazem parte desta nova lista.

"Por unanimidade, vossa Comissão designou para presidente o Sr. Malet, cujos títulos para esta nova posição são numerosos e perfeitamente justificados.

"O Sr. Malet reúne todas as grandes qualidades necessárias para assegurar à Sociedade uma direção firme e sábia.

– Vossa Diretoria é mesmo de opinião que seria o caso de agradecer ao Sr. Malet a bondade de aceitar esta função, que está longe de ser uma sinecura, sobretudo agora.

"Assim, é com confiança que vos pedimos aceiteis esta proposta e voteis esta lista por aclamação.

"Fora dos motivos expostos acima, uma outra razão grave e séria determinou vossa Diretoria atual a vos apresentar esta proposição.

"É seu grande desejo que também partilhareis, assim esperamos, o de nos aproximarmos cada vez mais do plano de organização concebido pelo Sr. Allan Kardec, que ele vos deveria propor este ano, no momento da renovação da Diretoria.

"O Sr. Allan Kardec não deveria aceitar senão a presidência honorária, e sabíamos que sua intenção era vos apresentar o Sr. Malet como candidato à presidência. Ficamos felizes por cumprir o desejo daquele que todos lamentamos.

"Em consequência, senhores, em nome de vossa antiga Diretoria, que tenho a honra de representar, eu vos peço aceiteis a seguinte proposição:

"São nomeados membros da Diretoria para o ano de 1869-1870 os Srs. Levent, Malet, Canaguier, Ravan, Desliens, Delanne e Tailleur, sob a presidência do Sr. Malet."

O Vice-Presidente
LEVENT

Aceita a proposição e ratificada por aclamação unânime, o Sr. Vice-Presidente, a seguir, dá posse ao Sr. Malet, como presidente da Sociedade.

DISCURSO DE POSSE DO NOVO PRESIDENTE

(Sessão de 9 de abril de 1869)

Senhoras, senhores,

Antes de tomar posse desta cadeira, onde desde tantos anos tivestes a felicidade de ver e ouvir esse eminente filósofo a quem cada um de nós deve a luz e a tranquilidade da alma, permiti que aquele que chamastes a presidir as vossas reuniões venha dizer algumas palavras sobre a rota que ele pretende seguir e o espírito com o qual entende dirigir os vossos trabalhos.

Gostaria de fazê-lo com esse tom e essa simplicidade que são a expressão das convicções profundas! Gostaria de fazê-lo, mas, sob o império de uma emoção que não posso dominar e que vos é fácil compreender, eu sinto que não poderia, se não chamasse em meu auxílio algumas linhas que vou ler.

É que, com efeito, senhores, quando, apenas há algumas semanas eu solicitava o favor de entrar em vossas fileiras, como membro livre da Sociedade de Estudos Espíritas de Paris, eu estava longe de pensar que um dia seria chamado a presidir as suas sessões, e muito mais longe de pensar que a partida imprevista do nosso caro e venerado mestre me chamaria a dirigir, com o vosso concurso, estas interessantes sessões, onde a cada dia são elucidadas as mais árduas e complexas questões.

Mas, como acaba de dizer o nosso vice-presidente, e vo-lo devo repetir, é como membro da Comissão e simples delegado anual designado por vossa escolha que aceitei essa difícil função, aliás conforme as regras prescritas pela nova organização que nos deixou nosso mestre.

Com efeito, senhores, qual de nós ousaria suceder sozinho a uma tão grande personalidade como a que encheu o mundo com os seus altos e consoladores estudos, ensinando ao homem de onde ele vem, por que ele está na Terra e para onde vai depois? Quem seria bastante orgulhoso para se julgar à altura de sua lógica, de sua energia e de sua profunda erudição, quando ele próprio, esmagado por um trabalho sempre crescente, havia reconhecido que uma comissão de seis trabalhadores sérios e dedicados, que, sem dúvida, deveria ser dobrada em futuro próximo, não seria demasiado numerosa para fazer face ao desenvolvimento dos estudos da Doutrina?

Sim, senhores, se correspondi ao desejo que me manifestastes, é porque os atos devem estar sempre em relação com as palavras. Eu havia prometido meu concurso enérgico quando me admitistes entre vós, e por mais difícil que seja o momento, não recusei o mandato que me oferecestes, por mais fracas que sejam minhas forças, persuadido de que elas serão ajudadas vigorosamente pela nossa Comissão, por todos vós, meus irmãos em crença e, enfim, por nossos Espíritos protetores, entre os quais hoje se acha o nosso caro e afetuoso Presidente.

Nosso dever, a missão de todos nós, senhores, de agora em diante, é seguir o sulco traçado pelo mestre, quero dizer, aprofundá-lo, alargá-lo, mais do que estendê-lo ao longe, até a hora em que um novo enviado, esclarecedor do futuro, venha plantar novas balizas e traçar uma nova etapa. Realizemos a nossa tarefa e, por mais modesta que ela possa parecer a alguns espíritos ardentes ou talvez muito impacientes, o seu campo é bastante vasto para que cada um de nós possa dizer, ao terminar sua jornada: *"Um repouso feliz me aguarda, pois eu era do número daqueles que trabalharam na vinha do Senhor!"*

Mas, para atingir tal objetivo, o esforço deve estar na razão direta de sua grandeza. Pesquisadores infatigáveis da verdade, aceitemos a luz, venha ela de onde vier, sem contudo lhe dar direito de cidadania antes de tê-la analisado em todos os seus elementos e observado nos múltiplos efeitos de sua irradiação.

Abramos, pois, as nossas fileiras a todos os pesquisadores de boa vontade desejosos de convencer-se, ainda que a sua rota tenha sido diferente da nossa, até este momento, desde que eles aceitem as leis fundamentais de nossa filosofia.

Rejubilemo-nos no momento em que o Espiritismo, fundado em bases inabaláveis, entra em nova fase, a de chamar a atenção desta nova geração, à qual o estudo da Ciência chegou como partilha, quer ela sonde as profundezas desconhecidas do oceano celeste, quer perscrute essas miríades de mundos revelados pelo microscópio, quer, enfim, ela peça aos fenômenos do Magnetismo o segredo que conduz à descoberta das admiráveis leis harmônicas do Criador, das quais uma única encerra todas: *a lei do Amor.*

Também não repilamos, senhores, esses pioneiros que com tanto desdém são chamados materialistas. – Ficai certos de que muitos desses pesquisadores, satisfazendo a lei comum do erro, sentem sua consciência revoltar-se ao perscrutar a matéria à procura desse princípio vital que só de Deus emana.

Sim, lamentemos seus esforços infrutíferos e abramos-lhes também as nossas fileiras, porque não poderíamos confundi--los com os *soberbos* encequecidos pelo erro e pelo sofisma! Oh! Para estes, sigamos o preceito do filósofo de Nazaré: *"Deixai que os mortos enterrem os seus mortos"*, e passemos.

Mostremo-nos, pois, sempre verdadeiros e sinceros espíritas, por nosso espírito de tolerância, nosso amor por nossos irmãos com os quais devemos partilhar esse pão da vida com o qual nos alimentou nosso caro mestre, *apanhando essas espigas caídas de feixes incompreendidos!...*

Sememos, propaguemos e semeemos ainda, mesmo nos terrenos ressecados pelo sopro do ceticismo, porque se alguns grãos lançados ao vento da incredulidade vierem a germinar nalgum sulco escondido e cavado pela dor, seu rendimento será o cêntuplo do trabalho.

Sobretudo, não percamos nosso tempo nem nossas forças em responder aos ataques de que possamos ser objeto, porque o homem que sulca deve esperar ser ferido e arranhado pelos espinhos que arranca.

– Não respondamos muito a esses timoratos do livre pensamento que fingem ver no Espiritismo uma religião, um engenho destruidor das coisas estabelecidas, quando, ao contrário, esta doutrina reúne num feixe único todos os membros esparsos da grande família humana, que a intolerância de uns e a imobilidade de outros dispersou e deserdou de toda crença.

Mas se, de um lado, devemos apelar a todos os trabalhadores devotados; se a Ciência nos pode e deve ser de grande ajuda para explicar o que o vulgo chama *milagre*, jamais esqueçamos que o objetivo essencial e final de nossa doutrina consiste no estudo das leis psicológicas e morais, leis que compreendem a fraternidade, a solidariedade de todos os seres, lei única, lei universal que rege igualmente a ordem moral e a ordem material.

– É esta bandeira, senhores, que manteremos alta e firme, aconteça o que acontecer, e ante a qual deverão inclinar-se todas as outras considerações.

É animada por tais pensamentos que vossa Comissão deve prosseguir a obra do mestre, porque foram eles que o conduziram à descoberta desta estrela magnífica, de brilho muito diferente, bem mais diversamente poderosa para a felicidade da Humanidade do que todas aquelas cujo conjunto deslumbra os nossos olhos.

– Sigamos escrupulosamente o plano da vasta e sábia organização deixada pelo mestre, última expressão de seu gênio, na qual ele compara, com tanta felicidade, as Sociedades Espíritas a observatórios cujos estudos devem ser ligados entre si e religados ao grupo central de Paris, mas sempre deixando a cada um a livre direção de suas observações particulares.

Assim, de pé e à obra, espíritas das cinco partes do mundo! À obra, também, espiritualistas, biólogos, magnetistas e vós todos, enfim, homens de Ciência, pesquisadores sedentos da verdade, reunidos por este pensamento comum: *Fora da Verdade não há salvação,* digno eco desta divisa dos espíritas: *Fora da Caridade não há salvação.*

Nestas condições, mas só nestas condições, é pelo menos a nossa profunda convicção, não só o Espiritismo não ficará estacionário, mas crescerá rapidamente, guiado sempre por seu antigo piloto, muito mais poderoso, muito mais clarividente ainda do que era na Terra, onde sua digna companheira dele recebeu a missão de secundar seus pontos de vista generosos e benevolentes para o futuro da Doutrina.

Perdão, senhores, por me haver alongado. Entretanto, muito teria ainda a vos dizer... Mas apresso-me, compreendendo vossa impaciência em querer ouvir aquele que será sempre o nosso digno presidente. Ele está aqui, em meio a uma cerrada falange de Espíritos simpáticos e protetores; mas era dever daquele a quem a vossa escolha confiou a difícil tarefa de presidir os vossos trabalhos e dirigir as vossas sessões, dar-vos a conhecer suas intenções partilhadas pela Comissão Central e, assim o espera, pela maioria dos espíritas.

E. MALET

CAIXA GERAL DO ESPIRITISMO
DECISÃO DA SENHORA ALLAN KARDEC

Desejando, com todas as suas possibilidades, e segundo as necessidades do momento, contribuir para a realização dos planos de seu marido para o futuro, a Sra. Allan Kardec, única proprietária legal das obras e da *Revista,* deseja, por devotamento à Doutrina:

1º – Doar anualmente à Caixa Geral do Espiritismo o excedente dos lucros provenientes da venda dos livros espíritas e das assinaturas da *Revista*, bem como das operações da Livraria Espírita, mas com a condição expressa de que ninguém, a título de membro da Comissão Central ou outro, tenha o direito de imiscuir-se nesse negócio industrial, e que os recebimentos, sejam quais forem, sejam recolhidos sem observação, porquanto ela pretende tudo gerir pessoalmente: prever a reimpressão das obras, as publicações novas, regular a seu critério os emolumentos de seus empregados, o aluguel, as despesas futuras, numa palavra, todos os gastos gerais;

2º – A *Revista* está aberta à publicação dos artigos que a Comissão Central julgar úteis à causa do Espiritismo, mas com a condição expressa de serem previamente sancionados pela proprietária e pela Comissão de Redação, o mesmo se dando com todas as publicações, sejam quais forem;

3º – A Caixa Geral do Espiritismo é confiada a um tesoureiro, encarregado da gerência dos fundos, sob a supervisão da Comissão Diretora. Até que seja o caso de usá-los, esses fundos serão empregados na aquisição de propriedades imobiliárias para enfrentar todas as eventualidades. Anualmente o tesoureiro fará uma detalhada prestação de contas da situação da Caixa, que será publicada na *Revista*.

Comunicadas estas decisões à Sociedade de Paris, na sessão de 16 de abril, foi a Sra. Allan Kardec objeto de felicitações unânimes.

Este nobre exemplo de desinteresse e de devotamento será, não temos dúvida, apreciado e compreendido por todos aqueles cujo concurso ativo e incessante é conquistado pela filosofia regeneradora por excelência.

CORRESPONDÊNCIA

CARTA DO SR. GUILBERT, PRESIDENTE DA SOCIEDADE ESPÍRITA DE ROUEN

Rouen. 14 de abril de 1869.

Senhor Presidente,

Senhores Membros da Comissão Diretora da Sociedade Parisiense de Estudos Espíritas,

Sentimo-nos felizes, senhores, e vos felicitamos calorosamente pela presteza com que a vossa Comissão se constituiu sobre as bases indicadas por nosso venerado mestre.

Estávamos bem longe de esperar o golpe fulminante que tão cruelmente veio ferir a Sociedade de Paris e o Espiritismo inteiro; mas se, nos primeiros momentos, tomados de estupor e dolorosamente comovidos, curvamos a fronte para a terra onde repousam os despojos mortais do Sr. Allan Kardec, hoje nos devemos recompor e agir, porque se a sua tarefa terminou, a nossa começa e nos impõe deveres sérios e uma grave responsabilidade.

No momento em que o sábio coordenador da filosofia espírita acaba de depor nas mãos do Todo-Poderoso o mandato do qual se havia encarregado tão digna e corajosamente, cabe a nós, seus legatários naturais, manter alta e firme a bandeira na qual ele gravou, em caracteres indeléveis, ensinos que encontram eco em todos os corações bem-dotados.

Devemos todos reunir-nos à Comissão Central sediada em Paris, que para nós representa o mestre desaparecido, e é o que acontecerá, senhores, se, como estamos persuadidos, vos empenhardes em seguir o caminho que ele nos traçou.

Mas, bem entendido, para realizar em tempo oportuno os projetos que ele indicava na *Revista* de dezembro último, o que de certo modo poderíamos considerar como seu testamento; para criar a Caixa Geral do Espiritismo, necessitais do concurso moral e material de todos. Todos devem, pois, na medida de suas forças, trazer sua pedra ao edifício. Tal é, pelo menos, o sentimento da Sociedade Espírita de Rouen, que vos pede inscrevê-la por mil francos, persuadida que está de que não se poderia honrar melhor a memória do mestre do que executando, conforme os planos por ele deixados, aquilo que ele próprio teria realizado, se Deus, nos seus secretos desígnios por nós desconhecidos, não tivesse decidido de outra maneira.

Aceitai, senhores, com as nossas saudações fraternas, o tributo do nosso inalterável devotamento à causa do Espiritismo.

Pelos membros da Sociedade Espírita de Rouen,

O Presidente:
A. GUILBERT

DISSERTAÇÕES ESPÍRITAS

Não nos permitindo a abundância de matérias publicar todas as instruções ditadas por ocasião dos funerais do Sr.

Allan Kardec, nem mesmo as dadas por ele próprio, reunimos numa única comunicação os ensinamentos de interesse geral, obtidos através de diversos médiuns.

(Sociedade de Paris, abril de 1869)

Como vos agradecer, senhores, pelos vossos bons sentimentos e pelas verdades expressas eloquentemente sobre os meus despojos mortais? Eu estava presente, não podeis duvidar, e profundamente feliz, tocado pela comunhão de pensamentos que nos unia pelo coração e pelo espírito.

Obrigado, meu jovem amigo[2], obrigado por vos haverdes afirmado, como o fizestes. Vós vos exprimistes com calor; assumistes uma responsabilidade grave, séria, e esse ato de independência vos será contado duplamente; nada perdestes por dizer o que as vossas convicções e a Ciência vos impõem. Assim agindo, podeis ser discutido, mas sereis honrado com mérito.

Obrigado a vós todos, caros colegas, meus amigos; obrigado ao jornal *Paris,* que inicia um ato de justiça pelo artigo de um bravo e digno coração.

Obrigado, caro vice-presidente; Srs. Delanne e E. Muller, recebei a expressão dos meus sentimentos de viva gratidão, vós todos que hoje apertais afetuosamente a mão de minha corajosa companheira.

Como homem, estou muito feliz pelas vossas lembranças e pelos testemunhos de simpatia que me prodigalizais; como espírita eu vos felicito pelas determinações que tomastes para assegurar o futuro da Doutrina, porque, se o Espiritismo não é minha obra, ao menos eu lhe dei tudo quanto as forças humanas me permitiram lhe desse. É como colaborador enérgico e convicto, como campeão de todos os instantes, da grande doutrina deste século, que eu amo e ficaria infeliz se a visse perecer, caso isto fosse possível.

Escutei com um sentimento de profunda satisfação, meu amigo, vosso novo e digno presidente, vos dizer: "Ajamos de acordo; vamos despertar os ecos que há muito tempo não ressoam mais; vamos reavivar os que raciocinam! Que não seja Paris, que não seja a França o teatro de vossa ação; vamos a toda parte! Demos à Humanidade inteira o maná que lhe

---
[2] Ao Sr. Camille Flammarion.

falta; demos-lhe o exemplo da tolerância que ela esquece e da caridade que ela conhece tão pouco!"

Agistes para assegurar a vitalidade da Sociedade; está bem. Tendes o desejo sincero de marchar com firmeza pelo sulco traçado, ainda está bem. Mas não basta querer hoje, amanhã, depois de amanhã; para ser digno da Doutrina é preciso querer sempre! A vontade que age por impulsos não é mais vontade; é o capricho no bem; mas quando a vontade se exerce com a calma que nada perturba, com a perseverança que nada detém, ela é a verdadeira vontade, inquebrantável em sua ação, frutuosa em seus resultados.

Sede confiantes em vossas forças; elas produzirão grandes efeitos se as empregardes com prudência; sede confiantes na força da ideia que vos une, pois ela é indestrutível. Pode-se ativar ou retardar o seu desenvolvimento, mas é impossível detê-la.

Na fase nova em que entramos, a energia deve substituir a apatia; a calma deve substituir o ímpeto. Sede tolerantes uns para com os outros; agi sobretudo pela caridade, pelo amor, pela afeição. Oh! Se conhecêsseis todo o poder dessa alavanca! Foi por conhecê-lo que Arquimedes pôde dizer que com ela moveria o Mundo! Vós o movereis, meus amigos, e essa transformação esplêndida, que será efetuada por vós em proveito de todos, marcará um dos mais maravilhosos períodos da História da Humanidade.

Coragem, pois, e esperança. A esperança!... Esse facho que os vossos infelizes irmãos não podem perceber através das trevas do orgulho, da ignorância e do materialismo, não a afasteis ainda mais de seus olhos. Amai-os; fazei com que vos amem, que vos ouçam, que olhem! Quando tiverem visto, ficarão deslumbrados.

Como então serei feliz, meus amigos, meus irmãos, ao ver que meus esforços não terão sido inúteis e que Deus terá abençoado a nossa obra! Nesse dia haverá no Céu uma grande alegria, uma grande ebriez! A Humanidade estará livre do jugo terrível das paixões que a acorrentam e pesam sobre ela com peso esmagador. Então, na Terra não mais existirá o mal, nem o sofrimento, nem a dor, porque os verdadeiros males, os sofrimentos reais, as dores cruciantes vêm da alma. O resto é apenas o roçar fugidio de um espinho sobre as vestes!...

Ao clarão da liberdade e da caridade humanas, todos os homens, reconhecendo-se, dirão: "Nós somos irmãos" e só terão no coração um mesmo amor, na boca, uma só palavra, nos lábios um só murmúrio: Deus!

ALLAN KARDEC

AVISO

O catálogo das obras da *Livraria Espírita* será enviado, mediante a remessa de 10 cêntimos em selos postais, a *todas as pessoas* que o pedirem.

AOS NOSSOS CORRESPONDENTES

A morte do Sr. Allan Kardec foi, para a maioria de nossos correspondentes da França e do estrangeiro, ocasião para inúmeros testemunhos de simpatia para com a Sra. Allan Kardec, e de garantia de adesão aos princípios fundamentais do Espiritismo.

Na impossibilidade material de responder a todos, rogamos que recebam aqui a expressão dos sentimentos de reconhecimento da Sra. Allan Kardec.

Persuadida de que não poderíamos realizar melhor os desejos daquele que todos lamentamos, senão nos unindo num entendimento comum para a propagação de nossos princípios, a Sociedade de Paris sente-se feliz, nas dolorosas circunstâncias em que nos encontramos, em poder contar com o concurso ativo e eficaz de todos. Ela verá com viva satisfação o estabelecimento de relações regulares entre ela e os vários centros da província e do estrangeiro.

AVISO MUITO IMPORTANTE

Lembramos aos senhores assinantes que no dia 1.º de abril último, o escritório de assinaturas e expedição da *Revista Espírita* foi transferido para a sede da *Livraria Espírita*, na Rua de Lille, 7. Para tudo o que concerne a assinaturas, compra de obras e expedição, as pessoas que moram fora de Paris devem enviar um vale postal ou uma letra de câmbio em nome do *Sr. Bittard, gerente da livraria.* Não se aceitam ordens para os assinantes. Todos os documentos, a correspondência, os relatos de manifestações que possam interessar ao Espiritismo e aos espíritas deverão ser remetidos ao Sr. Malet, presidente da Sociedade Parisiense de Estudos Espíritas, Rua de Lille, 7.

Pela Comissão de Redação, o Secretário-gerente:
A. DESLIENS

REVISTA ESPÍRITA
JORNAL DE ESTUDOS PSICOLÓGICOS

| ANO XII | JUNHO DE 1869 | VOL. 6 |

AOS ASSINANTES DA REVISTA

Até hoje a *Revista Espírita* foi essencialmente obra e criação do Sr. Allan Kardec, como aliás todas as obras doutrinárias que ele publicou.

Quando a morte o surpreendeu, a multiplicidade de suas ocupações e a nova fase em que entrava o Espiritismo o faziam desejar a companhia de alguns colaboradores convictos para executarem, sob sua direção, trabalhos aos quais ele já não podia atender sozinho.

Procuraremos não nos afastar da via que ele nos traçou. Mas pareceu-nos nosso dever consagrar aos trabalhos do mestre, sob o título de *Obras Póstumas,* algumas páginas que ele manteria em reserva, se tivesse permanecido corporalmente entre nós. A abundância de documentos acumulados em seu gabinete de trabalho nos permitirá, durante alguns anos, publicar em cada número, além das instruções que ele houver por bem nos dar como Espírito, um desses interessantes artigos que ele sabia tão bem tornar compreensíveis a todos.

Estamos persuadidos de satisfazer assim aos desejos de todos aqueles que a Filosofia Espírita reuniu em nossas fileiras, e que souberam apreciar no autor de *O Livro dos Espíritos* o homem de bem, o trabalhador infatigável e devotado, o espírito convicto aplicando-se na vida privada a pôr em prática os princípios que ensinava em suas obras.

O CAMINHO DA VIDA

A questão da pluralidade das existências, desde longa data preocupou os filósofos, e muitos deles viram na anterioridade a única solução possível dos mais importantes problemas da Psicologia. Sem este princípio, viram-se detidos a cada passo e barrados por um impasse de que não puderam sair senão com o auxílio da hipótese da pluralidade das existências.

A maior objeção que se pode fazer a esta teoria é a da ausência de lembrança das existências anteriores. Com efeito, uma sucessão de existências, inconscientes umas das outras; deixar um corpo para em breve retomar outro sem a memória do passado, equivaleria ao nada, porque seria o nada do pensamento; seriam outros tantos novos pontos de partida sem ligação com os precedentes; seria uma ruptura incessante de todas as afeições que fazem o encanto da vida presente e a mais doce esperança, a mais consoladora para o futuro; seria, enfim, a negação de toda responsabilidade moral. Uma tal doutrina seria tão inadmissível e tão incompatível com a justiça e a bondade de Deus quanto a de uma única existência com a perspectiva de uma eternidade absoluta de penas para algumas faltas temporárias. Compreende-se, pois, que aqueles que fazem semelhante ideia da reencarnação a rejeitem. Mas não é assim que o Espiritismo no-la apresenta.

A existência espiritual da alma, diz-nos ele, é a sua existência normal, com lembrança retrospectiva indefinida; as existências corpóreas não passam de intervalos, de curtas estações na existência espiritual, e a soma de todas essas estações não passa de uma parte mínima da existência normal, exatamente como se, numa viagem de vários anos, a gente parasse, de vez em quando, por algumas horas. Se, durante as existências corpóreas, parece haver uma solução de continuidade, pela ausência da lembrança, a ligação se estabelece durante a vida espiritual, que não sofre interrupção; a solução de continuidade realmente só existe para a vida corpórea exterior e de relação; e aqui, a ausência da lembrança prova a sabedoria da Providência, que não quis que o homem fosse muito desviado da vida real na qual ele tem deveres a cumprir; mas, no estado de repouso do corpo, no sono, a alma retoma em parte o seu voo e então se restabelece a cadeia interrompida apenas durante a vigília.

A isto podem ainda fazer uma objeção e perguntar que proveito podemos tirar de nossas existências anteriores para nosso melhoramento, se não nos lembramos das faltas que cometemos. O Espiritismo responde, inicialmente, que a lembrança das existências infelizes, juntando-se às misérias da vida presente, tornaria esta vida ainda mais penosa: é, pois, um acréscimo de sofrimentos, de que Deus nos quis poupar; sem isto, qual não seria, por vezes, a nossa humilhação, ao pensarmos naquilo que fomos! Quanto ao nosso melhoramento, essa lembrança seria inútil. Durante cada existência damos alguns passos à frente; adquirimos algumas qualidades e despojamo-nos de algumas imperfeições; cada uma delas é, assim, um novo ponto de partida, no qual somos aquilo que nos fizemos, onde nos tomamos pelo que somos, sem termos que nos inquietar com aquilo que fomos. Se numa existência anterior fomos antropófagos, o que isto importa se não mais o somos? Se tivemos um defeito qualquer do qual já não restam traços, é uma conta liquidada, com a qual não temos mais de nos preocupar. Suponhamos, ao contrário, um defeito do qual só nos corrigimos pela metade; o restante iremos encontrar na vida seguinte, e é na sua correção que nos devemos aplicar.

Tomemos um exemplo: Um homem foi assassino e ladrão; em consequência disso ele foi castigado na vida corporal ou na vida espiritual; ele se arrepende e se corrige da primeira tendência, mas não da segunda; na existência seguinte será apenas ladrão, talvez um grande ladrão, mas não mais assassino; ainda um passo à frente e será apenas um pequeno ladrão; um pouco mais tarde e não mais roubará, mas poderá ter a veleidade de roubar, o que a sua consciência neutralizará; depois desse último esforço, todo traço da doença moral terá desaparecido, e ele será um modelo de probidade. Que lhe importa, então, aquilo que ele foi? A lembrança de ter morrido no cadafalso não seria uma tortura e uma humilhação perpétuas? Aplicai este raciocínio a todos os vícios, a todos os erros, e podereis ver como a alma progride, passando e repassando pelos crivos da encarnação. Deus não é mais justo por tornar o homem o árbitro de sua própria sorte pelos esforços que ele pode fazer para se melhorar, do que por fazer sua alma nascer ao mesmo tempo que seu corpo e condená-la a tormentos perpétuos por erros passageiros, sem lhe dar os meios de se purificar de suas imperfeições? Pela pluralidade das existências, seu futuro está em suas mãos; se levar muito tempo para progredir, ele sofre as consequências; é a suprema justiça; mas a esperança jamais lhe é negada.

A comparação seguinte pode ajudar a compreender as peripécias da vida da alma:

Suponhamos uma longa estrada, em cujo percurso se acham, de distância em distância, mas a intervalos desiguais, florestas que devem ser atravessadas; à entrada de cada floresta a estrada larga e bela é interrompida e só retomada à saída.

Um viajante segue essa rota e entra na primeira floresta, mas aí não há trilha batida; é um dédalo inextricável em cujo meio ele se perde; a luz do Sol desapareceu sob a espessa copa das árvores; ele vaga sem saber para onde vai; enfim, após fadigas incríveis, chega aos confins da floresta, mas, extenuado, rasgado pelos espinhos, ferido pelas pedras. Ali reencontra a estrada e a luz e prossegue seu caminho, procurando curar suas feridas.

Mais além ele encontra uma segunda floresta, onde o esperam as mesmas dificuldades, mas ele já tem alguma experiência; ele sabe evitá-las em parte e delas sai com menos contusões. Numa encontra um lenhador que lhe indica a direção a seguir e que o impede de se perder. Em cada nova travessia sua habilidade aumenta, pois os obstáculos são transpostos cada vez mais facilmente; certo de encontrar a bela estrada à saída, essa confiança o anima; depois, ele sabe orientar-se para encontrá-la mais facilmente. A estrada conduz ao topo de uma alta montanha, de onde ele avista todo o percurso, desde o ponto de partida; também vê as várias florestas que atravessou e se recorda das vicissitudes que experimentou, mas essa lembrança nada tem de penoso, porque ele chegou ao fim; é como o velho soldado que, na calma do lar, lembra-se das batalhas a que assistiu. Essas florestas disseminadas pela estrada são para ele como pontos negros numa fita branca. Diz ele: "Quando eu estava nessas florestas, sobretudo nas primeiras, como me pareciam longas para atravessar! Parecia-me que jamais chegaria ao fim; tudo se afigurava gigantesco e intransponível em volta de mim. É quando penso que, sem esse bravo lenhador que me pôs no bom caminho, eu talvez ainda lá estivesse! Agora, que considero essas mesmas florestas do ponto em que me encontro, como me parecem pequenas! Parece-me que poderia tê-las transposto com um passo; ainda mais, minha vista as penetra e distingo seus menores detalhes; vejo até os passos errados que dei."

Então lhe diz um velho: Meu filho, estás no fim da viagem, mas um repouso indefinido logo te causaria um aborrecimento mortal e te porias a lamentar as vicissitudes que experimentaste e que davam atividade aos teus membros e ao teu espírito. Daqui vês um grande número de viajantes na estrada que percorreste e que, como tu, correm o risco de se perderem no caminho; tens a experiência e nada mais temes; vai ao seu encontro e, por teus conselhos, trata de guiá-los, para que eles cheguem mais depressa.

"– Eu vou até lá com alegria, – replica o nosso homem. – Mas, – acrescenta ele, – por que não há uma estrada direta, desde o ponto de partida até aqui? Isto evitaria que os viajantes passassem por essas florestas abomináveis.

"– Meu filho, – retoma o velho, – olha bem e verás que há muitos que evitam certo número delas; são aqueles que, tendo adquirido mais cedo a experiência necessária, sabem tomar um caminho mais direto e mais curto para chegar; mas essa experiência é fruto do trabalho exigido pelas primeiras travessias, de tal sorte que aqui somente chegam em razão de seu mérito. O que saberias tu mesmo, se por elas não tivesses passado? A atividade que tiveste de desenvolver, os recursos da imaginação que te foram necessários para abrir caminho, aumentaram teus conhecimentos e desenvolveram tua inteligência; sem isto, serias tão inexperiente quanto em tua partida. E depois, procurando sair do embaraço, tu mesmo contribuíste para melhorar as florestas que atravessaste; o que fizeste é pouco e imperceptível; pensa, porém, nos milhares de viajantes que fazem outro tanto, e que, trabalhando para si mesmos, sem o suspeitar trabalham para o bem comum. Não é justo que recebam o salário de seu esforço, pelo repouso que aqui desfrutam? Que direito teriam a esse repouso, se nada houvessem feito?

– Meu pai, – responde o viajante, – numa dessas florestas encontrei um homem que me disse: "Na ourela há um imenso abismo que deve ser transposto de um salto; mas em mil, apenas um o consegue; todos os outros caem no fundo de uma fornalha ardente e se perdem sem remissão. Eu não vi esse abismo."

– Meu filho, é que ele não existe, do contrário, seria uma armadilha abominável preparada para todos os viajantes que vêm à minha casa. Bem sei que lhes é necessário vencer dificuldades, mas também sei que mais cedo ou mais tarde eles as vencerão. Se eu tivesse criado impossibilidades para um só, sabendo que ele deveria sucumbir, teria sido uma crueldade, com mais forte razão se o tivesse feito para um grande número.

"Esse abismo é uma alegoria, cuja explicação vais ver. Olha a estrada, no intervalo das florestas; entre os viajantes, vês alguns que andam lentamente, com ar jovial; vês esses amigos que se perderam de vista no labirinto da floresta, como são felizes por se reencontrarem à saída; mas ao lado deles há outros que se arrastam penosamente; estão estropiados e imploram a piedade dos transeuntes, porque sofrem cruelmente das feridas que, por sua própria culpa, fizeram nos espinheiros. Mas eles curar-se-ão, e isso para eles será uma lição que devem aproveitar na nova floresta a atravessar, da qual sairão menos combalidos. O abismo é a imagem dos males que sofrem, e dizendo que em mil só um o transpõe, aquele homem teve razão, porque o número dos imprudentes é muito grande; mas ele não estava certo ao dizer que, uma vez tendo caído nele, não mais sairá. Há sempre uma saída para chegar a mim. Vai, meu filho, vai mostrar essa saída aos que estão no fundo do abismo; vai sustentar os feridos na estrada e mostrar o caminho aos que atravessam as florestas.

"A estrada é a imagem da vida espiritual da alma, em cujo percurso somos mais ou menos felizes. As florestas são as existências corporais, nas quais trabalhamos pelo próprio avanço, ao mesmo tempo que na obra geral. O viajante que chegou ao fim e volta para ajudar os que estão atrasados, é a imagem dos anjos guardiões, dos missionários de Deus, que encontram sua felicidade na visão da Divindade, mas também na atividade que desenvolvem para fazer o bem e obedecer ao Supremo Senhor."

ALLAN KARDEC

EXTRATO DOS MANUSCRITOS DE UM JOVEM MÉDIUM BRETÃO

OS ALUCINADOS, OS INSPIRADOS, OS FLUÍDICOS E OS SONÂMBULOS

(Segundo artigo. Vide a *Revista* de fevereiro de 1868)

Sem dúvida os nossos leitores se lembram de haver lido, no número da *Revista* de fevereiro de 1868, a primeira parte deste estudo, interessante sob vários aspectos. Hoje publicamos a sua continuação, deixando ao Espírito que o inspirou toda a responsabilidade de suas opiniões e reservando-nos para analisá-las um pouco mais tarde.

Entregamos estes documentos ao exame de todos os espíritas sérios e ficaremos reconhecidos aos que tiverem a bondade de nos transmitir sua apreciação, ou as instruções de que poderão ser objeto, da parte dos Espíritos. A *Revista Espírita* é, antes de tudo, um jornal de estudo, e nessa condição, apressa-se em acolher todos os elementos capazes de clarear a marcha de nossos trabalhos, deixando ao controle universal, apoiado pelos conhecimentos adquiridos, o trabalho de julgar em última instância.

III

OS FLUÍDICOS

Chama-se *fluido* esse nada e esse tudo não analisável, por meio do qual o mundo espiritual se põe em comunicação com o mundo material, e que mantém o nosso físico em harmonia, quer com ele mesmo, quer com o que está fora dele.

Embora nos envolva e nos cerque, e vivamos nele e por ele, é na alma que ele se ajunta e se condensa. Ele não é apenas essa porção de nossa alma que nos põe em ação, nos dirige e nos guia, mas é ainda, por assim dizer, a alma geral que paira sobre nós todos; é o laço misterioso e indispensável que estabelece a unidade em nós mesmos e fora de nós; e se vier a partir-se momentaneamente, é então que se manifesta essa modificação imensa a que chamamos morte.

O fluido é, pois, a própria vida; é o movimento, a energia, a coragem, o progresso; é o bem e o mal; é essa força que parece animar, por sua vez, pelo sopro da vontade, tanto a charrua benfaseja que fertiliza a terra e faz de nós os alimentadores do gênero humano, quanto o fuzil maldito que a despovoa e nos transforma em matadores de nossos irmãos.

O fluido facilita, entre o Espírito do inspirador e o do inspirado, relações que sem ele seriam impossíveis.

Os alucinados são nervosos, mas não fluídicos, no sentido de que deles nada se desprende. É essa falta de desprendimento, esse excesso ou essa falta de fluido, essa ruptura violenta do seu equilíbrio que os exalta até a loucura, até o delírio, ou, pelo menos, até a divagação momentânea, e faz desfilarem à sua frente fantasmas imaginários ou mais ou menos ligados ao pensamento dominante, os quais, excitando as fibras cerebrais, fazem entrar em revolta a quintessência do fluido circulante, muito cheio dessa noção impressionável que incessantemente tende a se desprender.

Se morrer um louco ou um alucinado, e se fizermos a autópsia do cadáver, tudo parecerá são na sua natureza física; nada será descoberto de particular em seu cérebro. Entretanto, será possível observar, no mais das vezes, uma ligeira lesão no coração, pois a parte moral atingida exerce poderosa influência material sobre esse órgão.

Pois bem! Estas desordens que o escalpelo não descobre, que o dedo não toca, que o olho não vê, existem no fluido, que a Ciência, sempre muito materialista, nega para não ter que estudá-lo.

Para ser uma força, o vapor não necessitava que Salomon de Caus ou Papin adivinhassem o seu emprego, assim como, para existir, a eletricidade não tinha esperado que Galvani viesse conceder-lhe foros de cidadania no meio dos sábios oficiais. O fluido não se mostra mais reverente para com os seus doutos decretos. A eletricidade e o vapor, que são apenas de ontem, já revolucionaram o mundo material. Afirmando a realidade do fluido, o Espiritismo modificará ainda muito mais profundamente o mundo intelectual e moral.

Não só o fluido existe, mas é duplo; ele se apresenta sob dois aspectos diversos ou, pelo menos, suas manifestações são de duas ordens muito diversas.

Há o fluido latente, que cada um possui, e que, malgrado nosso, põe em movimento toda a nossa máquina. Ele reside em nós, sem que disso tenhamos consciência, porque não o sentimos, e as naturezas linfáticas vivem sem suspeitar que ele existe.

Depois, há os fluidos circulantes que estão em ação perpétua e em ebulição constante nas organizações nervosas e impressionáveis. Quando servem apenas para nos pôr em intensa atividade, deixamo-los agir ao acaso. Só nos preocupam quando, por falta de equilíbrio ou por uma causa qualquer, sua ação se traduz por ataques de nervos ou outras desordens aparentes cuja causa devemos procurar.

Acontece muito frequentemente que, quando a crise nervosa se acalmou, e depois do abatimento que se segue, um fluido se desprende de certos sensitivos e lhes permite exercer uma ação curativa sobre outros seres mais fracos, atingidos por um mal contrário ao seu. Um simples toque na parte sofredora basta para aliviá-los. É uma espécie de magnetismo circulante, momentâneo, inconsciente, porque a ação fluídica se produz imediatamente ou não se produz absolutamente.

Quando os inspirados são fluídicos de nascença, eles gozam no mais alto grau dessa faculdade preciosa de curar. Mas é uma rara exceção.

Ordinariamente o estado fluídico se desenvolve na fase da puberdade, nesse momento transitório em que ainda não se é forte, mas que se desenvolverá para suportarmos a luta da vida.

Viram-se certos seres se tornarem fluídicos durante alguns anos, mesmo alguns meses, e deixar de sê-lo quando retomaram sua situação normal e regular.

Algumas vezes mesmo, e notadamente nas mulheres, esse estado se manifesta na hora crítica em que a fraqueza começa a se fazer sentir.

Algumas vezes acontece que as crianças o manifestam em idade ainda bem tenra. Um secreto instinto nos aproxima delas. Dir-se-ia que uma auréola de pureza irradia em torno dessas cabeças louras de querubins. Ainda tão próximas de Deus, elas estão sãs de corpo, de coração e de alma. Elas irradiam saúde, e sua vista, sua presença, seu contato asserenam inteiramente o nosso corpo.

Gostais de beijá-las e sois felizes embalando-as em vossos braços. Há nelas algo mais que o encanto das suaves carícias da criança; há um eflúvio que acalma as vossas agitações, que vos rejuvenesce e restabelece em vós a harmonia momentaneamente comprometida. Senti-vos atraído para esta e não para aquela.

Não sabeis por que, e é porque a primeira vos proporciona um bem-estar que não sentiríeis junto de qualquer outra.

Qual de nós não procurou, por vezes durante muito tempo e sem o encontrar, o ser que nos deve aliviar! Entretanto ele existe, assim como o remédio que nos deve curar.

Procuremos sem desfalecimentos e descobriremos. Batamos e abrir-nos-ão. Por mais doentes que estejamos, há, entretanto, algures, uma alma que responderá à nossa alma. Fracos, ela restabelecerá as nossas forças; fortes, suavizará nossas asperezas. Nós nos completaremos com ela, e ambas esperam uma à outra para se beneficiarem reciprocamente.

As naturezas fortemente constituídas exercem uma ação magnética sobre os caracteres mais fracos. Para magnetizar proveitosamente é necessário um grande esforço da vontade concentrada, consequentemente um desprendimento de nós mesmos, e esse desprendimento não pode ter ação curativa enquanto não juntar uma força poderosa à fraqueza que combatemos e que faz sofrer aquele que magnetizamos.

Só raramente os magnetizadores podem ser magnetizados por outros. Parece que esse esforço da vontade que eles têm de realizar cava uma espécie de reservatório, no qual se acumula o fluido em estado latente, que derrama seu excesso sobre os demais. Mas não sobra lugar para receber alguma coisa deles.

A intuição é a radiação do fluido que se desprende daquele mesmo que queremos aliviar e vem despertar o nosso, para fazê-lo derramar-se sobre aquele. Desse choque de dois agentes contrários sai uma centelha; ela ilumina o nosso Espírito e nos mostra o que convém fazer para atingir esse objetivo. É a caridade posta em ação. Esse fluido ativo, sempre pronto a despertar ao primeiro apelo do sofrimento, é encontrado sobretudo nas almas sensíveis e ternas mais preocupadas com o bem dos outros do que com o seu próprio.

Há certos médicos nos quais esse desprendimento fluídico se opera mesmo sem eles perceberem, e que receberam de Deus o dom de curar com mais segurança os que sofrem.

Finalmente, há naturezas realmente fluídicas, cujo excesso exige um desprendimento contínuo, sob pena de reagir contra elas próprias. A ação que exercem sobre os que lhes são simpáticos é sempre salutar, mas pode tornar-se funesta para aqueles que lhes são antipáticos.

É entre estas que se encontram os sensitivos que na obscuridade percebem clarões ódicos que se desprendem de certos corpos, ao passo que outros nada veem.

Os fluídicos e os sensitivos são os mais sujeitos a esses sentimentos instintivos de simpatia ou de antipatia, em presença daqueles cujo contato ou simples visão lhes faz experimentarem o bem ou o mal.

Certas crianças exercem uma pressão física ou moral sobre seus irmãos ou seus camaradas. É o fluido em desprendimento que envolve estes últimos e os domina.

Cada um de nós exerce sobre outrem um poder atrativo ou repulsivo, mas em graus diversos, porque a Natureza é múltipla e infinita nas suas combinações.

Quem não sentiu o simples efeito de um aperto de mão que devolve ao ser o equilíbrio ou destrói esse equilíbrio; que nos une à pessoa que nos cumprimenta ou dela nos afasta; que nos dá uma sensação de bem-estar ou de sofrimento?

Quem não sentiu o frio ou o calor de um beijo?

Quem não sentiu esse frêmito interior que abala todo o nosso ser, no momento em que somos postos em contato com outro, e que nos leva a dizer: é um amigo!... ou, então: é um inimigo?

As pessoas cujas mãos são frias e úmidas são de compleição fraca. De uma sensibilidade pouco desenvolvida, elas não dão fluido e necessitam que se lho prodigalizem.

Habitualmente os inspirados gozam do privilégio de poder socorrer, por um fluido que deles se desprende, aqueles que dele necessitam. Mas eles raramente gozam de boa saúde; raramente possuem equilíbrio e harmonia.

Eles têm muito fluido ou não o têm suficiente, e quase só no momento da inspiração se acham em completa harmonia.

Mas então não sentem o benefício, porque outra individualidade está unida à sua e os abandona momentaneamente, depois que deram o que tinham como reserva.

Os curadores do campo, os feiticeiros, aqueles que curam as entorses, geralmente são fluídicos. Seu poder é real; eles o exercem sem saber como. Mas seria engano crer que possam agir igualmente sobre todos. É preciso que o fluido que deles se desprende esteja em harmonia com o da pessoa que deve absorvê-lo, senão se produz um efeito contrário. Daí vem o mal muito real que por vezes se sente após uma visita a um desses pretensos feiticeiros.

Não há remédios nem fluidos cuja ação seja universal. Toda ação é modificada pela natureza daquele que a recebe. É preciso que a centelha tenha precisão, senão haverá choque e agravamento do mal que se pretende aliviar.

O magnetismo está sujeito à mesma lei e não pode ser mais eficaz em todos os casos.

Os sensitivos e os fluídicos são as naturezas mais generosas, as que melhor sentem todas essas mil bagatelas que compõem o ser humano na sua estrutura moral, física e intelectual. Mas também são os mais infelizes, porque dão mais aos outros do que recebem. Os mais fluídicos têm geralmente grande desgosto por causa de sua personalidade. Eles pensam nos outros e jamais em si mesmos. Talvez isso também se deva a uma espécie de intuição secreta, pois eles sentem que sem essa liberação do seu excesso, que derramam sobre os outros, eles não poderiam ter repouso.

Lamentemos os fluídicos e os sensitivos. A vida para eles tem mais dores do que alegrias e não passa de contínuo sofrimento.

Mas, ao mesmo tempo, admiremo-los, porque eles são bons, generosos e dotados de caridade humanitária. Deles se desprende uma força para o alívio dos seus irmãos, e é por serem mais completamente *tudo por todos* que são tão pouco para si mesmos.

Talvez o seu adiantamento seja mais rápido e maior num outro mundo, porque passaram por este aplicando-se apenas em fazer o bem aos outros.

Às vezes, depois de um desprendimento muito grande, o fluídico sofre e chega a um extremo grau de fraqueza, até o momento em que entra de novo na posse de sua força. Quando uma pessoa sofre, ele não calcula e corre para ela. O coração o arrasta vitoriosamente, aconteça o que acontecer! Não é mais um homem detido por frias conveniências; é uma alma que desperta ao primeiro grito do sofrimento e que não se lembra mais de si mesmo senão depois que chega o alívio!

IV

OS SONÂMBULOS

O sonambulismo, que pode ser dividido em três categorias, não se refere diretamente a nenhuma das três fases que acabamos de descrever.

1º – O sonâmbulo natural muito raramente será um bom magnetizador. Ele pode não ser acessível nem à inspiração nem ao fluido forçado e concentrado num só ponto pela sua vontade. Outras vezes seu estado apresenta uma predisposição à recepção de um impulso.

O sonambulismo natural é o sonho posto em ação. O pensamento segue seu curso durante o sono dos órgãos. Esta é ainda uma prova de que algo vive em nós além da matéria; de que pensamos e vivemos durante o sono a vida ativa do Espírito, embora tenhamos por algum tempo todas as aparências do aniquilamento.

A vida ativa continua, pois, no sonâmbulo. Ela apenas muda de forma, tomando a de um sonho. O espírito agita a matéria, pois os órgãos físicos são postos em ação por uma força enérgica cuja própria lembrança o indivíduo perde ao despertar.

Estando o verdadeiro inspirado impregnado de uma força poderosa e desconhecida, ele tem algo do sonâmbulo natural, porque obedece a um impulso estranho e deixa de senti-lo logo que volta ao seu estado natural.

O sonâmbulo age sob a simples inspiração que emana dele mesmo. Ele está concentrado num só objeto, por isso, em todos os atos que então realiza, parece muito superior a si mesmo. Se alguém o despertar, ele se perturba, grita como durante um pesadelo e essa brusca transição não se faz sem perigo para ele.

Esse estado estranho não afeta nem fatiga os órgãos. Esses seres passam muito bem, porque, enquanto agem, o ser físico dorme, repousa e apenas a imaginação trabalha.

2º – No inspirado, pode-se dizer que há sempre um grande repouso físico. Impregnado por outra individualidade, seu corpo não participa da ação que ele realiza e seu próprio Espírito dormita, de certo modo, pois forçaram-no a assimilar os pensamentos de outro, pensamentos cujos menores traços ele perde em seguida, à medida que desperta para a vida ordinária.

Nas naturezas dóceis – e nem todos os sonâmbulos são dóceis – esse trabalho de concentração, de *posse* do ser, é feito sem luta, razão pela qual esses pensamentos lhes são dados de maneira mais particular, precisamente porque eles não interrompem o repouso daqueles a quem são trazidos.

Por vezes os sonâmbulos são confundidos com os inspirados, porque há semelhança nos resultados.

Uns e outros prescrevem remédios, mas só o inspirado é um revelador; é nele próprio que reside o progresso, porque só ele é o eco, o instrumento passivo de um Espírito diferente do seu, e mais adiantado.

O magnetismo desperta no sonâmbulo, superexcita e desenvolve o instinto que a Natureza deu a todos os seres para se curarem e que a civilização incompleta em que nos debatemos abafou em nós para substituí-lo pelos falsos lampejos da Ciência.

Os inspirados não precisam absolutamente do recurso do fluido magnético. Eles vivem pacificamente e em nada pensam. De repente uma palavra, inicialmente obscura e indistinta, é murmurada ao seu ouvido. Essa palavra os penetra; ela adquire um sentido, cresce, alarga-se, torna-se um pensamento; outras se agrupam em volta dela, e depois, quando a elaboração íntima chega à maturidade, uma força irresistível os doma, e quer pela palavra, quer pela escrita, é preciso que eles expressem a verdade que os obceca.

Eles estão de tal modo impregnados de seu objetivo, de tal modo por ele possuídos, que durante essas horas de elaboração ou de mudança de direção não são mais acessíveis aos sofrimentos do corpo, porque não mais o sentem e não têm mais consciência de si mesmos; porque, enfim, neles vive um outro em seu lugar.

Pouco a pouco, à medida que o sopro inspirador os abandona, a dor retorna; eles retomam a posse de si mesmos, vivem por sua vontade própria subordinada às suas percepções pessoais, e da aparição extinta não resta mais que uma espécie de vazio no cérebro, conforme a expressão consagrada, mas vazio que, na realidade, existe no organismo inteiro.

Muitas vezes o inspirado se encontra inconscientemente impregnado há muito tempo pelo Espírito de outrem. Malgrado seu, ele tem instantes de recolhimento forçado; ele sabe e pode concentrar melhor as ideias, parecendo viver a vida comum e trocar com os outros seus pensamentos ordinários. Mas as suas distrações são mais frequentes, mesmo que seu Espírito ainda não esteja concentrado mais numa coisa do que noutra. Ele flutua no vazio; deixa-se embalar por uma espécie de entorpecimento que é o começo da infusão de comunicações, ainda no primeiro trabalho de transmissão.

Por si mesmo o magnetismo não dá inspiração; no máximo a provoca e a torna mais fácil. O fluido é como um ímã que atrai os mortos bem-amados para os que ficaram. Ele se desprende abundantemente dos inspirados e vai despertar a atenção dos seres que já partiram e que lhes são similares. Esses, por sua vez, depurados e esclarecidos por uma vida mais completa e melhor, julgam melhor e melhor conhecem os que lhes podem servir de intermediários na ordem dos fatos que julgam útil revelar-nos.

É assim que esses seres mais adiantados muitas vezes descobrem, no seu escolhido, disposições que este mesmo desconhecia. Desenvolvem-no nesse sentido, a despeito dos obstáculos opostos pelos preconceitos do meio social ou pelas prevenções da família, sabendo que a Natureza preparou o terreno para receber a semente que eles querem espalhar.

Eis um médico que se tornou medíocre porque circunstâncias mais fortes que a sua vontade lhe impuseram uma vocação fictícia: a inspiração jamais fará dele um revelador em Medicina. Jamais o Espírito virá transmitir-lhe as coisas ligadas à profissão que ele foi constrangido a exercer, mas apenas as relacionadas com as faculdades naturais que à sua chegada à Terra lhe foram concedidas para que as desenvolvesse pelo trabalho, e que ficaram em estado latente. Aí estava a obra que ele devia realizar. O Espírito o recolocou no caminho e lhe fez compreender sua verdadeira missão.

O Magnetismo, tanto quanto a inspiração, nada pode em favor dessa criatura fatalmente desviada. Apenas, como há discrepância entre as tendências que lhe imprimem os seus fluidos e as funções que as circunstâncias o condenaram a exercer, ele se sente descontente, infeliz; ele sofre e, deste ponto de vista, o Magnetismo pode, por um momento, vir acalmar os pesares que ele experimenta em presença de seu futuro frustrado.

É, pois, erroneamente que em geral se crê, no mundo, que para ser inspirado é preciso ser magnetizado. Ainda uma vez, o magnetismo não dá a inspiração; ele faz circular o fluido e nos põe em equilíbrio, eis tudo. Ademais, é incontestável que ele desenvolve o poder de concentração.

Os sonâmbulos de maior reputação, aqueles que ao seu redor espalham luzes novas, são, ao mesmo tempo, inspirados, mas não se deve crer que o sejam igualmente em todas as horas.

3º – Os sonâmbulos geralmente são mais fluídicos que inspirados. Concebe-se então a oportunidade da ação magnética. O toque, quer do magnetizador, quer de uma coisa que lhe pertenceu, pode dar-lhe esse poder de concentração provocada e previamente aumentada pelos passes magnéticos. Aliado à predisposição sonambúlica, o magnetismo desenvolve a segunda vista e produz resultados extraordinários, sobretudo do ponto de vista das consultas médicas.

O sonâmbulo é de tal modo concentrado no desejo de curar a pessoa cujo fluido está em relação com o seu, que lê no seu ser interior.

Se soma a essa disposição a de ser inspirado, coisa extremamente rara, é então que ele se torna completo. Ele vê o mal, e eis que lhe indicam o remédio!

Os Espíritos que vêm impregnar o inspirado não são seres sobrenaturais. Eles viveram em nosso mundo; eles vivem num outro, eis tudo. Pouco importa a forma física que revestem; sua alma, seu sopro é idêntico ao nosso, porque a lei que rege o Universo é una e imutável.

Sendo o fluido o princípio da vida, a animação, e tendo a nossa alma, graças a fluidos diferentes, atrações e, por conseguinte, destinos múltiplos e diversos, se, pela ação magnética, se desvia de sua espontaneidade o poder de concentração sobre o pensamento que nos deve ser transmitido, o Espírito não pode mais exercer sua ação, conservar sobre nós sua força, sua vontade intacta para nos fazer escrever ou ler em voz alta para o mundo que necessita daquilo que ele veio trazer-nos.

Também os médicos que dirigem os sonâmbulos devem, tanto quanto possível, evitar magnetizá-los, sob pena de substituírem a verdadeira inspiração por uma simples transmissão de seu próprio pensamento.

Os sonâmbulos, tanto quanto os inspirados e fluídicos, não podem agir sobre todos os seus irmãos encarnados. Cada um só tem poder sobre um pequeno número. Mas todos, em suma, aí encontrarão o seu quinhão, quando não mais tivermos horror a essas forças generosas que se desprendem de nós em graus mais ou menos intensos.

Para os sonâmbulos fluídicos, o emprego do magnetismo é útil, por exercer sobre eles sua influência de concentração. Apenas há, nesse estado, mais do que em qualquer outro, uma força de atração ou de repulsão contra a qual jamais se deve lutar.

Os mais ricamente dotados são acessíveis a antipatias muito extremadas para que possam abafá-las. Experimentam-nas, assim como as inspiram. Suas prescrições, nesses casos, raramente são boas. Mas, ordinariamente dotados de uma grande força moral, ao mesmo tempo que de excessiva benevolência, eles adquirem grande poder de moderação sobre si mesmos, e, se nem sempre lhes é possível fazer o bem, pelo menos jamais farão o mal.

EUGÈNE BONNEMÈRE

PEDRA TUMULAR DO SR. ALLAN KARDEC

Na reunião da Sociedade de Paris que se seguiu imediatamente às exéquias do Sr. Allan Kardec, os espíritas presentes, membros da Sociedade e outros, emitiram a opinião unânime de que um monumento, testemunha da simpatia e do reconhecimento dos espíritas em geral, fosse edificado para honrar a memória do coordenador de nossa filosofia. Um grande número de nossos aderentes da província e do estrangeiro se associaram a este pensamento. Mas o exame da proposição teve necessariamente de ser retardado, porque convinha verificar primeiro se o Sr. Allan Kardec havia feito disposições a tal respeito e quais eram essas disposições.

Tudo bem examinado, nada mais se opondo ao estudo da questão, a comissão, depois de madura reflexão, deteve-se, salvo modificação, numa decisão que, permitindo satisfazer ao anseio legítimo dos espíritas, lhe parece harmonizar-se com o caráter bem conhecido do nosso saudoso presidente.

É evidente, para nós, como para todos os que o conheceram, que o Sr. Allan Kardec, como Espírito, não se interessa de modo algum por uma manifestação desse gênero, mas o homem se apaga, neste caso, diante do chefe da Doutrina, e o exige a dignidade, direi mais, o dever daqueles que ele consolou e esclareceu, que se consagre por um monumento imperecível, o lugar onde repousam os seus despojos mortais.

Seja qual for o nome que a designou, é fora de dúvida para todos os que estudaram um pouco a questão e para os nossos próprios adversários, que a Doutrina Espírita existiu por toda a Antiguidade, e isto é muito natural, pois ela repousa nas leis da Natureza, tão antigas quanto o mundo; mas também é evidente que, de todas as crenças antigas, é ainda o Druidismo, praticado por nossos antepassados, os gauleses, a que mais se aproxima de nossa filosofia atual. Também é nos monumentos funerários que cobrem o solo da antiga Bretanha que a comissão reconheceu a mais perfeita expressão do caráter do homem e da obra que se tratava de simbolizar.

O homem era a simplicidade encarnada, e se a Doutrina é, ela própria, simples como tudo quanto é verdadeiro, ela é tão indestrutível quanto as leis eternas sobre as quais repousa.

O monumento se comporia, pois, de duas pedras de granito bruto, eretas, encimadas por uma terceira, repousando em posição ligeiramente oblíqua sobre as duas primeiras, numa palavra, *de um dólmen*. Na face inferior da pedra superior seria gravado simplesmente o nome de Allan Kardec, com esta epígrafe: *Todo efeito tem uma causa; todo efeito inteligente tem uma causa inteligente; a potência da causa inteligente está na razão da grandeza do efeito.*

Esta proposição, acolhida por sinais unânimes de assentimento dos membros da Sociedade de Paris, nos pareceu que devia ser levada ao conhecimento dos nossos leitores. Não sendo o monumento apenas a representação dos sentimentos da Sociedade de Paris, mas dos espíritas em geral, cada um devia ser posto em condições de apreciá-lo e para ele concorrer.

MUSEU DO ESPIRITISMO

Nos planos do futuro que o Sr. Allan Kardec publicou na *Revista* de dezembro, e cuja execução necessariamente será retardada por sua partida imprevista, encontra-se o parágrafo seguinte:
"Às atribuições gerais da Comissão serão anexadas, como dependências locais:
"1º – ....
"2º – Um museu em que serão reunidas as primeiras obras da arte espírita, os trabalhos mediúnicos mais notáveis, os retratos dos adeptos que bem o tiverem merecido da causa por seu devotamento; os dos homens que o Espiritismo honra, embora estranhos à Doutrina, como benfeitores da Humanidade, grandes gênios missionários do progresso etc.

O futuro museu já possui oito quadros de grande dimensão, que só esperam um lugar conveniente, verdadeiras obras-primas da Arte, especialmente executadas em consideração ao Espiritismo, por um artista de renome, que generosamente os doou à *Doutrina*. É a inauguração da arte espírita por um homem que reúne a fé sincera ao talento dos grandes mestres. Em tempo hábil faremos sua descrição detalhada."

(*Revista* de dezembro de 1868, artigo "Constituição transitória do Espiritismo" – Nota de rodapé no final da parte V.)

Esses oito quadros compreendem: o *retrato alegórico do Sr. Allan Kardec*; o *Retrato do autor*; três cenas espíritas da vida de Joana d'Arc, assim designadas: *Joana na fonte, Joana ferida* e *Joana sobre a sua fogueira*; *Auto-de-fé de João Huss*; um quadro simbólico das *Três Revelações* e a *Aparição de Jesus entre os apóstolos, após sua morte corporal*.

Quando o Sr. Allan Kardec publicou esse artigo na *Revista*, tinha a intenção de dar a conhecer o nome do autor, para que cada um pudesse render homenagem ao seu talento e à firmeza de suas convicções. Se não o fez, foi porque aquele que é conhecido pela maioria de vós, por um sentimento de modéstia que facilmente compreendeis, desejava guardar o incógnito e só ser conhecido depois de sua morte.

Hoje as circunstâncias mudaram. O Sr. Allan Kardec não está mais entre nós, e se nos devemos esforçar para executar os seus desígnios, tanto quanto o possamos, também devemos, sempre que nos for possível, resguardar a nossa responsabilidade e enfrentar as eventualidades que acontecimentos imprevistos ou *manobras malévolas* possam fazer surgir.

É com esta intenção, senhores, que a Sra. Allan Kardec me encarrega de vos fazer saber que seis dos quadros acima designados, que foram postos em mãos de seu marido, atualmente estão com ela, e que os conservará em depósito até que um local apropriado, comprado com os fundos provenientes da caixa geral e consequentemente mantido sob a direção da comissão central encarregada dos interesses gerais da Doutrina permita dispô-los de maneia conveniente.

Até aqui, os múltiplos embaraços de uma mudança de domicílio, nas condições dolorosas que conheceis, não deixaram a oportunidade para visitas aos quadros. De agora em diante, todo espírita poderá, se tal for o seu desejo, examiná-los e apreciá-los na residência particular da Sra. Allan Kardec, às quartas-feiras, das duas às quatro horas.

Os dois outros quadros ainda estão em mãos do autor, que certamente todos já reconhecestes. É, com efeito, o Sr. Monvoisin, que, encontrando nova energia na firmeza de suas convicções, quis, apesar de sua idade avançada, concorrer para o desenvolvimento da Doutrina, abrindo uma era nova para a pintura, pondo-se à frente daqueles que, no futuro, ilustrarão a arte espírita.

Nada mais diremos a respeito. O Sr. Monvoisin é conhecido e apreciado por todos, tanto como artista de talento quanto como espírita devotado, e tomará lugar ao lado do mestre nas fileiras dos que tiverem merecimentos diante do Espiritismo.

(Extraído da ata da sessão de 7 de maio de 1869.)

VARIEDADES

OS MILAGRES DE BOIS-D'HAINE

(Segundo artigo – Vide a *Revista* de abril de1869)

Sob este título publicamos em um número precedente a análise de um artigo do *Progrès thérapeutique,* jornal de Medicina, dando conta de um fenômeno singular que excitava no mais alto grau a curiosidade pública em Bois-d'Haine, na Bélgica. Como se recordam, tratava-se de uma jovem de 18 anos, chamada Louise Lateau, que todas as sextas-feiras, da uma e meia às quatro e meia, cai em estado de êxtase cataléptico. Durante a crise ela reproduz, pela posição dos membros, a crucificação de Jesus, e cinco chagas se abrem nos lugares exatos onde eram as do Cristo.

Diversos médicos examinaram atentamente esse curioso fenômeno, do qual, aliás, se encontram vários exemplos nos anais da Medicina. Um deles, o Dr. Huguet, remeteu ao *Petit Moniteur* a carta seguinte, que transcrevemos sem comentários, apenas acrescentando que partilhamos sem reservas da opinião do Dr. Huguet sobre as causas prováveis dessas manifestações:

"A explicação dos curiosos fenômenos observados em Louise Lateau e relatados em vosso estimado jornal *(le Petit Moniteur Universal du soir,* de sábado, 10 de abril de 1869), necessita de conhecimento completo do composto humano.

"Todos esses fenômenos, como muito judiciosamente fazeis observar, são devidos à imaginação.

"Mas o que se deve entender por isto senão a faculdade de reter impressões imaginadas, com o auxílio da memória?

"Como se recebem as impressões, e como, recebidas estas, explicar a representação fisiológica da crucificação?

"Eis, senhor, as explicações que tomo a liberdade de vos submeter.

"A substância humana é uma unidade ternária, composta de três elementos, ou antes, de três modalidades substanciais; o espírito, o fluido nervoso e a matéria organizada; ou, se se quiser, de duas manifestações fenomenais solidárias: a alma e o corpo.

"O corpo é uma agregação serial e harmoniosamente disposta dos elementos do globo.

"O fluido nervoso é a ação em comum de todas as forças cósmicas e da força vital recebida com a existência.

"Essas forças, elevadas ao mais alto poder, constituem a alma humana, que é da mesma natureza que todas as outras almas do mundo.

"Esta análise sucinta do homem, sendo assim apresentada, tentemos explicar os fatos.

"Um estudo sério da catalepsia e do êxtase nos fortaleceu nesta teoria e nos permitiu emitir as seguintes proposições:

"1º – A alma humana, espalhada em toda a economia, tem sua maior tensão no cérebro, ponto de chegada das impressões de toda sorte e ponto de partida de todos os movimentos ordenados.

"2º – O fluido nervoso, resultado da organização de todas as forças cósmicas e nativas reunidas, é a alavanca de que se serve a alma para estabelecer suas relações com os órgãos e com o mundo exterior.

"3º – A matéria é o estojo, a célula múltipla e engrandecida que se molda sobre a forma fluídica determinada e especificada pela própria natureza do homem.

"4º – Os órgãos não passam de mediadores entre as forças orgânicas e as do meio ambiente.

"5º – Os órgãos estão sob a influência da alma, que pode modificá-los de diversas maneiras, segundo seus diversos estados, por intermédio do sistema nervoso.

"6º – A alma é móvel, pode ir e vir, conduzir-se com mais ou menos força sobre tal ou qual ponto da economia, conforme as circunstâncias e a necessidade.

"As migrações da alma em seu corpo determinam as migrações do fluido nervoso, que por sua vez determinam as do sangue.

"Ora, quando a alma da jovem Lateau estava em consonância similar, por sua fé, com a paixão do Cristo imaginada em seu sentimento, essa alma se lançava pela radiação similar sobre todos os pontos de seu corpo, que em sua memória correspondiam aos do corpo do Cristo, por onde o sangue havia saído.

"O fluido nervoso, ministro fiel da alma, seguia a direção de seu guia, e o sangue, carregado de um dinamismo da mesma natureza que o do fluido nervoso, tomava a mesma direção.

"Havia, pois:

"a) – Arrastamento do fluido nervoso pela radiação expansiva, centrífuga e especializada da alma;

"b) – Arrastamento do sangue pela radiação similar, centrífuga e especializada do fluido nervoso.

"7º – A alma, o fluido nervoso e o sangue então se põem em marcha em seguida a um fato de imaginação, que se torna o ponto de partida de sua expansão centrífuga.

"Do mesmo modo se explicam a postura em cruz do corpo e de suas diversas atitudes.

"Abordemos agora os fatos contraditórios relativos à experiência do crucifixo de madeira ou de cobre e da chave.

"Para nós, a catalepsia é, seja qual for a causa, uma retração das forças vitais para os centros, assim como o êxtase é uma expansão dessas mesmas forças para longe desses centros.

"Quando colocavam um crucifixo na mão da jovem, ela centralizava suas forças para reter uma sensação afetiva em relação com sua fé, com seu amor pelo Cristo.

"Retiradas as forças para os centros, os membros não tinham mais a flexibilidade que lhes davam as forças no estado de expansão centrífuga; daí a catalepsia ou enrijecimento dos membros.

"Quando se substituía a cruz por um outro objeto menos simbólico da ideia cristã, as forças voltavam aos membros e a flexibilidade voltava.

"Os fatos relativos à torção dos braços têm a mesma explicação.

"Quanto às infrutíferas tentativas de despertamento por meio de gritos, pela movimentação dos braços, por agulhas atravessando a pele, ou pondo-se amoníaco sob o nariz, pertencem apenas à fisiologia experimental relativa às sensações.

"A insensibilidade se deve a uma solução de continuidade mais ou menos pronunciada, mais ou menos durável entre os centros perceptivos e os órgãos do corpo impressionados, solução de continuidade devida a uma precipitada retirada centrípeta das forças vitais ou a uma dispersão centrífuga muito forte dessas forças.

"Eis, senhor, a explicação racional desses fatos estranhos. Espero que ela seja acolhida favoravelmente por vós e por todos aqueles que buscam compreender o jogo da vida nos fenômenos transcendentes da Biologia.

"Contudo, há que notar um fato admirável, e é por ele que terminarei esta longa comunicação. Quero falar do funcionamento da memória, malgrado o estado de insensibilidade absoluta resultante da catalepsia e do êxtase e da presumível abolição, por isto mesmo, de todas as faculdades mentais.

"Creio que é esta a única explicação possível deste fenômeno estranho. Há casos, na verdade muito raros, e o que nos ocupa está entre eles, em que o exercício de certas faculdades persiste, a despeito da catalepsia, sobretudo quando se trata de vivas impressões recebidas. Ora, aqui o drama da cruz tinha, sem sombra de dúvida, produzido uma impressão de tal modo profunda sobre a alma da moça, que essa impressão havia sobrevivido à perda da sensibilidade."

Dr. H. HUGUET
d. m. p.

(Petit Moniteur universal du soir, 13 de abril de 1869).

DISSERTAÇÕES ESPÍRITAS

O EXEMPLO É O MAIS PODEROSO AGENTE DE PROPAGAÇÃO

(Sociedade de Paris, sessão de 30 de abril de 1869)

Venho esta noite, meus amigos, falar-vos por alguns instantes. Na última sessão não respondi, porque estava ocupado alhures. Nossos trabalhos como Espíritos são muito mais extensos do que podeis supor, e os instrumentos de nossos pensamentos nem sempre estão disponíveis. Tenho ainda alguns conselhos a dar-vos sobre a marcha que deveis seguir perante o público, com o fito de fazer progredir a obra a que devotei minha vida física, e cujo aperfeiçoamento persigo na erraticidade.

O que vos recomendarei antes de mais nada e sobretudo, é a tolerância, a afeição, a simpatia de uns para com os outros e também para com os incrédulos.

Quando vedes um cego na rua, o primeiro sentimento que se vos impõe é a compaixão. Que assim seja também para com os vossos irmãos cujos olhos estão fechados e velados pelas trevas da ignorância ou da incredulidade. Lamentai-os, em vez de censurá-los. Por vossa doçura, mostrai vossa resignação para suportar os males desta vida, vossa humildade em meio às satisfações, vantagens e alegrias que Deus vos envia; mostrai que há em vós um princípio superior, uma alma obediente à lei, a uma verdade também superior: o Espiritismo.

As brochuras, os jornais, os livros, as publicações de toda espécie são meios poderosos de introduzir a luz por toda parte, mas o mais seguro, o mais íntimo e o mais acessível a todos é o exemplo da caridade, da doçura e do amor.

Agradeço à Sociedade por ajudar aos verdadeiros infortúnios que lhe são indicados. Eis o bom Espiritismo, eis a verdadeira fraternidade. Ser irmãos é ter os mesmos interesses, os mesmos pensamentos, o mesmo coração!

Espíritas, sois todos irmãos na mais santa acepção do termo. Pedindo que vos ameis uns aos outros, limito-me a lembrar a divina palavra daquele que há mil e oitocentos anos, pela primeira vez trouxe à Terra o germe da igualdade. Segui a sua lei; ela é a vossa. Nada mais fiz do que tornar mais palpáveis alguns de seus ensinamentos. Obscuro operário daquele mestre, daquele Espírito superior emanado da fonte de luz, refleti essa luz como o verme luzidio reflete a claridade de uma estrela. Mas a estrela brilha nos céus, e o verme luzidio brilha na terra, nas trevas. Essa é a diferença.

Continuai as tradições que vos deixei ao deixar-vos.

Que a mais perfeita harmonia, a maior simpatia, a mais sincera abnegação reinem no seio da Comissão. Espero que ela saiba cumprir com honra, fidelidade e consciência, o mandato que lhe é confiado.

Ah! Quando todos os homens compreenderem tudo o que encerram as palavras amor e caridade, na Terra não haverá mais soldados nem inimigos; só haverá irmãos; não haverá mais olhares torvos e irritados; só haverá frontes inclinadas para Deus!

Até logo, caros amigos, e ainda obrigado, em nome daquele que não esquece o copo d'água e o óbolo da viúva.

ALLAN KARDEC

POESIAS ESPÍRITAS

A NOVA ERA

(Paris, 16 de abril de 1869 – Médium, Sr. X...)

Eu vos falo esta noite em versos e a linguagem
Provavelmente irá vos espantar, Senhores;
A linguagem dos deuses vem de antiga usagem,
E os versos hoje são pouco merecedores.

Mas um dia virá para a Musa hoje triste,
E os corações em luz bem logo aplaudirão
Os acentos de amor de uma lira que insiste
Em vibrar entre as mãos de um jovem em galardão.

Bem logo se ouvirá, a elevar-se da Terra,
Um canto misterioso, um hino colossal,
A cobrir com seu eco os ribombos da guerra
Troando nos canhões a serviço do mal.

Esse cântico é tudo; amor, progresso e luz!
Enfim, todos os homens se darão as mãos
E virão se reunir sob o pálio da cruz;
A doce liberdade há de marcar o chão.

Graças, Deus! Liberdade! Um é pai, outra é filha,
Mas ambos imortais; vós haveis libertado,
Enfim, de seu entrave, vossa pobre família,
A Humanidade em dor, de coração magoado.

Dais esperança, enfim, ao pobre proletário,
Mas também libertando-o da revolução.

Vós fazeis triunfar o dogma igualitário
Pela bondade, o amor, a abnegação.

Único é o estandarte e santa é a sua legenda;
Amor e liberdade, progresso e irmandade!
Que estas palavras vibrem nesta nossa agenda
Para depois chegarem a toda a Humanidade!

Eis o ensino que agora eu vos procuro dar
Por meu querido médium, guiando-lhe a mão.
Se em versos eu me exprimo, queiram me perdoar!
Em versos, não de luta, mas versos de irmão.

A. DE MUSSET

MARAVILHAS DO MUNDO INVISÍVEL

Se Musset já falou, não quero me calar,
Não deve a minha voz solitária ficar
Muda perante vós.
Se o meu corpo, esta noite, sob flores repousa,
Meu Espírito, de leve, levantou a rosa
Para saudar a vós.

Bom dia, meus amigos; revivo, e a aurora
Aparece aos meus olhos, mais brilhantes agora
Que o dia em pleno ardor;
E, para lá da tumba, ardente é a centelha.
O belo véu do azul, ao se entreabrir, espelha
Cheio de luz, o amor.

É muito belo o céu! É muito doce a pátria
Que em vida eu contemplava; cara terra pátria
Onde as asas abria

Meu Espírito em voo, onde o meu pensamento
Atravessado a flux por um raio violento
Em viva fé ardia.

Eu direi algum dia o que, sob esta tumba,
Onde, se não se crê, a esperança sucumbe,
Pode o Espírito ver,
Quando tem, como vós, uma chama divina
Que faz brilhar no peito a virtude hialina
Como um espelho a arder.

Esse ardente clarão, vós o sabeis certeiro,
E a crença na alma; ela mostra o roteiro
Ao Espírito inseguro
Que perscruta no céu cada astro, cada estrela,
Buscando para a alma um piloto, uma vela,
Um reflexo puro.

A. DE LAMARTINE

NOTÍCIAS BIBLIOGRÁFICAS

NOVAS HISTÓRIAS PARA AS MINHAS BOAS AMIGUINHAS[1]

(Pela Srta. Sophie Gras de Haut-Castel,
de 10 anos de idade)

---

[1] Paris. 1809. 1 vol. In-18 – Preço: 3,30 francos.

Com este título, acaba de aparecer, na Livraria Dentu, uma obra que, à primeira vista, não parece ligar-se diretamente aos nossos estudos. Mas compreenderemos facilmente o interesse que esta coleção de historinhas infantis poderá ter para nós, ao tomarmos conhecimento desta nota do editor: – *O volume que vamos ler é textualmente obra de uma menina, que o compôs a partir dos oito anos e meio de idade até dez anos e meio.*

O primeiro sentimento que nasce no espírito do leitor é por certo o de dúvida. Abrindo as primeiras páginas, um sorriso de incredulidade paira em seus lábios. Ele pergunta quem pôde enceguecer a ponto de publicar as elucubrações incoerentes de um cérebro de criança. Mas o espírito crítico desaparece e a atenção, a curiosidade despertam ao descobrir interesse nestas historietas, situações verossímeis, uma conclusão lógica, caracteres bem desenvolvidos, uma moralidade.

A senhorita Sophie Gras não é, aliás, uma estreante; há um par de anos ela publicou sua primeira obra, sob o título de: *Contos para as minhas amiguinhas*. É, como esta última, inteiramente obra de uma garota de oito anos e meio que, numa idade em que quase só se pensa em brincar e divertir-se, dá curso às composições nascidas de sua ardente imaginação.

Sem dúvida, nestas obras infantis encontramos reminiscências de leituras, mas, além disso, sentimos ideias pessoais, observação, somadas a uma instrução notavelmente desenvolvida.

A Srta. Sophie Gras certamente conhece todos os grandes fatos da História de seu país. As dificuldades de Gramática, de Aritmética e de Geometria são um brinquedo para ela. Ela deve ter estudado com proveito a Botânica e Geologia, porque a fauna e flora dos diversos países que descreve lhe são perfeitamente conhecidas. Algumas citações tomadas ao acaso provarão, melhor do que tudo quanto poderíamos dizer, o atrativo desse livro. Em cada página encontram-se quadros como este:

"A velha vovó, com um sopro ofegante, reanimou os carvões quase extintos que dormiam debaixo da cinza. Ela fez um pouco de fogo com os restos de sarmento, que eram as únicas provisões do inverno, e pôs os carvões nos aquecedores de barro. Pendurou a lâmpada de ferro num caniço, aqueceu a caminha de suas netas e se pôs a cantar uma velha balada

gaélica para adormecê-las, enquanto fiava no fuso para lhes fazer um vestido.
"A cabana era enfeitada com velhas imagens de santos, penduradas em pregos, nas paredes de taipa. Alguns utensílios de cozinha, assim como uma grande mesa de carvalho, formavam todo o mobiliário, e uma simples cruz de madeira pendia de um prego."

Ou ainda as descrições:

"O sol, em seu declínio, não espalha mais que alguns raios de ouro que se extinguem no meio de nuvens rosas. Ele penetra fracamente através da folhagem transparente, onde deixa uma cor verde suave; espalha o resto de seu brilho sobre as folhas dos loureiros-rosa, cujas nuanças atenua, enquanto o astro da noite deixa lentamente seu sono prolongado."

Página 18: "No dia seguinte, ao romper da aurora, Delfina levantou-se, colocou seu pacotinho debaixo do braço e apanhou uma cesta com provisões. – Fechou sua casa e partiu brincando. Adeus, rochedos, regatos, bosques e fontes que tantas vezes me distraístes com o vosso suave murmúrio; adeus, claras águas que eu bebia...

"...Acabando de surgir, o Sol avançava majestosamente e fazia brilharem as flores de todas as cores. Estas, molhadas por um suave orvalho, exalavam os mais doces perfumes. Aproximava-se o inverno, mas a manhã era radiosa e gotas d'água pendiam das árvores que erguiam os seus ramos vergados ao peso de seus frutos."

Página 36: "A Sra. de Rozan, que havia ficado num cárcere infecto, onde dificilmente penetravam os raios de um dia triste, estava deslumbrada pela luz do sol... Ela ouvia, murmurando a seu lado, regatos espumantes e escutava o murmúrio com volúpia. Considerava o lírio branco das águas, onde tremia uma gota de orvalho, e seus botões torcidos, prestes a se abrirem. – 'Tua morada, ó Delfina, dizia ela, é mais deliciosa do que era o meu palácio'."

Páginas 55-56: "Nenhum ruído se ouvia, além do crepitar das chamas, cujas labaredas apareciam como fachos sinistros em meio à noite. Em breve redobrou a violência do incêndio. Turbilhões de chamas entremeadas de fumo negro e vermelho elevavam-se nos ares. – As velhas bananeiras e os teixos seculares caíam com estalos horríveis. – Os pios lamentosos das pombas, gemendo nos bosques da savana, retiniam ao longe como o som dos sinos que se lamentam."

Página 77: "As bordas da torrente eram esmaltadas de flores perfumadas que formavam uma confusão de todas as cores sobre o tapete verde das ervas. A filha da primavera, a amável violeta, emblema da simplicidade, crescia abundante naquele lugar onde a mão do homem jamais a havia colhido."

Página 101: "Não longe dali havia um prado cheio de orobancas, de silenes, de violetas e de amarantos; algumas tílias quase mortas, de folhas amarelas, surgiam de longe em longe, dispostas sem simetria. Milhares de pássaros volitavam sobre os ramos floridos, cantando suas árias mais harmoniosas. As árvores estavam carregadas de frutos e seus ramos musgosos rompendo-se sob o peso da menor tempestade, faziam ouvir surdos estalos. Naquele jardim, imagem do paraíso terrestre, cercado de uma negra floresta, não se sentia nem infelicidade, nem os remorsos da alma; tudo ali era encantador e pacífico; *ali se era puro*... Que faltava àquele lugar que a Divina Providência havia querido ornar com todas as belezas da Natureza?"

Página 286: "Margarida tinha escolhido duas de suas amigas, em cujo número estava Ethéréda, para caminhar atrás dela e levar a sua coroa. Essas duas meninas, que lhe serviam de acompanhantes, eram gentis como deusas; teríeis tomado cada uma delas por Vênus criança, mas acrescentando que seu rosto tinha a suavidade e a bondade das virgens cristãs. Eram dois botões de rosa antes de se abrirem."

Gostaríamos de citar tudo e demonstrar à evidência a poesia ingênua, o conhecimento real dos sentimentos que se afirmam, em cada página, em meio às reflexões infantis, como os lampejos de um gênio que ainda se ignora, mas que transparece malgrado os obstáculos que lhe opera um instrumento cerebral incompletamente desenvolvido.

Supondo que a memória representa aqui um certo papel, o fato não é menos admirável e importante, por suas consequências psicológicas. Forçosamente chama a atenção para fatos análogos de precocidade intelectual e conhecimentos inatos. Involuntariamente a gente procura compreendê-los, e com a ideia da pluralidade das existências, que dia a dia adquire mais autoridade, não conseguimos encontrar solução racional senão no princípio da reencarnação.

Essa criança *adquiriu* numa existência anterior, e seu organismo, extremamente maleável, lhe permite derramar em obras literárias seus variados conhecimentos e assimilar as formas atuais. Os exemplos desse gênero não são raros: Assim foi Mozart criança, como compositor; assim foi Jean-Baptiste Rey, que morreu como grão-mestre da capela imperial. Com apenas nove anos, ele cantava, com os pés no orvalho e a cabeça ao sol, precisamente nas proximidades da cidade de Lauzerte, no vale de Quercy, onde nasceu e mora a nossa heroína. Era uma alma no exílio, que se lembrava das melodias da pátria ausente e se tornava o seu eco. A expressão e a justeza de seu canto chocaram um estranho que o acaso havia levado àquele lugar. Ele o levou consigo para Toulouse, fê-lo entrar no mestrado de Saint-Sernin, de onde o menino, feito homem, saiu para ir dirigir, na orquestra do Ópera, as obras-primas de Gluck, Grétry, Sacchini, Salieri e Paesiello. Tal foi, também, a Sra. Clélie Duplantier, um dos nossos mais destacados espíritos instrutores, que, desde a idade de oito anos e meio, traduzia correntemente o hebraico e ensinava latim e grego a seus irmãos e primos mais velhos que ela própria.

Temos de concluir que as crianças que só aprendem à força de estudos perseverantes foram ignorantes ou não tinham meios em sua existência precedente? Não, sem dúvida; a faculdade de se lembrar é inerente ao desprendimento mais ou menos fácil da alma e que, nalgumas individualidades, é levado aos limites mais extremos. Existe nalgumas uma espécie de visão retrospectiva que lhes lembra o passado, ao passo que para outras que não a possuem, esse passado não deixa qualquer traço *aparente*. O passado é como um sonho do qual a gente se lembra mais ou menos exatamente, ou que por vezes esquece totalmente.

Vários jornais deram conta das obras da Srta. Sophie Gras. Além disso, o *Salut public,* de Lyon, fazendo os elogios merecidos à inteligência precoce da autora, acrescenta o seguinte:

"Sou tentado a dedicar o início de minha conversa aos apreciadores de fenômenos, de fenômenos morais e intelectuais, bem entendido, porque, na ordem física, nada é penoso para ver, em minha opinião, como essas derrogações vivas das leis da Natureza...

..."A família da Srta. Sophie Gras, que desfruta de uma grande fortuna e de alta consideração em Quercy, não premeditou esse sistema de educação; ela deixou acontecer, mas ainda não é suficiente? Essa menina prodigiosa nada conheceu das alegrias infantis e deflora, numa pressa prematura, as da adolescência etc. etc."

Partilhamos completamente da opinião do redator do *Salut publique*, no que concerne às monstruosidades físicas. A gente é penosamente afetada à vista de certas exibições desse gênero; mas serão elas, efetivamente, derrogações das leis da Natureza? Ao contrário, não seria mais lógico ver, como ensina o Espiritismo, uma aplicação das leis universais ainda imperfeitamente conhecidas, e uma demonstração de natureza oposta, mas tão convincente quanto a primeira, da pluralidade das existências?

Quanto ao perigo de deixar a Srta. Sophie Gras entregue às suas inspirações, somos de opinião que isso não existe. O perigo seria refrear essa necessidade de expansão que a domina. Seria tão imprudente forçar à concentração as inteligências que assim se afirmam, quanto acumular no espírito de certos pequenos prodígios conhecimentos que se desdobram por um gesto, cantores inexpressivos, agradáveis numa primeira audição, mas que fatigam rapidamente, talvez inteligências notáveis, mas que se estiolam e se abastardam numa temperatura de compressão para a qual elas não nasceram.

As vocações naturais, consequências de aquisições anteriores, são irresistíveis. Combatê-las é querer quebrar as individualidades que as possuem. Deixemos, pois, governar-se pela inspiração os Espíritos que, como a Srta. Gras, *chegaram* de passagem pela fieira comum das encarnações sucessivas.

A DOUTRINA DA VIDA ETERNA DAS ALMAS E DA REENCARNAÇÃO

ENSINADA HÁ QUARENTA ANOS POR UM DOS MAIS ILUSTRES CIENTISTAS DO NOSSO SÉCULO

Temos o prazer de anunciar aos nossos irmãos em doutrina que a tradução francesa de uma obra muito interessante de Sir Humphry Davy, pelo Sr. Camille Flammarion, já está no prelo e será publicada dentro de um mês.

Sir Humphry Davy, o célebre químico ao qual se deve a fecunda *teoria da Química moderna,* substituta da teoria de Lavoisier, a descoberta do *cloro,* a do *iodo,* a decomposição da água pela eletricidade, a lâmpada dos mineiros etc.; Sir Humphry Davy, o sábio professor do Instituto Real de Londres, presidente da Sociedade Real da Inglaterra, membro do Instituto de França – e maior ainda por seus imensos trabalhos científicos do que por seus títulos, – escreveu, antes de 1830, um livro que o próprio Cuvier qualificou de *sublime,* mas que é quase completamente desconhecido na França, e que tem como título: *The Last Days of a Philosopher,* isto é, *Os Últimos Dias de um Filósofo.*

Essa obra começa por uma *visão* no Coliseu de Roma. O autor, solitário em meio a ruínas, é transportado por um Espírito que ele escuta sem vê-lo, ao mundo de Saturno e em seguida aos cometas. O Espírito lhe explica que as almas foram criadas na origem dos tempos, livres e independentes; que seu destino é progredir sempre; que elas reencarnam nos diferentes mundos; que nossa vida atual é uma vida de provas etc.; numa palavra, as verdades que atualmente constituem a base da doutrina filosófica do Espiritismo.

Diversas questões de Ciência, de História, de Filosofia e de Religião compõem, ao mesmo tempo, essa obra admirável.

O Sr. Camille Flammarion tinha empreendido a sua tradução há dois anos, e sabemos que o Sr. Allan Kardec pressionava o jovem astrônomo para concluí-la.

Quisemos dar a conhecer esta boa nova, antes mesmo da publicação da obra. Em nosso próximo número esperamos poder anunciar definitivamente essa publicação, já impressa pela metade, em formato popular, e ao mesmo tempo fazer um resumo dessa interessante tradução.

AVISO MUITO IMPORTANTE

Lembramos aos senhores assinantes que, para tudo o que concerne às assinaturas, compra de obras, expedições, mudança de endereço, as pessoas que não moram em Paris deverão dirigir-se ao *Sr. Bittard, gerente da Livraria, Rua de Lille, 7.*

ERRATA[2]

Número de maio de 1869, pg. 145, linha 19, em vez de: *et certain,* leia-se: *éternel.*

Mesma página, linha 31, em vez de: *tout se pressait,* leia-se: *tout se précisait.*

Pela Comissão de Redação, o Secretário-gerente,
A. DESLIENS

---

[2] As correções foram feitas no devido tempo, nos lugares correspondentes da tradução brasileira. Nota do tradutor; J. A. F.

COMUNICAÇÕES DE ALLAN KARDEC

Nos números da Revista Espírita do segundo semestre de 1869 foram publicadas algumas comunicações de Allan Kardec. Reproduzimo-las a seguir, por ordem de publicação:

A REGENERAÇÃO

(MARCHA DO PROGRESSO)

(Paris, 20 de junho de 1869)

(*Revue Spirite* julho de 1869, pg. 213)

Há muitos séculos, as Humanidades prosseguem de maneira uniforme a sua marcha ascendente através do espaço e do tempo. Cada uma delas percorre, etapa por etapa, a rota do progresso, e se elas diferem quanto aos meios infinitamente diversos que a Providência lhes concedeu, são todas chamadas a se fundirem e a se identificarem na perfeição, porque todas elas partem da ignorância e da inconsciência de si mesmas para se aproximarem indefinidamente de um mesmo objetivo: Deus, para atingirem a felicidade suprema pelo conhecimento e pelo amor.

Há universos e mundos, como povos e indivíduos. As transformações físicas da Terra que sustenta os corpos, podem ser divididas em duas formas, da mesma maneira que as transformações morais e intelectuais que alargam o espírito e o coração.

A Terra se modifica pela cultura, pelo arroteamento e pelos esforços perseverantes dos seus possuidores interessados. Mas a esse aperfeiçoamento incessante devemos juntar os efeitos dos grandes cataclismos periódicos, que representam o seu regulador supremo, como a enxada e a charrua para o lavrador.

As Humanidades se transformam e progridem pelo estudo perseverante e pela permuta de pensamentos. Ao se instruírem e ao instruírem os outros, as inteligências se enriquecem, mas os cataclismos morais que regeneram o pensamento são necessários para determinar a adoção de certas verdades. Assimilam-se sem perturbações e progressivamente as consequências de verdade aceitas, mas é necessária uma conjugação imensa de esforços perseverantes para que novos princípios sejam aceitos. Marcha-se lentamente e sem fadiga por um caminho plano, mas são necessárias todas as forças para subir uma senda agreste e superar os obstáculos que surgem. É então que, para avançar, o homem deve necessariamente quebrar as cadeias que o prendem ao pelourinho do passado, pelo hábito, pela rotina e pelos preconceitos. Do contrário, o obstáculo continua de pé, e ele rodará num círculo vicioso sem saída, até compreender que, para superar a resistência que lhe fecha a rota do futuro, não basta quebrar as velhas armas estragadas, mas é indispensável criar outras.

Destruir um navio que faz água por todos os lados, antes de empreender uma travessia marítima, é medida de prudência, mas será ainda necessário, para realizar a viagem, construir novos meios de transporte. Eis, no entanto, atualmente, onde se encontram certos homens avançados, no mundo moral e filosófico, como em outros mundos do pensamento! Tudo solaparam, tudo atacaram! As ruínas se espalham por toda parte, mas eles ainda não compreenderam que é necessário elevar, sobre essas ruínas, alguma coisa mais séria do que um livre pensamento e uma independência moral, independentes apenas da moral e da razão. O nada em que se apoiam é uma palavra profunda somente por ser vazia. Assim como Deus não criou os mundos do nada, o homem não pode criar novas crenças sem bases. Essas bases estão no estudo e na observação dos fatos.

A verdade eterna, como a lei que a consagra, não espera a aceitação dos homens para existir. Ela é, e governa o Universo, a despeito dos que fecham os olhos para não vê-la. A eletricidade existia antes de Galvani e o vapor antes de Papin, como a nova crença e os princípios filosóficos do futuro existem antes mesmo que os publicistas e os filósofos os confirmem.

Sede pioneiros perseverantes e infatigáveis!... Se vos chamarem de loucos, como a Salomão de Caus; se vos repelirem como a Fulton, continuai avançando, porque o tempo, o juiz supremo, fará surgir das trevas os que alimentam o farol que deve, um dia, iluminar toda a Humanidade.

Na Terra, o passado e o futuro são os dois braços de uma alavanca que tem no presente o seu ponto de apoio. Enquanto a rotina e os preconceitos dominam, o passado está no apogeu. Quando a luz se faz, a alavanca se move e o passado, que já escurecia, desaparece para dar lugar ao futuro que desponta.

ALLAN KARDEC

O ESPIRITISMO E A LITERATURA CONTEMPORÂNEA

(Paris, 14 de setembro de 1869)

(*Revue Spirite* outubro de 1869, pg. 316)

O Espiritismo é, por sua própria natureza, modesto e pouco rumoroso. Ele existe pelo poder da verdade e não pelo barulho que fazem ao seu redor seus adversários e seus partidários. Utopia ou sonho de uma imaginação desordenada, após um breve sucesso ele teria desaparecido sob a conspiração do silêncio, ou, melhor ainda, sob a do ridículo, que, segundo pretendem, tudo aniquila em França. Mas o silêncio só destrói as obras sem consistência e o ridículo só mata o que é mortal. Se o Espiritismo sobreviveu, embora nada tenha feito para escapar às ciladas de toda espécie que lhe armaram, é por não ser obra de um homem nem de um partido, mas o resultado da observação dos fatos e da coordenação metódica das leis universais. Supondo-se que os seus adeptos humanos desapareçam e que as obras que o erigiram em corpo de doutrina sejam destruídas, ele ainda sobreviveria por tão longo tempo quanto existirem os mundos e as leis que os regem.

Alguém é materialista, católico, muçulmano ou livre-pensador por sua vontade ou sua convicção; mas basta existir, senão para ser espírita, pelo menos para estar sujeito ao Espiritismo. Pensar, refletir, viver, são realmente atos de espíritas, e por estranha que pareça esta pretensão, ela prontamente se justifica após alguns minutos de exame, por aqueles que admitem *uma alma, um corpo e um intermediário entre essa alma e esse corpo*; por aqueles que, como Pascal e Louis Blanc, consideram a Humanidade *como um homem que vive para sempre e aprende sem cessar;* por aqueles que, como *La Liberté,* admitem que um homem pode viver sucessivamente em dois séculos diferentes e exercer sobre as instituições e a Filosofia do seu tempo, uma influência da mesma natureza.

Quer estejam ou não convencidos, pensar, ouvir a voz interior da meditação, não é praticar um ato espírita, se realmente existem Espíritos? Viver, ou seja, respirar, não é submeter o corpo a uma impressão transmitida ao espírito por meio do perispírito? Admitir esses três princípios constitutivos do ser humano é admitir uma das bases fundamentais da Doutrina, é ser espírita, ou, pelo menos, é ter um ponto de contato com o Espiritismo, uma crença em comum com os espíritas.

Entrai para o nosso meio abertamente ou pela porta oculta, senhores sábios, isso pouco importa, desde que entreis! A Doutrina vos penetra desde agora, e, como a mancha de azeite, ela se amplia e cresce sem cessar. Vós sois dos nossos, porque a ciência humana entra em pleno voo nos domínios da Filosofia, e a Filosofia Espírita admite todas as conclusões racionais da Ciência. Sobre este terreno comum, quer aceiteis ou não, quer deis às vossas concessões um nome qualquer, estais conosco, e a forma não nos importa, se o fundo é o mesmo.

Estais bem perto de crer e sobretudo de vos convencerdes, senhor de Girardin, que achastes conveniente tomar emprestadas do Espiritismo as suas palavras, as suas formas e os seus princípios fundamentais, para conquistar vossos leitores! E vós todos, poetas, romancistas, literatos, não sois um pouco espíritas, quando vossos personagens sonham com um passado que jamais conheceram; quando reconhecem lugares que jamais visitaram; quando a simpatia ou a antipatia surgem entre eles ao primeiro contato? Fazeis com o Espiritismo o que os maquinistas de teatro fazem com os cenários; ele é talvez para vós uma forma e engodo, um palco, um quadro. Que nos importa? Vós não popularizais menos os ensinos que encontram eco por toda parte, porque muitos pressentem e aceitam, sem poder defini-los, esses princípios de convicção sobre os quais as vossas penas sábias ou poéticas lançam a luz da evidência. É uma fonte fecunda, o Espiritismo, senhores! É o inexaurível Golconda que enriquece o espírito e o coração dos escritores que o exploram e dos que leem as suas produções! Obrigado, senhores! Vós sois nossos aliados, sem querer, talvez sem saber, mas nós vos deixamos o julgamento das próprias intenções, para só apreciarmos os resultados.

Lamentava-se a falta de instrumentos de convicção; o número de médiuns diminuía; o seu zelo esfriava, mas agora não é o poeta da moda, o literato do qual compram as obras, o sábio encarregado de esclarecer as inteligências, que popularizam e propagam por toda parte a nova convicção?

Ah! Não temais pelo futuro do Espiritismo! Criança, ele escapou a todos os cercos do inimigo; adolescente e adotado de bom ou de mau grado pela Ciência e pela Literatura, ele não cessará a sua marcha invasora enquanto não houver inscrito em todos os corações os princípios regeneradores que restabelecerão a paz e a harmonia por toda parte onde reinam a desordem e as dissensões internas.

ALLAN KARDEC

O ESPIRITISMO E O ESPIRITUALISMO

Paris, 14 de setembro de 1869
Na casa de Miss Anne Blackwell

(*Revue Spirite* outubro de 1869, pg. 316)

Estou tão feliz como não podeis imaginar, meus bons amigos, por vos encontrar reunidos. Estou entre vós, numa atmosfera simpática e benevolente, que agrada ao mesmo tempo a meu espírito e a meu coração.

Há muito tempo eu desejava ardentemente o estabelecimento de relações regulares entre a escola francesa e a escola americana. Para nos entendermos, Deus meu, bastaria simplesmente nos vermos e trocar opiniões. Sempre considerei o vosso salão, prezada senhorita, como uma ponte lançada entre a Europa e a América, entre a França e a Inglaterra, destinada a contribuir poderosamente para suprimir as divergências que nos separam, e estabelecer, numa palavra, uma corrente de ideias comuns, da qual surgiria para o futuro a fusão e a unidade.

Caro senhor Peebles, permiti-me felicitar-vos por vosso vivo desejo de entrar em relação conosco. Não devemos lembrar se somos espíritas ou espiritualistas. Seremos uns pelos outros, homens e Espíritos que buscam conscientemente a verdade e que a receberão com reconhecimento, quer resulte dos estudos franceses, quer dos estudos americanos.

Os Espíritos conservam no Espaço suas simpatias e seus hábitos terrenos. Os Espíritos dos americanos mortos são ainda americanos, como os desencarnados que viveram na França são ainda franceses do Espaço. Daí as diferenças dos ensinos em alguns centros. Cada grupo de Espíritos, por sua própria Natureza, por seu espírito nacional, apropria suas instruções ao caráter, ao gênio especial daqueles a quem se dirigem. Mas, assim como na Terra as barreiras que separam as nacionalidades tendem a desaparecer, no Espaço os caracteres distintivos desaparecem, as nuanças se confundem e, num tempo futuro, mais próximo do que supondes, não haverá mais franceses, ingleses ou americanos na Terra ou no Espaço, mas apenas homens e Espíritos, todos filhos de Deus, destinados, por todas as suas faculdades, ao progresso e à regeneração universais.

Senhores, eu saúdo nesta noite, nesta reunião, a aurora de uma próxima fusão das diversas escolas espíritas, e me felicito de contar o senhor Peebles entre os homens sem prevenções, cujo concurso e boa vontade assegurarão a vitalidade dos nossos ensinamentos no futuro e sua universal vulgarização.

Traduzi as minhas obras! Só se conhecem na América os argumentos contra a reencarnação. Quando as demonstrações em favor desse princípio ali se tornarem populares, o Espiritismo e o Espiritualismo não tardarão a se confundir e se tornarão, por sua fusão, na Filosofia natural adotada por todos.

ALLAN KARDEC

OS ANIVERSÁRIOS

(Paris, 21 de setembro de 1869)

(*Revue Spirite* novembro de 1869, pg. 338)

Há entre todos os homens do mundo moderno um costume digno de elogio, sem a menor dúvida, e que, pela própria força das coisas, logo se verá transformado em princípio. Quero vos falar dos aniversários e dos centenários!

Uma data célebre na História da Humanidade, seja por uma conquista gloriosa do espírito humano, seja pelo nascimento ou a morte de benfeitores ilustres cujos nomes estão inscritos em caracteres indeléveis no grande livro da imortalidade, uma data célebre, como disse, vem a cada ano lembrar a todos, que somente os que trabalharam para melhorar a sorte de seus irmãos têm direito a todo respeito e a toda veneração. As datas sangrentas se perdem na noite dos tempos, e se ainda às vezes se lembram com orgulho das vitórias de um grande guerreiro, é com profunda emoção que são recordados os que procuraram, através de meios pacíficos, superar as barreiras que separam as nações. Isso é bom e digno, mas é suficiente? A Humanidade santifica os seus grandes homens. Ela o faz com justiça, e suas sentenças, ouvidas pelo tribunal divino, são decisivas, porque foi a consciência universal que as pronunciou.

Povo, a admiração, o respeito, a simpatia comovem o teu coração, animam o teu espírito, excitam a tua coragem, mas é necessário ainda mais. É necessário que a emoção que experimentas encontre ressonância entre todos os grandes Espíritos que assistem, invisíveis e enternecidos, à evocação de suas generosas ações; é necessário que eles reconheçam discípulos e êmulos entre os que fazem reviver o seu passado. Lembrai--vos! A lembrança do coração é o selo dos Espíritos progressistas chamados ao batismo da regeneração, mas provai que compreendeis o devotamento de vossos heróis prediletos, agindo como eles, talvez num teatro menos vasto, mas também meritório, para adquirirdes ou fazer que aqueles que vos cercam adquiram os princípios de liberdade, de solidariedade e de tolerância, que constituem a única legislação dos Universos.

Após quinhentos anos, João Huss vive na memória de todos, ele que verteu o seu próprio sangue para a defesa das liberdades que havia proclamado. Mas alguém se lembra do príncipe que, na mesma época, ao preço de enormes sacrifícios de homens e recursos, tentou apoderar-se das terras de seus vizinhos? Alguém se lembra dos malfeitores armados que exigiam tributos do viajante imprudente? Não obstante, a celebridade é atribuída ao guerreiro, ao bandoleiro e ao filósofo, mas o guerreiro e o assassino estão mortos para a posteridade. Sua lembrança jaz encerrada entre duas folhas amareladas das histórias medievais. O pensador, o filósofo, aquele que primeiro despertou a ideia do direito e do dever, aquele que substituiu a escravidão e o jugo pela esperança da liberdade, esse está vivo em todos os corações. Ele não procurou o seu bem-estar e a sua glória; procurou a felicidade e a glória para a Humanidade futura!

A glória dos conquistadores se extingue com a fumaça do sangue que eles derramaram; com o esquecimento das lágrimas que fizeram correr. A dos regeneradores aumenta sem cessar, porque o espírito humano, ele próprio se engrandecendo, recolhe as folhas esparsas onde estão inscritos os atos gloriosos desses homens de bem.

Sede como eles, meus amigos! Procurai menos o brilho que a utilidade. Não sejais daqueles que combatem pela liberdade com o desejo de serem vistos. Sede aqueles que lutam obscuramente, mas incessantemente, para o triunfo de todas as verdades, e sereis também daqueles cuja memória não se apagará.

ALLAN KARDEC

Como artigo de abertura, o número de dezembro da Revista Espírita, último do volume 12, publicou o trabalho de Kardec intitulado "Os Desertores", que figura em "Obras Póstumas", mas acrescido da comunicação espiritual do mestre,

que abaixo reproduzimos. A comunicação foi precedida das seguintes considerações:

(*Revue Spirite* outubro de 1869, pg. 358)

OBSERVAÇÃO: Publicamos, como complemento deste artigo, uma instrução dada sobre o mesmo assunto pelo Sr. Allan Kardec, depois de seu regresso ao Mundo dos Espíritos. Pareceu-nos interessante, para os nossos leitores, juntar às páginas eloquentes e viris que precedem, a opinião atual do organizador por excelência da nossa filosofia.

OS DESERTORES

(Paris, novembro de 1869)

Quando eu me encontrava corporalmente entre vós, costumava dizer que aí tinha que ser escrita uma História do Espiritismo, que seria interessante. É ainda o que hoje penso, e os elementos que eu havia reunido para esse fim poderão servir um dia para a realização dessa ideia. É que eu estava, com efeito, mais bem colocado do que qualquer outro para apreciar o curioso espetáculo provocado pela descoberta e a vulgarização de uma grande verdade. Eu ontem pressentia e hoje sei que ordem maravilhosa, que inconcebível harmonia preside a concentração de todos os documentos destinados a formar a nova obra. A benevolência, a boa vontade, o devotamento absoluto de uns; a má-fé, a hipocrisia, as manobras malévolas de outros, tudo concorre para assegurar a estabilidade do edifício que se eleva. Entre as mãos das Potências Superiores que presidem a todas as formas de progresso, as resistências inconscientes ou simuladas, os ataques objetivando semear o descrédito e o ridículo transformam-se em instrumentos de elaboração.

O que não fizeram! Que motivos não utilizaram para sufocar a criança no berço!

O charlatanismo e a superstição quiseram, cada um por sua vez, apoderar-se dos nossos princípios para explorá-los em seu proveito. Todos os raios da imprensa troaram contra nós. Ironizaram as coisas mais respeitáveis; atribuíram ao Espírito do

Mal os ensinamentos dos Espíritos mais dignos da admiração e da veneração universais. Apesar disso, todos esses esforços reunidos, essa coalizão de todos os interesses contrariados só conseguiram demonstrar a impotência dos nossos adversários. É no meio dessa luta incessante contra os preconceitos estabelecidos, contra os erros consagrados, que se aprende a conhecer os homens. Eu sabia, ao me devotar à obra de minha predileção, que me expunha ao ódio de uns, à inveja e ao ciúme de outros. O caminho estava eivado de dificuldades sempre renovadas. Nada podendo contra a Doutrina, eles atacavam o homem; mas, do lado de cá, eu era forte, porque havia renunciado à minha personalidade. Que me importavam as tentativas da calúnia? Minha consciência e a grandeza do objetivo me faziam esquecer espontaneamente os tropeços e os espinhos do caminho. Os testemunhos de simpatia e de estima que recebi daqueles que souberam apreciar-me foram a mais doce recompensa, por mim jamais ambicionada. Mas, infelizmente, quantas vezes eu teria sucumbido ao peso da minha tarefa, se a afeição e o reconhecimento da maioria não me fizessem esquecer a ingratidão e a injustiça de alguns. Porque, se os ataques a mim dirigidos encontraram-me sempre insensível, devo, entretanto, dizer que fui penosamente atingido todas as vezes que encontrei falsos amigos entre aqueles de quem eu tudo esperava.

Se é justo censurar os que tentaram explorar o Espiritismo ou desnaturá-lo nos seus escritos, sem estudá-lo antes, quanto mais culpáveis são aqueles que, depois de haverem assimilado todos os seus princípios, não contentes de abandoná-lo, se puserem a combatê-lo! É sobretudo para os desertores dessa categoria que precisamos apelar à misericórdia divina, porque eles apagaram voluntariamente a chama que os iluminava, com a ajuda da qual poderiam iluminar os outros. Eles perdem logo a proteção dos bons Espíritos, e depois de nos haverem submetido a uma triste experiência, vão rapidamente cair, de queda em queda, nas mais críticas situações!

Após a minha volta ao mundo dos Espíritos, reencontrei um certo número desses infelizes. Agora eles se arrependem; lamentam sua inação e suas más decisões, mas não podem recuperar o tempo perdido!... Eles voltarão logo à Terra com a firme resolução de contribuir ativamente para o progresso, mas estarão ainda em luta com suas velhas tendências, até que consigam triunfar definitivamente.

Poderíamos crer que os espíritas de hoje, esclarecidos por esses exemplos, evitarão cair nos mesmos erros. Mas não é assim. Por muito tempo ainda haverá falsos irmãos e amigos desorientados. Porém, tanto quanto seus antecessores, eles não conseguirão desviar o Espiritismo da sua rota. Se causam algumas perturbações momentâneas e puramente locais, a Doutrina não periclitará por isso. Logo, ao contrário, os espíritas transviados reconhecerão o seu erro e voltarão a concorrer, com novo ardor, para a obra por um instante esquecida, e agindo em conjugação com os Espíritos superiores que dirigem as transformações humanas, eles avançarão a passos rápidos para os tempos felizes prometidos à Humanidade regenerada.

ALLAN KARDEC

BIBLIOGRAFIA

O ECHO D'ALÉM-TÚMULO

É justo registrarmos ainda as referências da Revista Espírita ao aparecimento no Brasil de "O Echo d'Além Túmulo", a famosa publicação baiana, pioneira de nossa imprensa espírita. No número de outubro de 1869, em sua secção bibliográfica, a *Revue* publicava o seguinte:

NOVOS JORNAIS ESTRANGEIROS

"O *Echo d'Além Túmulo*, monitor do Espiritismo no Brasil, publicado mensalmente na Bahia, em língua portuguesa, 60 páginas por exemplar in-oitavo, sob a direção do sr. Luiz Olympio Telles de Menezes, membro do Instituto Histórico da Bahia.

Condições para a assinatura anual: Bahia, 9.000 réis; Províncias brasileiras, 11.000 réis; Exterior, 12.000 réis. Bahia, Largo do Destêrro, nº 2."

Em seu número de dezembro do mesmo ano, a *Revue* comentava, em sua secção "Bibliografia", o aparecimento da nova publicação espírita, traduzindo um trecho de seu artigo de apresentação. Por seu interesse histórico, reproduzimos o comentário da *Reme*:

"Num dos últimos números da *Revue* noticiamos o aparecimento de uma nova publicação espírita em língua portuguesa, na Bahia (Brasil), sob o título de: *L'Echo Spirite d'Outre-Tombe (O Echo d'Além-Túmulo, monitor do Espiritismo no Brasil)*. Providenciamos a tradução do primeiro número desse jornal, a fim de repassar aos nossos leitores com conhecimento de causa.

O Echo d'Além-Túmulo aparece seis vezes por ano, em cadernos de 56 páginas in-4.º, sob a direção do Sr. Luiz Olympio Telles de Menezes, ao qual nos apressamos imediatamente a endereçar vivas felicitações, pela iniciativa corajosa de que deu prova. Era necessária, com efeito, uma grande coragem, a coragem da opinião, para lançar num país refratário como o Brasil um órgão destinado a popularizar os nossos ensinamentos. A clareza e a concisão do estilo, a elevação dos sentimentos ali expressos, são para nós uma garantia do sucesso dessa nova publicação. A introdução e a análise que o Sr. Luiz Olympio faz da maneira pela qual os Espíritos nos revelaram a sua existência, pareceram-nos bastante satisfatórias. Outras passagens, referindo-se especialmente à questão religiosa, dão-nos ocasião para algumas reflexões críticas.

"Para nós, o Espiritismo não deve tender para nenhuma forma religiosa determinada. Ele é e deve permanecer como uma filosofia tolerante e progressiva, abrindo seus braços a todos os deserdados, qualquer que seja a nacionalidade e a convicção a que pertençam. Não ignoramos que o caráter e a crença daqueles a quem se dirige *O Echo d'Além-Túmulo* devem levar o Sr. Luiz Olympio a contornar certas susceptibilidades, mas acreditamos, por experiência, que a melhor maneira de conciliar todos os interesses consiste em evitar tratar das questões que cada um deve resolver em sua própria consciência, e empenhar-se em popularizar os grandes ensinamentos que encontram eco simpático em todos os corações chamados ao batismo da regeneração e ao progresso infinito.

As passagens seguintes, extraídas de *O Eco d'Além-Túmulo*, provarão, melhor do que longos comentários, o vivo desejo do Sr. Luiz Olympio de concorrer eficaz e rapidamente para a propagação dos nossos princípios." (Segue-se a tradução de três páginas da revista brasileira.)

(*Revue Spirite* julho de 1869, pg. 199)

EXTRATO DOS MANUSCRITOS DE UM JOVEM MÉDIUM BRETÃO

OS ALUCINADOS, OS INSPIRADOS, OS FLUÍDICOS E OS SONÂMBULOS

(Terceiro artigo – Ver a *Revista* de junho de 1869)
IV

OS SONÂMBULOS

(Continuação e fim)

O presente artigo figura no número 7 da Revista do ano de 1869, correspondente ao mês de julho. É a continuação de dois artigos anteriores publicados com o mesmo título nas revistas de fevereiro de 1868 e de junho de 1869, constantes desta coleção. Como a revista de julho não pertence à série redigida por Allan Kardec e não tem nenhum interesse particular em relação com o passamento do mestre, não se inclui na publicação das Obras Completas do Codificador, a que pertence esta coleção. Para que o leitor não fique sem o artigo final da série, destacamo-lo e o inserimos neste volume.

Kardec explicou, como se pode ver na apresentação do segundo artigo, neste mesmo volume, que a responsabilidade dessas opiniões ficava inteiramente a cargo do Espírito que inspirara o médium. A publicação foi feita porque: "A Revista Espírita é sobretudo um jornal de estudos" e Kardec pedia a apreciação dos leitores a respeito. Não há dúvida de que os artigos são interessantes, oferecendo elementos para reflexão e demonstrando senso lógico e espírito de observação de parte do autor espiritual. Mas os leitores não devem confundir essas opiniões pessoais de um Espírito com os princípios da Doutrina.

As objeções científicas no caso serão muitas e bem maiores do que as do tempo de Kardec. Não obstante, é conveniente lembrar que o assunto ainda não se pode considerar esgotado pela investigação científica. Seria precipitação, pois, considerar ingenuidade de Kardec a publicação destes artigos. De nossa parte, cumpre-nos oferecê-los integralmente aos leitores.

Há, pois, no sonambulismo, três graus bem distintos.

Primeiro temos o sonâmbulo natural, que pode permanecer sem qualquer ação sobre os outros, embora predisposto a isso pela natureza dos seus fluidos.

Vem em seguida o sonâmbulo inspirado, que nada tem dele mesmo, mas que é de qualquer maneira o recipiente em que se derramam os pensamentos dos outros. O magnetismo, entendamo-lo bem, não lhe dá a inspiração. Somente se, depois de ter sido submetido ao seu efeito, ele cai num estado de prostração que não lhe permite expeli-lo, entretanto, ao restabelecer-lhe a circulação fluídica, o magnetismo pode restaurar-lhe o equilíbrio e devolvê-lo à posse de si mesmo.

Temos depois o sonâmbulo fluídico, do qual o poder curativo se desprende espontaneamente, e que pode, como dissemos, ser levado à inspiração pelo emprego do magnetismo. Então, temos o ser no completo desenvolvimento de suas faculdades.

A utilidade do magnetismo é, portanto, imensa. Primeiro, é um poderoso agente curativo, principalmente para as afecções nervosas, que só ele pode curar. Depois, nos casos que o homem procura deslindar, no caos de seus próprios pensamentos, uma forma, uma revelação que não percebe e não consegue descobrir, ele lhe dá esse poder de concentração que só os homens de gênio possuem, e que os coloca em condições de criar grandes obras e de fazer grandes descobertas.

Desperdiçamos a nossa inteligência, distribuindo-a pelos mais diversos assuntos, e por isso tão raramente podemos produzir alguma coisa de durável. O magnetismo nos dá artificialmente, por alguns momentos, essa faculdade que nos falta. Mas é necessário não abusar, porque, então, em vez desse poder de concentração, ele produziria a desordem no mecanismo dos nossos fluidos e poderia exercer uma ação funesta sobre o organismo.

Se existe realmente a atração magnética entre o sonâmbulo e aquele que o consulta, então há toda possibilidade de que as prescrições do primeiro sejam boas e salutares. Caso contrário, só devemos aceitá-las condicionalmente.

Muitas vezes o sonâmbulo e o consulente sentem-se bem no seu contato recíproco, porque um se beneficia com o excesso de fluidos do outro, ou lhe repassa o que está em excesso nele próprio, e por esse meio os dois voltam à situação normal. Assim os fluídicos se ligam espontaneamente aos que lhes são simpáticos.

A ação moral se confunde com a ação física e agem em comum. Outras vezes, enfim, o magnetizador pode adquirir a doença da pessoa que ele pretendia curar. É necessário então expulsar, por um desprendimento magnético, o fluido que não está em harmonia com o nosso.

O magnetizador nem sempre consegue curar, porque ao apoderar-se de um fluido que não lhe pertence e que o faz sofrer, ele pode transmitir ao paciente uma porção desse fluido que não está em harmonia com ele. Mas esses fenômenos raramente se produzirão, e o magnetismo sabiamente administrado trará quase sempre excelentes resultados. O fluido é a pilha elétrica que desprende as centelhas destinadas a restabelecer e regularizar a saúde.

Acontece muitas vezes que os indivíduos predispostos a receber a inspiração pelos fluidos que deles próprios se desprendem, são sonâmbulos em alguns momentos, quando a ação magnética os domina, e inspirados em outros.

Se impomos a nossa vontade a um sonâmbulo, para obter cura de indivíduos que ele só conhece através de objetos que eles tocaram, é necessário, para que haja resultado, que os fluidos se conjuguem e ajam reciprocamente uns sobre os outros.

A mais rica harmonia resulta de contrastes e dissonâncias. Dois fluidos semelhantes se neutralizam; para agirem um sobre o outro deve haver apenas um ponto de contato, e que sejam de naturezas diversas.

Quando alguém é inspirado, é quase sempre por muitas pessoas ao mesmo tempo e sobre assuntos diferentes. Cada uma dá a sua contribuição para a elaboração comum. Se algumas revelações são imediatas e completas, outras se produzem mais lentamente, de maneira contínua, ou seja, cada dia, cada hora traz a sua partícula da verdade que lentamente se forma, antes de amadurecer e poder manifestar-se.

O progresso da Terra se realiza pela sucessão das gerações que herdam os conhecimentos que o passado lhes deixa ou lhes fornece, e que, pelo seu trabalho no presente, preparam o advento do futuro.

Quando os Espíritos querem agir, pode acontecer que se esteja preso a alguma preocupação que absorve e que dificulta a recepção dos pensamentos que eles transmitem. Então, frequentemente a inspiração procede do objeto desejado, antes que outros Espíritos se apossem do sujeito para ditar-lhe coisas desconhecidas e pouco avançadas. É assim que, em virtude de uma preocupação com o futuro, os remédios são indicados a pessoas amadas quando elas ainda não precisam deles.

Outras vezes, quando o perigo é iminente, surge uma palavra, não ouvida mas ressoando no íntimo, de alguma maneira. Essa palavra é o nome do remédio, é o desprendimento necessário do vosso Espírito que, empolgado pela preocupação ardente de fazer o bem, não se prestaria facilmente a deixar-se invadir por outra ordem de ideias. São amigos que acorrem em vosso auxílio e trazem o alívio para vós ou para aqueles pelos quais tendes interesse.

Encontramos, no estado espírita ou sonambúlico, tantas fases diversas quanto no estado normal. Já dissemos que tudo segue uma lei única, imutável, e Deus não permite que o sobrenatural e o miraculoso venham jamais perturbá-la. Quem pode distinguir todas as nuanças, todos os pensamentos que atravessam, num dia, o cérebro de um homem? Os Espíritos vivem como nós; suas tendências, suas aspirações são as nossas; mas, embora estejam eles próprios bem longe da perfeição, estão mais avançados e progridem mais rapidamente, por estarem desvinculados de todas as mesquinharias da nossa existência.

Há, portanto, médiuns que são mais frequentemente e mais plenamente inspirados que outros. Esperemos e recebamos com reconhecimento as revelações que lhes é permitido fazer-nos, mas não impeçamos as suas indiscrições de Além-Túmulo. Se os que nos inspiram têm necessidade de vir, virão; do contrário permanecerão em silêncio. Jamais abdiquemos da nossa razão. Há charlatães que enganam e há entusiastas que se enganam.

O charlatanismo floresce nas épocas de despotismo, nos países despóticos, quando dizer uma verdade nova é perigoso e equivale a um crime. A terra livre da América era mais favorável que qualquer outra para os experimentadores, sempre impulsionados à busca do desconhecido. Também os americanos foram os primeiros a compreender as relações deste mundo com o outro e a constatar a existência dessa cadeia mais fluídica do que misteriosa que liga os que partem aos que ficam.

O Espiritismo é a lei que rege as relações das almas entre si.

Nos dias malditos da Idade Média, e mesmo em tempos mais próximos de nós, quando a Igreja distribuía parcimoniosamente aos homens a luz de que se atribuía o monopólio e punia com morte horrível aqueles que ela considerava em erro, era necessário ocultar-se para estudar os segredos da Natureza. Era o tempo dos feiticeiros, dos alquimistas, pobres alucinados bem pouco perigosos, ou homens hábeis que exploravam a credulidade popular, mas às vezes também seres inspirados, fluídicos ou sonâmbulos, grandes esclarecedores da Humanidade, vulgarizadores dos conhecimentos revelados pelos Espíritos evoluídos, consolando seus irmãos da melhor forma que podiam, levando seu grão de areia ao lento e laborioso edifício do progresso, e pagando, às vezes com sua vida, a obra providencial que realizavam.

As pitonisas eram sonâmbulas; as ledoras de cartas são frequentemente estáticas mais ou menos lúcidas, que, para chocar as imaginações vulgares, servem-se de meios grosseiros que lhes facilitam a tarefa. Mas os homens gostam que os enganem, mesmo para lhes ensinar a verdade.

Mesmer recorria a uma tina; outros fazem ver o futuro numa garrafa d'água, outros ainda num espelho mágico. A Ciência avança e se vai reconhecendo a inutilidade das encenações, a inutilidade desses processos materiais. Descobriu-se a existência do fluido, a ação que o homem pode exercer sobre o seu semelhante. Chegou-se à adoção de meios mais simples. Os passes magnéticos são suficientes. Um magnetizador poderoso pode mesmo agir somente pela força da sua vontade, de braços cruzados, para a liberação do seu fluido, que irá atingir esta ou aquela pessoa em *relação* fluídica com ele, porque um magnetizador não age sobre todos indistintamente, nem da mesma maneira. Numa reunião numerosa, acontecerá que, ao tentar fazer uma pessoa adormecer, será outra, no canto oposto da sala, que se apossará do fluido.

Outros são inspirados ou caem em sonambulismo lúcido espontaneamente, ou quando querem, ou ainda quando queriam resistir à influência que os envolve.

No seu horror instintivo ao materialismo e ao aniquilamento, o homem tem sede do maravilhoso, do sobrenatural, de aparições e de evocações. Daí o sucesso da magia no mundo.

Da Índia, seu berço, a magia passou ao Egito, onde a vimos sustentar lutas contra Moisés, que a inspiração animava de um poderoso sopro, mas ainda com algumas intermitências. Israel não passou inutilmente pela terra do Faraó. Era nesse foco vivificante do Egito que o gênio dos sábios da Grécia ia frequentemente se reanimar.

As Cruzadas foram buscar entre os árabes o segredo das ciências ocultas, cujo uso difundiram na Itália, na França e na Espanha. Os mouros e os judeus foram os primeiros médicos. Consultavam-nos em segredo e queimavam-nos em público, e os doutores de hoje pensam defender a Ciência, escarnecendo nos seus cenáculos e perseguindo nos tribunais os últimos rebentos perdidos daqueles que foram seus ancestrais comuns.

Mas muitos dentre eles não são também um pouco charlatães, a seu modo? Não há nada demais em que repudiem o magnetismo de maneira absoluta. Há os que o praticam clandestinamente, não ousando confessá-lo abertamente, com o temor de afugentar a clientela espavorida. Em todos os casos, bem poucos dos que o negam chegaram a estudá-lo de boa fé, sem ideia preconcebida além do desejo de esclarecer-se. Eles serão os últimos a admiti-lo. Custa-lhes ajudar com as próprias mãos a derrubar a andaimaria científica que tanto lhes custou construir.

Que terrível revolução quando, ao lado desses homens que possuem incontestavelmente enorme soma de conhecimentos científicos, ignorando apenas um, – *o de curar os seus semelhantes*, – criaturas simples, os primeiros a chegar, puderem ler, como num livro aberto, nos corpos humanos, sem haverem estudado Anatomia, penetrando-os com os olhos como se fossem de vidro, e em vez desses remédios gerais que agem sempre de maneiras diversas e imprevistas, indicarem o agente preciso que se deve empregar, segundo a natureza de cada um. Quantas posições comprometidas, no dia em que o Espiritismo e o Magnetismo combinados tiverem substituído, para a felicidade de todos, a Medicina tão falível e tão ruinosa das Faculdades por essa medicina de família que estará à disposição de quase todos os que desejarem praticá-la.

A Quiromancia é uma ciência de observação, em apoio da qual vêm a Frenologia e a Fisiognomia auxiliadas pela intuição, disposição fluídica particular e especial. Todos podem observar as protuberâncias existentes na cabeça, a infinita variedade dos traços, as múltiplas linhas das mãos, mas nem todos podem deduzir, com segurança ou mais ou menos, os seus significados e os seus efeitos sobre o organismo. Mas o fluido que se desprende do consulente, atingindo aquele que o examina, permite a este último descobrir de maneira mais ou menos acertada os episódios do passado do outro, e até mesmo predizer o que, segundo as probabilidades, deve lhe acontecer no futuro. A simples pressão das mãos ou o toque da cabeça põe o fluido em vibração, em consequência da tensão e da concentração de espírito a que o praticante se habituou.

Assim se explicam os casos de revelação, de predição, que, ao se verificarem, causam espanto, admiração e pavor ao mesmo tempo.

Mas não há nada de maravilhoso nem de sobrenatural em tudo isso. As nervuras de nossas mãos podem comparar-se às das folhas das plantas. O conjunto, o aspecto, a forma geral, tudo se assemelha, no entanto nada é semelhante entre ambas. Estudai as folhas: quem sabe se descobrireis que a árvore a que pertencem está mais ou menos estruturada para viver muito tempo?

Nossas mãos são como as folhas ligadas à extremidade dos ramos. Elas são as nossas extremidades; elas se movem, agem, põem-nos em relação com os outros, e é a elas que consultamos para conhecer o estado geral da saúde. Da mesma maneira que através dos pequenos ramos flui uma seiva delicada, assim também ocorre pelas mãos do homem, que são uma maravilha entre todas as maravilhas do corpo. É a ponta do ramo que, flexível e como que animada e dirigida por uma inteligência particular, se dobra em torno dos galhos que sustentam a sua debilidade. Assim, as trepadeiras, as glicínias e a vinha... É pois na extremidade, tanto entre os vegetais como entre os homens que é dado tocar, que se encontra a parte mais delicada e mais perfeita.

O tronco tem a força; a seiva e o sangue dão o impulso; as hastes e as mãos são os instrumentos dóceis.

Se a árvore tem folhas anêmicas, manchadas de branco ou de amarelo, caindo aos primeiros ventos do outono, ela está clorótica e podemos prognosticar com segurança que não viverá muito tempo. O homem cujas mãos são pequenas, frias, brancas, exangues, não figurará entre os atletas nem entre os centenários.

Como poderia uma terra pobre, desprovida de elementos nutritivos, produzir uma seiva abundante, capaz de lançar-se à extremidade dos ramos para fazê-los crescer e alongar-se indefinidamente?

A planta, como o animal, como o homem, tem proporcionalmente às suas energias vitais a sua parte fluídica, que circula por todo o organismo. Mas a planta e o animal, só tendo de despender sua força e sua vontade numa ordem da fatos mais restrita, são dotados de um fluido menos poderoso. Podemos fazê-los progredir, mas eles não o fazem sem serem provocados.

O homem, pelo contrário, tem poder de direção. Deus o aceitou como colaborador na obra sublime da Criação. Deus cria os tipos e reserva ao seu auxiliar o cuidado de descobrir as variedades infinitas, de multiplicá-las e de aperfeiçoá-las ao infinito. Ele necessita, pois, de um fluido mais abundante, mais rico, para realizar a sua tarefa mais nobre e cumprir a missão providencial que lhe foi reservada.

Essas diferenças entre as linhas das mãos e as nervuras das folhas são também encontradas nas patas dos animais, e por tudo, enfim. Mas entre os homens e as criaturas mais evoluídas, essas nuanças são mais numerosas e mais acentuadas. Entretanto, descendo mesmo até os mais ínfimos, uma observação atenta permitirá descobrir, nos diferentes ramos em que finda cada uma delas, sintomas que permitem prognosticar o caráter e a saúde e que a orientação ativa do homem pode modificar para melhor ou pior. É seu direito e seu dever trabalhar para melhorar todas as coisas inferiores. A Natureza põe à sua disposição meios curativos, e ele será insensato e mesmo culpável se não os empregar no prolongamento e enobrecimento de sua vida e das demais criaturas, ou pelo menos para dar-lhe o equilíbrio, durante o curso que ela deve seguir.

Há ação e reação dos homens uns sobre os outros, bem como sobre os animais, os vegetais, os minerais e tudo o que nos cerca. Assim, o homem, o animal e a planta não vivem indiferentes junto a todos os seres.

Uma criação nunca pôde desenvolver-se senão quando todas as condições indispensáveis vieram favorecê-la. Mas, negligenciando esses detalhes de importância essencial, pretendemos aclimatar os animais sem os vegetais que lhes convêm, sem preparar para eles o solo que eles exigem, sem estudar as suas afinidades e as suas repulsões, e sem observar se os cercamos de vizinhos com os quais estarão em luta perpétua.

Nossos camponeses colocam às vezes um bode em meio aos bois e os bezerros. Dizem que é para purificar o ar. Para nós, isso só serviria para empestá-lo. Mas, considerando-se que os animais do estábulo deixam o bode andar livremente ao seu redor, é que um secreto instinto os adverte, sem dúvida, de que o seu cheiro acre é composto de gases que seriam prejudiciais a eles e cujas propriedades são modificadas.

O meio em que cada criatura vive e se desenvolve influi enormemente sobre os seus caracteres, sobre a sua saúde e sobre a inteligência que lhe é concedida para cumprir o seu destino.

A inteligência do vegetal, como a do animal, se manifesta sobretudo no processo da reprodução. Muitas vezes o homem a violenta. Estudemos as condições em que cada ser deve cumprir o seu destino mais ou menos importante, e as criações apenas esboçadas que os grandes cataclismos do passado pouparam se desenvolverão em criações superiores, e muitos dos males por elas produzidos também desaparecerão.

Tudo ressente, portanto, pelo contato, e às vezes mesmo pela simples aproximação, comoções elétricas e fluídicas que exercem uma influência salutar ou funesta na atitude geral do indivíduo.

O magnetismo não foi inventado por ninguém; ele existe desde toda a eternidade! Não se conhecia o seu emprego, como no caso do vapor e da eletricidade, a princípio negados, e que no entanto revolucionaram o mundo após alguns anos de utilização. Assim acontecerá com esse fluido que, mais sutil do que todos os outros, atinge livremente, e em aparência um pouco ao acaso, os sexos contrários, as gerações opostas, as castas até hoje hostis, para reuni-los todos no seio de uma imensa solidariedade.

O fluido, realmente, é a atração, lei única do Universo. É a fonte do movimento moral, material e intelectual, a fonte do progresso. A caridade determina que nós temos o poder e a vontade de nos aliviarmos mutuamente. Esse fluido comum, que nos liga a todos, com o fim de estabelecer a fraternidade universal, não só nos faculta curarmo-nos uns aos outros, como também nos concede, saibamos ou não, ligados aos amigos desaparecidos que nos legaram a herança de seus trabalhos, os meios de fazer grandes coisas que concorrerão poderosamente para o progresso de todos, para o bem-estar universal.

Já não mais nos escondemos atrás das muralhas do nosso egoísmo pessoal para nos sentirmos felizes no nosso isolamento. Desejamos que todos estejam satisfeitos ao nosso redor e o sofrimento dos outros lança nuvens escuras no azul de nosso belo céu azul.

O entusiasmo afugenta a solidão para só fazer brilhar a sua potência irresistível entre as multidões eletrizadas. É que o fluido que se desprende de cada um de nós, aumentado, misturado, multiplicado, chocando-se e fremindo, necessariamente, por suas próprias discrepâncias faz surgir a harmonia.

O trabalho, o prazer mesmo, tudo aborrece quando estamos sós. Mas basta chegar um amigo, e outros em seguida, e eis o ardor que se desenvolve aos poucos e logo nos arrebata. Que surjam então grupos rivais, e o entusiasmo produzirá maravilhas.

A comunicação fluídica, essa quintessência de nosso ser, produz harmonia ao desprender-se de nós para envolver aquele que sente a sua falta. Os fortes arrastam os fracos, elevam-nos por um momento até eles, e a igualdade reina; ela governa os homens fascinados pelo seu domínio.

A bem dizer, todo mundo é fluídico, porque todos sentem impressões, experimentam atrações. Acontece, porém, que as manifestações variam de intensidade e sua influência se mostra mais ou menos poderosa. Alguns usam os fluidos para si mesmos, para seu próprio consumo, poderíamos dizer, e têm apenas uma débil atuação sobre os seus semelhantes. Outros, pelo contrário, irradiam à distância e exercem ao seu redor uma pressão enérgica, para o bem ou para o mal.

Há ainda aqueles que, não tendo nenhum poder sobre os outros homens, possuem poderosa faculdade de domínio sobre os animais e sobre os vegetais, que se modificam e se aperfeiçoam mais facilmente sob sua ação inteligente.

Sendo o magnetismo o fluido circulante que cada criatura assimila à sua maneira e em graus diferentes, pode-se ver através dele esse imenso encadeamento e essa imensa atração que une e desune, atrai e repele todos os seres criados, e faz de cada um deles uma pequena unidade que vai, obedecendo à mesma lei, confundir-se na majestosa unidade do Universo.

O magnetismo, que é, aliás, apenas o processo de que nos servimos para a concentração e a liberação do fluido, é essa associação magnífica de todas as forças criadas. O fluido é essa força circulante que põe os seres em vibração recíproca.

Em certos casos de delírio súbito, o toque de uma pessoa simpática, seu beijo, sua palavra bastam para acalmar o doente. Vê-se que nada o alivia, enquanto a pessoa não entra no quarto, como também se pode ver que a excitação se produz quando outra pessoa se aproxima.

É o resultado das atrações ou repulsões, explicadas pelo jogo dos fluidos entre as pessoas.

Diz-se frequentemente de pessoas que se casam mas não se amam:

– *Eles se amarão mais tarde!*

Isto é bem pouco provável, e até pelo contrário, porque a atração é livre e não se deixa violentar. Há, sem dúvida, pessoas de natureza pouco fluídica, nas quais a estima pode suprir a falta de amor; mas as naturezas grandes e generosas não poderiam contentar-se com esses sentimentos mornos. A indiferença toma então o lugar do amor que falta, e é raro que, apesar de todos os mais belos raciocínios que façam, um ou outro desses esposos malsucedidos não se deixe encantar por outra pessoa. Talvez tenha a força de resistir a seu arrastamento, mas será incuravelmente infeliz.

Fechemos, pois, os ouvidos a esses falsos ensinamentos, e que as famílias não façam jamais do casamento um negócio, uma questão de troca. Deus quis que o amor presidisse à perpetuidade da Criação. Respeitemos os seus desígnios e não violentemos os fluidos. O homem e a mulher estão sujeitos à atração, essa é a lei natural, e quando se tenta resistir-lhe, paga-se a desobediência com a infelicidade de toda a existência.

EUG. BONNEMÈRE
(Trad. de J. H. P.)

SUMÁRIO

Os escritos finais de Kardec 7

JANEIRO

Aos nossos correspondentes: Decisão do Círculo da Moral Espírita de Toulouse, a propósito do projeto de constituição. ... 9
Estatística do Espiritismo 10
O Espiritismo do ponto de vista católico 19
Processo das envenenadoras de Marselha 24
O Espiritismo em toda parte:
Lamartine 29
Etienne de Jouy 30
Sílvio Pellico 31
Variedades:
O avarento da Rua do Forno 34
Suicídio por obsessão 36
Dissertações Espíritas:
As artes e o Espiritismo 38
A música espírita 40
Obsessões simuladas 41

FEVEREIRO

Estatística do Espiritismo: Apreciação do jornal Solidarité.
O poder do ridículo 50
Um caso de loucura causada pelo medo do diabo 55
Um Espírito que julga sonhar 57
Um Espírito que se julga proprietário 61
Visão de Pergolesi 65
Bibliografia: História dos calvinistas das Cevenas 68

MARÇO

A carne é fraca – Estudo psicológico e moral 77
Apóstolos do Espiritismo na Espanha 81
O Espiritismo por toda parte:
Extraído dos jornais ingleses 84
Charles Fourier 85
Profissão de fé de um fourierista 86
Variedades:
Senhorita de Chilly 88
Aparição de um filho vivo à sua mãe 89
Um testamento nos Estados Unidos 92
Emancipação das mulheres nos Estados Unidos 92
Miss Nichol, médium de transporte 93
As árvores mal-assombradas da Ilha Maurício 94
Conferência sobre o Espiritismo 97
Dissertações Espíritas:
A música e as harmonias celestes 101
A mediunidade e a inspiração 109

ABRIL

Aviso muito importante 112
Livraria Espírita 112
Profissão de fé espírita americana 113
As conferências do Sr. Chevillard, apreciadas pelo jornal Paris 124

A criança elétrica 127
Um cura médium curador 130
Variedades: Os milagres do Bois-d'Haine 132
O Despertar do Sr. Louis 133
Dissertações Espíritas:
Lamartine 136
Charles Fourier 139

Bibliografia:
Há uma vida futura? 141
A alma, sua existência e suas manifestações 144
Sociedades e jornais espíritas no estrangeiro 146

MAIO

Aos assinantes da *Revista* – Biografia do Sr. Allan Kardec..147
Discursos pronunciados junto ao túmulo:
Em nome da Sociedade Espírita de Paris, pelo vice-presidente, Sr. Levent 154
O Espiritismo e a Ciência, pelo Sr. C. Flammarion 156
Em nome dos espíritas dos centros distantes, pelo Sr. Alexandre Delanne 162
Em nome da família e dos amigos, pelo Sr. E. Muller .. 163
Revista da Imprensa: 166
Jornal *Paris* 167
L'Union Magnetic 168
Nova Constituição da Sociedade de Paris 169
Discurso de posse do novo Presidente 172
Caixa Geral do Espiritismo – Decisão da Sra. Allan Kardec..176
Correspondência: Carta do Sr. Guilbert, presidente da Sociedade Espírita de Rouen 177
Dissertações espíritas: 178
Aviso 181
Aos nossos correspondentes 181
Aviso muito importante 182

JUNHO

Aos assinantes da *Revista* 183
O caminho da vida 184
Extrato dos manuscritos de um jovem médium bretão (2.º artigo) 189
Pedra tumular do Sr. Allan Kardec 199
Museu do Espiritismo 201

Variedades: Os Milagres do Bois-d'Haine............... 202
Dissertações Espíritas: O exemplo é o mais poderoso
agente de propagação 206
Poesias Espíritas:
A nova era 208
Maravilhas do mundo invisível.................. 209
Notícias Bibliográficas:
Novas histórias para as minhas boas amiguinhas....... 210
A doutrina da vida eterna das almas e da reencarnação .. 216
Aviso Importante 217
Comunicações de Allan Kardec:
A regeneração: Marcha do progresso.............. 218
O Espiritismo e a literatura contemporânea 220
O Espiritismo e o Espiritualismo 222
Os aniversários 224
Os desertores................ 226
Bibliografia: O Echo d'Além-Túmulo................228
Extrato dos manuscritos de um jovem médium bretão (3.º artigo)............230

# ÍNDICE BIO-BIBLIOGRÁFICO

	VOL. PAG.
ABRAÃO – O grande patriarca bíblico, pai da nação hebreia, natural da Mesopotâmia, de onde emigrou para Canaã, em obediência à ordem de Deus. Referido no livro de **Gên.** do cap. 11 em diante, e a seguir, em quase todos os livros da Bíblia.	XI – 14
ACADEMIA – Vocábulo empregado em vários sentidos na França, inclusive na esgrima e jogos esportivos. Mas, em geral, quando desacompanhado de adjetivos, significa a **Academia Francesa,** a mais famosa das cinco academias do Instituto de França. Sua origem remonta ao ano de 1630, no reinado de Luís XIII, e se deve a reuniões informais de literatos da época. Sob o patrocínio do Cardeal de Richelieu, foi oficializada em 1637.	III – 5
AGOSTINHO, SANTO – Bispo de Hipona, um dos maiores vultos da Igreja. Depois de uma mocidade desregrada, dedicou-se à vida religiosa, sob a inspiração de Santo Ambrósio. Procurou conciliar o platonismo com o dogma católico, a inteligência com a fé. Suas principais obras: **A Cidade de Deus, Confissões** e um tratado sobre **A Graça.** Viveu entre 354 e 430.	XI – 15

ALFRED DE MUSSET – (v. **Musset**)

ANA BLACKWELL – Uma das mais ilustres personalidades espíritas femininas. Contemporânea do Sr. Allan Kardec, foi a tradutora de "O Livro dos Espíritos" para a língua inglesa.

APOLÔNIO DE TIANA – Célebre filósofo néo-pitagórico, nascido em Tiana, na Capadócia. Abraçou os princípios filosóficos de Pitágoras e pregou a reforma dos costumes. Morreu em Éfeso no ano 97 da nossa era, onde havia estabelecido uma escola pitagórica. Foi um dos homens de maior valor moral de seu tempo.	V – 287
APULEIO (Lucius) – Escritor latino, nascido em Madura, na África, cerca do ano 125 e faleceu no fim do' século	I – 4

II. Ocupou-se de Filosofia, Ciência e Retórica. Deixou numerosas obras, entre as quais a **Apologia** ou **Sobre a Magia**, uma defesa contra as acusações de magia; uma antologia de seus escritos, **As Flóridas, e O Asno de Ouro,** um dos poucos exemplos da novela latina que ficaram para a posteridade.

ARAGO (Dominique François Jean) – Sábio francês, nasceu em 1768 nos Pireneus Orientais e morreu em Paris em 1853. Participou do "Bureau des Longitudes" e dos trabalhos de cálculo do arco do meridiano. Era membro da Academia, da quai fez parte com 23 anos. Foi professor da Escola Politécnica e diretor do Observatório, participando também da política.

II – 173
276
351
X – 388
XI – 313

B

BALTAZAR – O último rei da Babilônia, morto quando Ciro, rei dos Persas entrou na sua capital, desviando o curso do rio Eufrates. Baltazar achava-se num banquete e, embora avisado, nessa mesma noite, pelas célebres palavras: **Mane, tecei, fares,** não lhes deu importância. A história de Baltazar é contada na Bíblia, no livro de **Daniel.**

XI – 14

BALZAC (Honoré de) – Romancista francês; nasceu em Tours em 1799 e morreu em Paris em 1850. Escreveu inúmeros trabalhos, entre os mesmos sobressaindo; **O Cura de Tours, Louis Lambert, Eugênia Grandet, Père Goriot, O Lírio do Vale,** baseados na vida contemporânea francesa. Sua **La Comédie Humaine** é uma afirmação de seu talento. Foi um desbravador no campo da ficção realista. É inegável a sua influência no romance moderno e foi ele quem abriu caminho para Flaubert, Maupassant, Zoia e os Irmãos Goncourt.

X – 12
15

BENVENUTO CELLINI – Escultor e gravador natural de Florença, onde nasceu em 1500 e morreu em 1571. Dotado de extraordinária habilidade artística, deixou trabalhos famosos. Levou, entretanto, uma vida aventurosa nas lutas entre o Papa Clemente VII e o Condestável de

II – 106

Bourbon. Foi preso por ordem do Papa Paulo III, acusado de roubo de parte do seu tesouro. Graças à mediação do Cardeal Ferrari e de Francisco I da França, foi finalmente solto, indo morar em Paris, a convite do monarca, onde executou obras famosas que hoje se acham no Museu do Louvre. Retirou-se depois para Florença, voltando à escultura e produziu a célebre "Ninfa de Fontainebleau" e o notável "Perseu".

BÉRANGER (Pierre Jean de) – Poeta francês, nascido em Paris em 1780, onde morreu em 1857. Depois de uma vida modesta, serviu no Ministério da Instrução, de 1807 a 1821. Demitido por suas críticas à Restauração, viveu outra vez modestamente, recusando-se mesmo a ser admitido na Academia. Cultivou vários gêneros de poesia, mas em geral marcados pelo sentimento patriótico, leves e procurando penetrar a alma popular. Seus versos políticos giravam em torno de princípios liberais e pregavam o devotamente à pátria e à humanidade.   V – 25

BERNADOTTE (Jean-Baptiste-Jules) – General francês, depois rei da Suécia e da Noruega; nasceu em Pau, em 1763 e morreu em Estocolmo em 1844.   II – 213
Serviu na Marinha e no Exército e foi dos maiores colaboradores de Napoleão. Distinguiu-se em Austerlitz e tomou parte em várias outras lutas importantes. Em 1810 aceitou o trono dos Estados da Suécia, tornando-se rei definitivamente em 1818, e fundando uma dinastia que perdura até o presente.

BERNARD PALISSY (V. **Palissy**)

BERNARDIN DE SAINT-PIERRE (V. **Saint-Pierre**)

BICHAT (Marie François Xavier) – Célebre anatomista francês, nascido em Thoirette, no Jura em 1771. Foi o primeiro a demonstrar que os diferentes órgãos são compostos de tecidos similares, o que o levou a simplificar e sistematizar a Anatomia e a Fisiologia. Foi, portanto, o criador da Anatomia Geral, que leva em consideração, não os órgãos em particular, mas os elementos   II – 53 que entram em sua estrutura. Ficou célebre a sua frase: "A vida é o conjunto de funções que resistem à morte". Seu principal trabalho publicado foi "A Anatomia Geral Aplicada à Fisiologia e à Medicina". Morreu em Paris, em 1802.

BOIELDIEU (François-Adrien) – Compositor francês de óperas cômicas que nasceu em Ruão em 1775 e faleceu em Jarcy em 1834. Suas primeiras produções foram representadas em sua terra natal. Depois de 1795 residiu em Paris, e em 1803 tornou-se maestro da Capela Imperial em São Petersburgo. Por motivos de saúde, voltou a Paris e foi nomeado, em 1817, professor de composição no Conservatório. Entre suas obras, destacam-se "A Filha Culpada", "Rosália e Myra", "O Califa de Bagdá" e "A Dama de Branco", considerada sua obra-prima.

VI – 10

BOSSUET (Jacques-Bénigne) – Célebre prelado francês, que nasceu em Dijon em 1627 e faleceu em Paris em 1704. Escreveu um **Tratado do Conhecimento de Deus e de Si Mesmo; Política Tirada da Sagrada Escritura** e outras obras. Foi um dos maiores oradores sacros da França. Como tutor do Delfim, para o mesmo escreveu uma "História Universal até o império de Carlos Magno". Foi mediador na questão entre Luís XIV e o Papado, encargo em que procurou situar os direitos de cada parte. Em 1682 a sua "Declaração do Clero Francês", causou grande celeuma e foi a base do clamor da corte e da Igreja francesa diante da autoridade do Vaticano. Empenhou-se numa rumorosa controvérsia com Fénelon em torno da doutrina do "quietismo", que o último apoiava.
Ficaram famosas as suas **Orações Fúnebres**. Boussuet deixou também uma "Variações das Igrejas Protestantes".

IV – 269

BUFFON (George-Louis-Leclerc, Conde de) – Naturalista francês. Nasceu em Montbard em 1707 e morreu em Paris em 1788. Nomeado para os Jardins e Museu Real,

IV – 274
276

despertou nele o interesse pelas ciências experimentais. Como resultado de seus estudos, publicou a "História Natural, Geral e Particular", em 44 volumes. Convencido de que o clima é um fator importante na variação da hereditariedade, Buffon fez avançar a teoria de que, através da influência climática, muitas espécies têm sido criadas ou eliminadas. Ao ser eleito para a Academia Francesa em 1753, pronunciou o seu famoso "Discurso sobre o Estilo".

BYRON (George Gordon, Lorde) – Poeta inglês, nascido em Londres no ano de 1788. Seu primeiro livro, "Horas de Lazer" foi duramente criticado e ele respondeu com uma sátira violenta: "Bardos Ingleses e Críticos Escoceses". Fez uma longa viagem pelo Oriente e, de volta, em 1812, publicou **Childe Harold,** que o celebrizou em poucas horas. Outros trabalhos notáveis foram publicados: "A Noiva de Abdias", "O Corsário", "O Cerco de Corinto". Retirando-se da Inglaterra, foi para a Itália e Suíça, onde produziu "Manfredo", um dos seus mais belos trabalhos. É considerado um dos maiores poetas da língua inglesa. Faleceu no ano de 1824, em Missolonghi, na Grécia.

IV – 267

C

CAGLIOSTRO (Alexandre, Conde de) – Famoso aventureiro italiano, cujo verdadeiro nome era Giuseppe Balsamo. Nasceu em Palermo em 1743 e morreu, ao que consta, numa prisão do Castelo de São Leão, nas proximidades de Roma. Dizendo-se possuidor do segredo da "pedra filosofal" passou por diversos países, praticando a necromancia, bem como atividades relacionadas com a alquimia e o mesmerismo. Dizia-se também maçon. Gabava-se igualmente de possuir a "Água de Juventa". Em Londres fundou uma forma de maçonaria que ele dizia ser oriunda dos coptas egípcios. Dotado de grande encanto pessoal, impôs-se na corte de Luís XVI mas, implicado com o Cardeal Rohan no caso do "Colar da Rainha", foi preso e exilado. Em 1789 foi novamente pre-

IV – 11

so em Roma e condenado à morte pela Inquisição, pena que depois foi comutada em prisão perpétua. Serviu de inspiração a Alexandre Dumas para alguns de seus famosos romances históricos.

CALÍGULA (Caius Cesar Augustus Germanicus) – Imperador romano, nascido provavelmente em Antium, que viveu entre os anos 12 e 41 da Era Cristã e reinou de 37 até sua morte. Era fiiho de Germânico e Agripina e sobrinho de Tibério. Foi educado entre os soldados, onde adquiriu seu apelido "Calígula", derivado no nome **caligae**, botas militares. Em 41, os oficiais de sua guarda formaram uma conspiração contra ele e assim foi assassinado pelo tribuno da guarda, Cassius Charea.

VI – 37

CAMILLE FLAMMARION (V. **Flammarion**)

CARLOS MAGNO (Charlemagne) – Rei dos Francos e Imperador do Ocidente, filho de Pepino, o Breve. Nasceu na Neustria em 742 e morreu em Aix-la-Chapelle, em 814. Suas principais ações pertencem ao domínio militar e religioso. Chamado pelo Papa Adriano I, destruiu a dinastia lombarda e submeteu a Baviera. No ano 800, o Papa Leão III o coroou Imperador do Ocidente. Levou a guerra a todo o Norte da Europa, sempre sustentado pelos Papas atrás mencionados. Estendeu seu poderio até Constantinopla. Depois de sua morte foi cantado preferencialmente, pelos trovadores medievais. Na "Chanson" de Rolando, ele é apresentado como o defensor do cristianismo contra os sarracenos.

IV – 103
V – 217
IX – 117

CARRÈRE – Nome do subchefe de turma da estação de Bordéus, morto num acidente ferroviário a 18 de dezembro de 1861, cujo Espírito se manifestou numa evocação, dando detalhes que depois foram confirmados. O fato determinou comentários judiciosos da Revista sobre a questão da identidade dos Espíritos.

V – 79

CÉSAR (Caius Julius) – Imperador romano, nascido em Roma no ano 101 a.C. e assassinado na mesma cidade,

V – 217

em 44 a.C. É considerado um dos maiores guerreiros de todos os tempos. Foi o conquistador das Gálias, cujas campanhas são descritas em seu livro **De Bello Gallico**. Sua carreira política e militar foi das mais acidentadas. É sua a famosa frase: "A sorte está lançada", proferida quando relutava em atravessar o Rubicon. Envolveu-se nos assuntos políticos do Egito e sustentou Cleópatra contra seu irmão Ptolomeu. Tornando-se ditador, atraiu sobre si a animosidade de seus próprios companheiros de armas e foi assassinado por um grupo conspirador.

CHANNING (William Ellery) – Escritor e teólogo americano, nascido em Newport em 1780. Era possuidor de grande eloquência e valor moral. Lutou contra o calvinismo e elaborou uma doutrina do unitarismo. Foi chamado "O Fénelon do Novo Mundo". Lutou também pela extinção da escravatura. Faleceu em Bennington, em 1842.

III – 264
367
IV – 4
34
173

CHARLES FOURIER (V. **Fourier**)

CHATEAUBRIAND (François René, Visconde de) Nasceu em Saint-Malo, em 1768 e faleceu em Paris em 1848. Teve uma educação comum, bastante solitária e melancólica. Serviu o Exército e em 1791 partiu para a América, com o propósito de descobrir uma passagem pelo noroeste. Mas não ultrapassou a região dos Grandes Lagos. Emigrou para a Inglaterra, onde passou privações. Em 1801 publicou **Atala**, ao qual sucederam, em 1802, **"O Gênio do Cristianismo"** e em 1805, **Réne,** que o tornaram um dos maiores escritores de seu tempo. Foi ardoroso defensor da Igreja Católica Romana. Em 1826 publicou **Les Aventures du dernier des Abencérages**, de grande beleza e melancolia.

III – 65

CHOPIN (Frédéric-François) – Pianista e compositor polonês; nasceu em Zelazowa-Wala, em 1810 e faleceu em Paris em 1849. De compleição fraca, mas dotado de viva inteligência, desde os nove anos mostrou-se me-

III – 138

nino-prodígio. Em 1829 deu concertos em Viena. Seu principal mestre foi Joseph Elsner. Em suas passagens pela Alemanha relacionou-se com grandes pianistas e compositores, principalmente com Schumann. A revolução da Polônia o levou a Paris, onde se ligou com Berlioz, Balzac, Heine, Meyerbeer e outros. Contraindo a tuberculose em 1838, foi para a Ilha Majorca, em companhia de George Sand. Deixou inúmeras obras para piano, tais como a Polonaise em mi bemol maior, valsas, noturnos, improvisos, sonatas, baladas, mazurcas, prelúdios, etc. Além disto deixou concertos e a célebre **Marcha Fúnebre.**

CIPRIANO, São – Bispo de Cartago, martirizado no ano 258.

XI – 16

CLÁUDIO (Tibérius-Drusus-Claudius) – Imperador romano, nascido em Lyon, no ano 10 a.C. e morto em Roma, em 54 da Era Cristã. Sobrinho de Augusto pelo lado materno; substituto de Calígula. Conquistou a Bretanha, que lhe valeu o sobrenome de Britannicus. Casou-se com Messalina, a quem depois mandou matar, casando-se então com Agripina, mãe de Nero, que foi adotado. Foi envenenado por Agripina com um prato de cogumelos.

VI – 37

CLÓVIS – Rei dos Francos; nasceu em 465 e morreu em Paris, em 511. Empenhou-se em muitas guerras, dominou grande parte da França atual e morreu depois de ter assegurado o poder à dinastia dos Merovíngios. Seu reino foi dividido entre os seus quatro filhos, dos quais os três últimos eram filhos de Clotilde, uma princesa da Borgonha, que o converteu ao cristianismo. Clotilde foi canonizada por Gregório de Tours.

V – 217

CONFÚCIO – Em chinês **K'ong-Fou-Tseu** – expressão honorífica, que foi latinizada sob a forma de **Confucius.** Deve ter vivido entre 551 e 469 a.C. Suas biografias o apresentam principalmente como sábio e santo.

I – 4
XII – 34

D

DANTE (Dante Alighieri) – O maior poeta da Itália nasceu em Florença em 1265 e morreu em Roma em 1321. Seus estudos foram orientados por Brunetto Latini, por quem Dante conservou profunda afeição. O grande acontecimento de sua mocidade foi sua paixão por Beatriz, possivelmente filha de Folco Portinari. Celebrou-a na sua **Vita Nuova**. Sua obra principal, a **Divina Comédia**. Entretanto escreveu tratados dogmáticos, como **O Banquete** e **De Vulgari Eloquentia**, onde expõe suas teorias sobre a língua italiana.

IV – 334
VIII – 186

DAVENPORT – Os Davenport eram dois irmãos, Ira e William, prestidigitadores americanos, nascidos, respectivamente, em 1840 e 1842. O último morreu na Austrália, em 1877. Tendo adquirido certas habilidades ditas mágicas, tiveram a ideia de se fazerem passar por médiuns nos Estados Unidos e na Inglaterra. Adquirindo grande fama, foram a Paris em 1865. Mas como ignoravam o francês, tomaram um intérprete e organizaram sessões, que foram desmascaradas pelos prestidigitadores franceses Robert Houdin e Robin. As supostas manifestações espíritas eram pura trapaça.

VIII – 300
344
IX – 257
XII – 12
16
105

DAVI – Segundo rei de Israel e pai de Salomão. Mencionado na genealogia de Jesus, o Cristo, como um dos seus antepassados. A Davi são atribuídos 73 dos Salmos registrados na Bíblia.

DE LA BRUYÈRE (V. **La Bruyère**).

DELPHINE DE GIRARDIN (V. **Girardin**).

DIÓGENES – Diógenes, dito O Cínico, nasceu em Sinope, em 413 a.C.; morreu em 323. É o mais célebre discípulo de Antístenes, fundador da escola cínica. Segundo ele, a virtude é o único bem soberano; a ciência, as honras e as riquezas são falsos bens, que devem ser desprezados; o sábio deve reduzir suas necessidades

II – 18
20

ao mínimo. Andava sempre descalço, dormia no pórtico dos templos, envolto em sua manta e seu abrigo habitual era um tonel. Um dia, vendo um menino beber numa fonte pelo côncavo das mãos, quebrou sua escudela, dizendo: "Este menino me ensina que ainda conservo algo supérfluo". Assistindo a uma lição de um filósofo que negava o movimento, levantou-se e caminhou. Tendo Platão definido o homem com um bípede implume, Diógenes atirou um galo pelado no meio da audiência e exclamou:
"Eis o homem de Platão." Tinha tal desprezo pela humanidade, que certa vez andava com uma lanterna acesa ao meio-dia; aos que lhe perguntavam a razão disto, respondia: "Procuro um homem." Epicteto o reverenciava como um modelo de sabedoria e o homem mais próximo da perfeição.

DIÓGENES LAÉRCIO – Escritor grego, nascido em Laerti, talvez na primeira metade do século II de nossa Era. Teria deixado muitas obras, hoje, perdidas. Um livro, entretanto, ficou em dez volumes: **"Vidas, Doutrinas e Sentenças de Filósofos Ilustres."** Embora um tanto confuso, é um trabalho precioso pelo estudo das escolas dos filósofos gregos.

I – 102

DUMAS, Alexandre – Trata-se, no texto, de Alexandre Dumas, pai, o autor dos famosos romances históricos mundialmente conhecidos como **Os Três Mosqueteiros, Vinte Anos Depois, O Visconde de Bragelone, O Conde de Monte Cristo** e tantos outros.

XI – 216

E

EDOUARD FOURNIER (V. **Fournier**).

ELIAS – Trata-se do Profeta Elias, do Velho Testamento, nascido em Tesbea, da tribo de Neftali.
Sua tarefa como profeta era afastar o povo de Israel do culto de Baal e Astarté. Conseguiu grande prestígio, por meio de supostos milagres, com que confundiu os sa-

VI – 36

cerdotes de Baal. Na verdade era um médium de efeitos físicos. Sua história é contada nos Livros dos Reis. Tendo desmoralizado os sacerdotes de Baal na prova da fogueira, a ser acesa sem o emprego do fogo, mandou degolá-los. Assim, voltou como João Batista, para sofrer idêntica condenação, a pedido de Salomé.

EMPÉDOCLES – Filósofo e médico que viveu em Agrigento no século V a.C. Dotado de grande inteligência e profundos conhecimentos filosóficos, médicos e físicos foi considerado quase um mago.

XI – 15

ERASTO – Thomaz Liber, dito Erasto, médico, filósofo e teólogo alemão; nasceu em 1524 e morreu em 1583. Foi professor de Medicina em Heidelberg e de moral em Basiléia. Combateu as ideias de Paracelso. Em Teologia não admitia o poder temporal da Igreja, e só lhe concedia o papel de persuasão. Legou somas consideráveis aos estudantes pobres.

IV – 261
264
XI – 50,
53, 284,
288, 125,
205
V – 109,
125, 205
VI – 225
VII – 16
VIII – 49
208

EUGÈNE SUE – (V. **Sue**).

F

FÉNELON – (François de Salignac de la Mothe) – Prelado francês, nasceu em 1651 e faleceu em 1715. Pertencia a uma família ilustre nas armas e na diplomacia. Ordenado sacerdote, votou-se ao seu ministério, com a intolerância de sua época. Para seu aluno real compôs uma obra pedagógica: "As Fábulas"; "Diálogo dos Mortos" e "Telêmaco". Este livro caiu em desagrado, devido à questão do quietismo, doutrina pregada por Madame Guyon. Fénelon defendeu o quietismo, enquanto Bossuet o condenou. O Papa condenou Fénelon ao exílio na sua diocese, onde viveu como simples pastor. Deixou muitas obras, em geral sobre assuntos políticos, de educação e de religião.

II – 232
III – 128
IV – 238
330
VI – 61
VIII – 31
XI – 46
XII – 67

FIGUIER (Guillaume-Louis) – Escritor e vulgarizador francês, nasceu em Montpellier em 1819 e morreu em Paris em 1894. Era médico, professor na Escola de Farmácia de Montpellier, depois na de Paris. Tentou combater as ideias de Claude Bernard. Tornou-se popular por suas obras de vulgarização científica, sobre a história das descobertas científicas modernas, a alquimia e os alquimistas, as grandes invenções antigas e modernas; a pré-história da Terra; história das plantas; a vida e os costumes dos animais, etc.

III – 286
387
IV – 117

FILOLAUS – Filósofo grego do 5.° século a.C.. nascido em Crotona ou em Taranto, morto em Heradéia. Ensinou em Tebas e teve discípulos que são citados no **Phédon,** assistindo à suprema palestra de Sócrates. Deve ser contado entre os maiores pitagóricos.

VI – 29

FLAMMARION (Camille)- Astrônomo francês, nasceu em 1842 e faleceu em 1925. Em 1858 foi ligado ao Observatório de Paris e fez parte do"Bureau des Longitudes", para os cálculos do Conhecimento do Tempo. Quatro anos depois deixou o Observatório e tornou-se conhecido publicando **A Pluralidade dos Mundos Habitados.** A Academia Francesa conferiu-lhe o prêmio Montyon, por sua **Astronomia Popular.** Deixou importantes trabalhos sobre a rotação dos corpos celestes, mostrando que o movimento de rotação dos planetas é uma aplicação da gravitação às suas densidades respectivas. Foi um grande divulgador de ciências. Entre as inúmeras obras neste sentido, destacam-se: **Deus na Natureza; Lumen; História de um Cometa; As Terras do Céu; Cartas da Lua e do Planeta Marte; O Mundo antes da Criação do Homem; As Imperfeições do Calendário; O Desconhecido e os Problemas Psíquicos; Â Morte e o seu Mistério,** etc.

VI – 28
123
VII – 27
X – 96
155
292
362
XII – 135

FONTENELLE (Bernard le Bovier de) – Nasceu em Ruão em 1657 e morreu em Paris em 1757. Em sua longa carreira teve todos os sucessos, sobretudo de salão. Suas tragédias, óperas e romances são medíocres. Onde tem

VII – 27

espírito e talento é nas obras morais, sátiras e polêmicas. A parte essencial de sua obra é a que divulga a filosofia que ia dominar mais de metade do século XVIII. Era uma filosofia racionalista, que repelia tudo quanto a razão não pode compreender. Assim, para ele, a religião é falsa. Difundiu o sistema de Copérnico e o gosto pelas palestras sobre a pluralidade dos mundos.

FOURIER (François-Marie Charles) – Filósofo e sociólogo francês; nasceu em 1772 e morreu em 1837. Dada a sua aversão ao sistema econômico vigente, chamou atenção pela obra **Teoria dos Quatro Movimentos e dos Destinos Gerais**. Além de uma transformação completa do mundo do futuro, esboçou uma organização falanstérica, que na sua opinião asseguraria a felicidade imediata da humanidade. Escreveu várias outras obras, entre as quais se destaca a **Teoria da Unidade Universal**.

V – 376
XII – 70
118

FOURNIER (Edouard) – Literato francês, nasceu em Orleans em 1819 e morreu em Paris em 1880. Dirigiu o jornal **Le Theâtre** e escreveu muitas obras de caráter científico-anedótico, sobre a história do teatro e assuntos populares.

I – 99

FRANCISCO DE SALLES (São Francisco de Salles) – Bispo de Genebra. Nascido no Castelo de Salles, em 1567 e falecido em Lyon em 1622. Antes de tomar as ordens religiosas foi advogado. Pregou aos huguenotes, recusou ser bispo coadjutor em Paris e morreu ao passar por Lyon. Em 1661 foi beatificado e em 1665 canonizado por Alexandre VII. Foi um dos maiores escritores sacros franceses.

III – 129

FREDERICO – Deve tratar-se de algum santo da Igreja, pois houve diversos, entre os quais São Frederico, bispo de Utrecht, assassinado em 838, quando celebrava missa.

II – 241

FULTON (Robert) – Mecânico americano, nascido em

I – 59

1765 e falecido em 1815. Foi o primeiro a realizar praticamente a propulsão dos barcos a vapor. Em 1807 construiu e lançou com sucesso o primeiro barco a vapor, **o Clermont**.

G

GALILEU – (Galileo Galilei) – Sábio italiano, filho do gentil-homem florentino, compositor e musicógrafo, Vicente Galileo. Nasceu em Piza, em 1564 e morreu em Arcetri em 1642. Aos 19 anos, notando a oscilação isócrona de uma lâmpada pendente da abóbada da Catedral de Piza, teve a ideia de aplicar o pêndulo à medição do tempo.
Foi professor da Universidade de Pádua. Inventou o termômetro, a balança hidrostática e, baseado em experiências, estabeleceu as leis do movimento dos corpos submetidos à ação da gravidade.
Posto que admitindo o sistema de Copérnico, ensinava publicamente o sistema de Ptolomeu. Em 1609 construiu a luneta que leva o seu nome, observando a Lua e medindo as suas montanhas; descobriu os satélites de Júpiter, os anéis de Saturno, a rotação e as montanhas do Sol, as fases de Vênus, tudo isto em favor do sistema de Copérnico. Foi denunciado à Santa Sé por essas doutrinas, que os Juízes declaravam absurdas e proibiram de ensinar. Tendo publicado um diálogo sobre os dois máximos sistemas do mundo, o de Ptolomeu e o de Copérnico, foi levado perante o tribunal da Inquisição e obrigado, de joelhos, a abjurar suas ideias. Deixou muitas obras escritas, tanto em latim quanto em italiano.

I – 59
V – 281
VI – 317
X – 148
XI – 258

GARIBALDI (Giuseppe) – General italiano, nasceu em Nice, em 1807 e morreu em Caprera em 1882.
Inicialmente republicano, dedicou-se à causa da independência. Excluído de um complô, fugiu para a França, depois para o Brasil, tornando-se o chefe militar da revolta do Rio Grande do Sul. A seguir, comandou a frota e as forças uruguaias contra o Ditador Rosas, da Argentina. Voltando à Itália em 1848, dedicou-se à unificação de seu país. Suas lutas em favor da unificação italiana foram até 1870. Foi casado com a brasileira Anita Garibaldi.

IV – 81

GAY-LUSSAC (Joseph Louis) – Físico e químico francês, nascido em 1778. Trabalhou ao lado de Berthollet, foi professor da Escola Politécnica. Seu primeiro trabalho foi sobre a dilatação dos gases. Fez uma ascensão a 4000 m de altura e outra a 7016 m de altura, para verificar o comportamento da agulha magnética e colher amostras de ar, a fim de verificar a sua composição. Fez várias descobertas importantes no campo da Química; construiu o barômetro de sifão e o alcoômetro.
Deixou escritos vários trabalhos de grande importância.

II – 54

GEORGE SAND (V. **Sand**)

GIRARDIN – O nome exato, de solteira, era **Delphine Gay**; tendo se casado com **Emile de Girardin,** político e homem de letras, seu nome ora aparece como **sra. Emile de Girardin,** ora como **Delphine de Girardin.** Em solteira, isto é, como **Delphine Gay,** publicou muitas obras poéticas, entre as quais **Le Bonheur d'être Belle e La Vision de Jeanne D'Arc.** Em 1827, aos 23 anos de idade, viu-se coroada no Capitólio, quando de sua viagem à Itália. Depois de casada, publicou outras poesias e romances. Era positivamente uma médium inspirada. Na **Revista Espírita** aparece sobretudo como Espírito ditando mensagens.

III – 263
344
407
408
IV – 166
VI – 316

GOETHE (Johann-Wolfgang) – O maior poeta da Alemanha moderna nasceu em 1749 e faleceu em 1832. Muito cedo escreveu algumas poesias. Seu amor por Frederica Prion lhe inspirou algumas das mais notáveis poesias líricas. Herdér o iniciou em Shakespeare e na poesia popular. Em Wetzlar conheceu Charlotte Buff, que imortalizou no seu **Werther.** Da mesma data são **Stella e Fausto.** Em 1775 foi chamado a Weimar pelo Duque Carlos Augusto, que o fez Conselheiro, Ministro e amigo.
Sua ligação com a Sra. Stein lhe ensinou a renúncia e o domínio de si mesmo. Sua evolução gradual o fez passar do tumulto da juventude ao estilo clássico. São dessa

II – 176

época a **Ifigênia, Egmont** e outras peças. Dominou todos os conhecimentos científicos da época, e foi um dos maiores gênios que a humanidade produziu.

GREGÓRIO NAZIANZENO, São – Teólogo e padre da Igreja grega. Foi bispo de Sasima e de Constantinopla, onde presidiu o 2.° Concílio Ecumênico, em 381. Ao fim da vida, desiludido, retirou-se à solidão e escreveu poemas e homilias que o imortalizaram.   XI – 15

GUIZOT (François-Pierre-Guillaume) – Historiador e estadista francês; nasceu em 1787 e morreu em 1874. Durante o Império foi professor na Sorbonne, e em seguida, ocupou várias posições. Com a queda do Gabinete, voltou à Sorbonne, mas seu curso foi suspenso. Dedicou-se a escrever sobre História da França e da civilização em geral. Suas obras são marcadas pelo espírito científico e conhecimento das fontes. As últimas transformações políticas o levaram a ocupar-se da instrução pública e depois do Ministério dos Estrangeiros. Era membro da Academia de Ciências Morais, da Academia de Inscrições e da Academia Francesa.   IV – 411   V – 20

GUTTENBERG (Johann) – Impressor alemão, nascido cerca de 1397 e falecido em 1468. Considerado o inventor da impressão com tipos móveis. Entre os seus trabalhos mais conhecidos, figura a chamada **Bíblia de 36 Linhas.**   VII – 120   123

H

HAHNEMANN (V. **Samuel Hahnemann**).

HELIOGÁBALO – (Varius Avitus Bassianus) – Saudado pelos soldados sob o nome de Marcus Au- relius Antoninus. Imperador romano, nascido em 204 e morto em 222. Era de origem síria, que cultuava o Sol e foi Sumo Sacerdote desse deus, adorado sob a forma de uma pedra negra, chamada Helogábalo. Supõem-no filho de Karakalla.   VI – 37

Sua beleza seduziu as legiões que o proclamaram Augusto aos 14 anos de idade. Seu reino foi marcado pelo domínio das superstições e dos deboches. Os pretorianos o massacraram e lançaram seu cadáver no Tibre.

HENRI DE PÈNE — Jornalista francês, nasceu e faleceu em Paris, (1830-1888). Entrou para o jornalismo em 1849 e usou os pseudônimos de **Frédérick Mané** e **Nemo**. Fundou **Le Gaulois**, depois o **Paris-Journal**, que reuniu ao **Gaulois**, do qual foi o redator-chefe. Cronista brilhante, monarquista.
Uma de suas crônicas lhe valeu um duelo, onde foi gravemente ferido. Escreveu também romances.

II – 163

HELIODORO – Ministro de Seleuco Filopator, referido na Bíblia, no livro dos **Macabeus**.

XI – 14

HENRI MARTIN (Bon-Louis Henri Martin) – Historiador e político francês, nascido em Saint-Quentin em 1810 e falecido em Paris em 1883. Iniciou-se em literatura, com os romances históricos: **La Vieille Fronde** (1832); **Le Libelliste** (1883) e outros. Voltou-se para a História, escrevendo uma **Histoire de France** em 15 volumes, depois aumentada para 17. Entrou para a Academia das Ciências Morais em 1871 e para a Academia Francesa em 1878.
Foi deputado e senador. Escreveu ainda diversas obras históricas e sobre Arqueologia.

VI – 241

HENRI MURGER – Literato francês, nascido e falecido em Paris (1822-1861). Estudou pintura, foi secretário do Conde de Tolstoi. Levou uma vida de miséria, que tornou famosa. Foi acolhido em **L'Artiste** e no **Corsaire,** publicou cenas da vida boêmia, que o fizeram célebre. Daí em diante colaborou no **Événement,** no **Dix-Décembre** e na **Revue des Deux-Mondes.** Seu talento era feito de fantasia, de observação e de lirismo, de espírito original e de sensibilidade. Entre prosa e verso, deixou cerca de 18 obras.

IV – 92

HENRIQUE III – Rei de França, terceiro filho de Henrique II, e de Catarina de Médicis, nascido em Fontainebleau em 1551 e assassinado em 1589 pelo monge jacobino Jacques Clément. Tinha como príncipe o título de Duque de Anjou. Com a morte de seu irmão Carlos IX, ascendeu ao trono. Envolveu-se nas lutas religiosas da época, contra os protestantes e participou da trágica noite de São Bartolomeu. Pôs-se à frente da **Liga,** criou casos com a Espanha e a Holanda. Foi superado pela popularidade de Henrique de Guise, vencedor dos huguenotes e prestes a destroná-lo; mas fugiu; este último foi assassinado. Então aliou-se a Henrique de Navarra, futuro sucessor. Casado com Luísa de Vaudémont, da casa de Lorena, morreu sem herdeiros, assim se extinguindo o ramo dos Valois.

VIII – 189

HENRIQUE IV – Rei de França, nascido no castelo de Pau em 1553, assassinado em Paris em 1610, filho de Antônio de Bourbon, Duque de Vendôme e de Jeanne III d'Albret, rainha de Navarra. Seu reino foi de notável restauração da França, esgotada pelas lutas religiosas e com a Espanha. Começou como soldado, vivendo sempre no campo.
Sua ascensão ao trono foi difícil por ser protestante. Casou-se com a princesa Margarida de Valois, irmã de Carlos IX, união infeliz porque pouco depois começou o São Bartolomeu, de que escapou abjurando as suas crenças, o que fez também para alcançar o trono. Em 1598 viu assegurada a paz religiosa pelo Édito de Nantes. Desenvolveu a agricultura, as indústrias e o comércio.
Atacou de frente a casa de Áustria, quando caiu sob o punhal dê um fanático, François Ravaillac, que o feriu em seu carro, em Paris, à rua da Ferronerie.

I – 263

HERÁCLITO – Filósofo grego, nascido em 576 a.C. e falecido em 480 a.C. Cheio de orgulho, mereceu por seu estilo o sobrenome de **Obscuro.** Heráclito se liga aos filósofos jônicos. Para ele a matéria viva é fogo; mas é menos tocado pela substância das coisas do que por

VI – 29

sua transformação: "nada existe, tudo se transforma". Sua filosofia se opõe à de Parmênides, que sustentava a unidade e a imutabilidade do ser. A lei da transformação não passa da identidade dos contrários. A lei geral cria a harmonia. A filosofia de Heráclito exerceu considerável influência sobre os sofistas, os estoicos, Platão e Aristóteles.

HERSCHEL (Sir John Frederic William) – Astrônomo e físico inglês, nascido em 1792 e falecido em 1871. Inicialmente publicou obras sobre a aplicação do cálculo diferencial, pesquisas sobre o ácido sulfuroso e os sais dele derivados e ainda uma **Teoria das Séries**. A seguir fez várias observações sobre as distâncias e posições de 380 estrelas duplas e triplas. Em 1825 começou a organizar o catálogo de 2306 nebulosas, das quais 525 por ele descobertas. Ao mesmo tempo descobria de 3000 a 4000 estrelas duplas, descritas nas **Memórias da Sociedade de Astronomia**. Pouco depois foi fazer observações na África do Sul. Escreveu vários trabalhos sobre as órbitas das estrelas, sobre a ação química dos raios do espectro solar, sobre as cores vegetais. Finalmente, **Resumo de Astronomia e Manual Científico para Uso dos Navegantes**.

VI – 29

HOCHE (Louis Lazare) – General francês, nascido em Montreuil, em 1768 e falecido em 1797. De origem humilde, chegou a comandante do Exército do Norte, nomeado por Carnot, e depois, comandante do Exército de Moselle.

II – 268

HOFFMANN – Há vários **Hoffmann** notáveis, tanto na França, quanto na Alemanha, na Suíça e nos Estados Unidos, tais como; **François-Benoit Hoffmann,** literato francês que viveu entre 1760 e 1828; **Frédéric Hoffmann,** ilustre médico alemão, que deixou várias obras de Medicina em Latim e que viveu entre 1660 e 1742; **Jean-Godefroy Hoffmann,** economista alemão, que viveu entre 1765 e 1847; **Ernest-Théodore-Guillaume Hoffmann**, escritor alemão que viveu entre 1726 e 1822;

IV – 39

Auguste-Henri Hoffmann, dito, **Hoffmann de Fallersleben,** poeta e filósofo alemão, autor do hino nacional alemão **Deutschland, Deutschland über alles.** Parece, entretanto, que a citação se refere ao primeiro.

HOME (Daniel Dunglas) – Foi um notável médium americano de efeitos físicos. Culto e fino, exibiu-se em casas elegantes, em boa sociedade na França, na Itália e sobretudo na Inglaterra, em Londres. Contemporâneo do sr. Allan Kardec, sobre ele são feitas várias referências em diversos números da **Revista Espírita.**

I – 58
91
122, 150
VI – 280
VII – 33
88
XII – 12

HOMERO – Poeta épico grego, dos mais antigos e ilustres. Nada se sabe ao certo quanto à sua vida. Discute-se a autoria da **Ilíada e da Odisséia** e outros poemas. Pensou-se que a sua poesia era antiga tradição popular, de vários séculos, reunida por um poeta de grande habilidade literária.

III – 353

HUMBOLDT (Carlos-Guilherme, Barão de) – Filólogo erudito e estadista alemão, nascido em 1767 e falecido em 1835. Na mocidade estudou Filosofia e Estética e viajou. Foi íntimo de Goethe e de Schiller. Foi Ministro da Instrução em Berlim, representou a Prússia em Viena; como Ministro do Interior, afastou-se devido às suas ideias liberais.

II – 169

HUSS (João) – Reformador religioso nascido na Boêmia em 1369 e um dos precursores da Reforma. Tendo abraçado as doutrinas de Wicleff, foi excomungado pelo Papa Alexandre V e queimado vivo em 1415.

XII – 196

J

JAMES BRUCE – Parece tratar-se de um viajante escocês do século XVIII, nascido em 1730 e falecido em Londres em 1794. Pelo lado materno descenderia dos antigos reis escoceses. Esteve algum tempo na África e foi às cabeceiras do Nilo abissínio, supondo ter descoberto as fontes do **Bahr-el-Azrah** ou Nilo Azul.

I – 111

JACQUES CLÉMENT – Frade dominicano, que assassinou o Rei Henrique III da França em 1589. XII – 20

JAUBERT, T. – O vice-presidente do Tribunal Civil de Carcassone. VI – 180
259

JEAN REYNAUD – Filósofo francês, nascido em Lyon em 1806, e falecido em Paris em 1963. Era engenheiro de minas, empolgado pelas ideias de Saint-Simon. Quando da revolução de 1848, foi deputado à Assembleia constituinte; secretário de Estado para a instrução pública e em 1849, conselheiro de Estado. VI – 229
255
VII – 221
X – 368

JOANA D'ARC – Heroína francesa, nascida em 1412 em Domrémy, filha de modestos operários, levou vida humilde na infância, permanecendo analfabeta. Diz o seu confessor que era ignorante a ponto de apenas saber o Pai Nosso. Guardava o rebanho do pai e ajudava a mãe nos trabalhos domésticos. Piedosa, sensível, alma ardente; era patriota. Dizia uma lenda que a realeza, perdida por uma mulher, seria salva por uma virgem. A mulher nefasta era Isabel da Baviera; a virgem libertadora – Joana D'Arc. Ouvia vozes, que dizia serem de São Miguel, de Santa Catarina e Santa Margarida, que se manifestavam quando tinha ela 13 anos, mandando-a marchar em auxílio do Delfim. Foi nomeada "chefe da guerra."
Então intimou os ingleses a entregar as chaves dos lugares ocupados, em nome do rei do céu. Atacou-os, entrou em Orléans a 29 de abril e em pouco tempo os derrotou completamente.
Lutou contra os inimigos internos. Processada, foi queimada na Praça do Vieux-Marché em Ruão, a 30 de maio de 1431. A Igreja a beatificou em abril de 1909 e a canonizou a 16 de maio de 1920. I – 30
XII – 175

JENNER (Edward) – Célebre médico inglês, nascido e falecido em Berkeley (1749-1828). Conhecido por trabalhos admiráveis, em 1796 começou as pesquisas que levaram à descoberta da vacina jeneriana ou antivariólica. Publicou inúmeras obras sobre o assunto. I – 59

JÓB – Nome de um homem santo do Velho Testamento, habitante da terra de Hus e que foi provado com o mais intenso sofrimento físico e moral, demonstrando entretanto uma resignação e paciência dignas de admiração. O livro de Jó faz parte dos livros da Bíblia.

XI – 14

JOACHIM DU CHALARD – Jurisconsulto francês, autor da **Exposição Sumária das Ordenações de Carlos IX sobre as Reclamações de Três de seus Estados**, apresentadas em Orléans, e da **Origem dos Erros da Igreja**. Faleceu em 1562.

I – 32

JOBARD – Cientista e homem de letras contemporâneo do Sr. Allan Kardec, seu amigo e colaborador, citado com muita frequência na Revista Espírita – em sete volumes e dezessete passagens diversas.

I – 187
207
III – 248
III – 24
28, 112,
297, 322
IV – 4
161, 292
V – 69
76
VI – 125
VII 369

JOSEPH DE MAISTRE (Joseph-Marie, Conde De Maistre) – Estadista, escritor e filósofo francês, nascido em 1753 em Chanmbery e falecido em 1821 em Turim. De ilustre família de magistrados, estudou com os jesuítas, formou-se em direito em Turim e entrou para o Senado. Com a invasão francesa, fugiu da Sabóia, ficando 4 anos em Lausanne. Em 1802 Victor-Emmanuel o nomeou Embaixador em São Petersburgo, onde passou 14 anos, muito acatado pelo Tzar e pela nobreza russa. Escreveu várias obras sobre Política e Filosofia. Foi um dos mais ardentes adversários da Revolução Francesa.

X – 104
110

JOBERT (De Lamballe) – Autor a quem o Sr. Allan Kardec faz referências na Revista Espírita.   II – 155
  IX – 14

JOUY (Etienne de) – Acadêmico francês, cujas obras completas foram publicadas em 1823.   XII – 22

JULES CLARETIE (Arsène-Arnoud chamado Jules Claretie) – Jurisconsulto e literato francês, nascido em 1840 e falecido em 1913. Foi administrador da "Comédie Française" e era membro da Academia. Deixou mais de quarenta obras, entre romances, peças de teatro, biografias e estudos históricos.   X – 25

L

LA BRUYÈRE (Jean de) – Moralista francês, nasceu em Paris em 1645 e morreu em Versailles em 1696. Formou-se em direito em Poitiers, inscreveu-se no Forum, mas pouco advogou. Recomendado por Bos- suet, foi chamado a Chantilly para ensinar História a Luís de Bourbon, ficando ligado à Corte dos Condé, como secretário. Em 1688 publicou **Os Caracteres** de Teofrasto, traduzidos do grego, com os caracteres e costumes do século. Entrou para a Academia em 1693. La Bruyère é um moralista, respeitador do rei, mas chocado com os abusos do reinado de Luiz XIV: abusos da justiça, dos impostos, da insolência dos grandes, decadência dos costumes, miséria do povo.   V – 118

LACORDAIRE (Jean-Baptiste-Henri) – É o Padre Lacordaire, do qual se trata na Revista Espírita. Houve um outro, irmão deste, também notável, Jean-Théodore Lacordaire, naturalista, professor e jornalista, nascido em 1801 e falecido em 1870. Seguramente se trata do primeiro, nascido em 1802 e falecido em 1861. Era dominicano, orador brilhante, discípulo de Lamennais, com quem rompeu no ano de 1834. Foi vigário de Notre-Dame e, após cinco anos de recolhimento, entrou para a ordem dominicana em 1839. Fez parte da Academia Francesa. Sua obras principais foram conferências diversas, **Vida**   V – 90
  VIII – 247
  X – 43
  95
  XI – 47

de São Domingos e Considerations sur le système philosophique de M. de Lamennais.

LA FONTAINE (Jean de) Poeta francês, nascido em 1621 e falecido em 1695. Iniciando-se nos estudos eclesiásticos, passou à oratória, depois a uma vida descuidosa. Escreveu fábulas, madrigais, epístolas e poesias e também algumas peças de teatro. Sua produção variou segundo as conjunturas políticas, notando-se os poemas baseados na mitologia grega, mas sobretudo, as suas fábulas, que se celebrizaram. VI – 192

LAMARTINE (Alphonse-Marie-Louis de Prat de) – Poeta francês, nascido em 1790, em Mâcon e falecido em 1869, em Paris. Tendo a família empobrecido, foi educado pela mãe, muito inteligente e terna; continuou a estudar em Lyon e Belley. Sempre doente, inquieto, a princípio viajou; mas lia e trabalhava. Em 1820 publicou **Premières méditations poétiques,** com imenso sucesso. Seguiram-se: **Nouvelles méditations poétiques,** em 1823, e as **Harmonies poétiques et religieuses** (1830), tendo entrado, um ano antes, para a Academia. Participou do governo provisório de 1848, como Ministro dos Estrangeiros, caindo no golpe de estado de 1851. Depois dos **Recueillements,** publicou principalmente obras em prosa: **Histoire des Girondins; Les Confidences; Geneviève; Graziella,** que se celebrizou. VI – 235
XIII – 21
118
184

LAMENNAIS (Félicité Robert de) – Nasceu em Saint-Malo em 1782, e morreu em Paris em 1854, Ordenou-se em 1816; no ano seguinte publicou um **Essai su l'indifférence en matière de religion considérée dans ses rapports avec l'ordre politique et civil,** uma tradução da **Imitation de Jésus-Christ; Le Progrès de la Révolution et de la Guerre contre L'Église.** Fundou o jornal **L'Avenir,** onde preconizava a aliança da Igreja e da Liberdade. O Papa Gregário XVI desautorizou tais opiniões na encíclica **Mirari vos.** A seguir publicou as **Paroles d'un Croyant,** condenadas na encíclica **Singulari nos.** Seguiram-se, ininterruptamente, **Les Affaires de Rome; Le Livre du Peuple; Esquisse d'une** III – 267,
345, 368, 372,
410
IV – 2,
167, 201, 273,
281, 288, 415
V – 44,
59, 92,
124, 151, 176,
217, 252, 319
VI – 159,
226, 317
VIII – 207,

philosophie, etc. Foi condenado à prisão, em 1840. Em 1848 foi eleito à Assembleia Nacional, colocando-se na extrema-esquerda. A seu pedido foi enterrado "no meio dos pobres".

209, 216
XI – 49

LAO-TSEU – Filósofo chinês, que viveu cerca de 600 anos antes do Cristo e autor do **Livro da Vida e da Virtude.**

XII – 35

LAPLACE (Pierre-Simon, Marquês de) – Geômetra e astrônomo francês, nascido em Beaumont-en-Auge, em 1749 e falecido em Paris, em 1827. Estudou na Escola Militar. Já conhecido por trabalhos científicos, foi examinador do corpo de Artilharia, participou da organização da Escola Politécnica e da Escola Normal. Ministro do Interior de Bonaparte, senador e vice-presidente do Senado. Era membro da Academia. Suas principais obras são: **Théorie du mouvement et de la figure elliptique des planètes; Théorie des attractions des sphéroïdes et de la figure des planètes; Exposition du système du monde; Traité de mécanique céleste; Théorie analytique des probabilités; Essai philosophique sur les probabilités.**

VI – 29

LAVÁTER (João Gaspar) – Teólogo, poeta e filósofo alemão, o criador da Fisiognomia, ou seja, a arte de julgar o caráter pelos traços fisionômicos. Nasceu em Zurique em 1741 e faleceu em 1801.

XI – 71

LEÃO X – É o célebre Giovanni de Médicis, nascido em Florença em 1475 e falecido em Roma em 1521. Filho de Lourenço, o Magnífico, foi educado brilhantemente por Marsello Ficino e Pico de la Mirandola. Aos 7 anos Luiz XI o nomeou Abade de Fontdouce; aos 13 anos foi nomeado cardeal; aos 34 anos o Papa Júlio II o fez legado em Bologne e no ano seguinte o pôs à frente do exército; mas foi derrotado e preso em Ravena, em 1512. Embora não eclesiástico, foi eleito papa no conclave de 1513. Foi hábil político, protegeu as letras e as artes; enriqueceu a biblioteca do Vaticano. Excomungou

IV – 41
66

Lutero em 1521, com o que provocou o movimento da Reforma.

LINCOLN (Abraham) – Estadista americano, nascido em Harvin, no Kentucky, em 1809 e assassinado em Washington em 1865, por um sectário, J. W. Booth, que lhe deu um tiro a queima roupa, gritando: "O Sul está vingado!" Filho de um fazendeiro quaker, foi deputado no Illinois em 1834. Eleito para o Congresso Federal em 1846, fez oposição à guerra do México e em 1849 pediu a supressão da escravatura. Derrotado na campanha para o Senado, fez uma campanha antiescravagista em vários Estados, e em 1859 foi eleito presidente dos Estados Unidos. Pouco depois de sua posse, rebentou a guerra civil. Reeleito em 1864, entrou triunfalmente em Richmond, capital dos Estados Confederados, e poucos dias depois foi assassinado.

X – 79

LORDE CASTLEREAGH (Henry-Robert Stewart) – Maquês de Londonderry e Visconde de Castlereagh, nasceu em 1769 e morreu em 1822. Vocacionado para a política, viajou, arruinou a família em lutas eleitorais e casou-se ricamente. No Parlamento irlandês foi um dos autores da união com a Inglaterra e tornou-se o braço direito de William Pitt. Depois de se ter destacado no Congresso da Santa Aliança, suicidou-se cortando a garganta, nas vésperas do Congresso de Verona.

II – 213

LOT – Personagem da Bíblia, sobrinho de Abraão, em cuja companhia empreendeu a jornada para Canaã.

XI – 14

LOUIS JOURDAN – Citado nos lugares assinalados, na Revista Espírita, notando-se que sobre o mesmo há carência de dados bio-bibliográficos.

IV – 107
V – 376

LUÍS XI – Rei de França, filho de Carlos VII e de Maria de Anjou; nasceu em Bourges em 1423 e morreu em Plessisles-Tours, em 1483. Antes dos 14 anos foi casado Com Margarida da Escócia. Aos 17 anos começaram as

I – 73
149
175

divergências e lutas com seu pai, com o risco de perder o delfinato. Toda a sua ação, antes e depois de subir ao trono, é de traições, intrigas, lutas inglórias, inclusive com os parentes – o pai e o irmão. De seu segundo casamento com Carlota de Saboia, deixou os filhos: Anne, casada com o Senhor de Baujeu, Jeanne, esposa do Duque de Orléans, o futuro Louís XII, e Carlos VIII.

LUÍS (São) ou Luís IX (1215-1270) rei de França. Reinou primeiro sob tutela de sua mãe Branca de Castela. Tomou parte na 7ª e 8ª Cruzadas e morreu de peste ao desembarcar em Cartago. Foi bom e piedoso, sendo canonizado em 1297. Citado constantemente na **Revista Espírita,** mercê das inúmeras comunicações de seu Espírito.

LUÍS XVIII – Rei de França, nasceu em Versailles, em 1755 e morreu em Paris em 1824. Neto de Luís XV, inicialmente Conde de Provença, ao subir ao trono seu irmão, tomou o título de "Monsieur". Comprometeu-se com a Revolução e enquanto Luís XVI fugia para Varennes, ele fugia para Bruxelas. Depois da execução do rei, assumiu a regência, em nome do sobrinho, declarado rei com o nome de Luís XVII. Depois da morte deste, levou a corte para Verona. Com o sucesso da República e de Napoleão, emigrou. Com a queda de Napoleão, voltou a Paris. Mas Napoleão voltou da Ilha de Elba e Luís XVIII fugiu, com o nome de Conde de Lille; durante os Cem Dias, ficou em Gand. Depois de Waterllo teve que aceitar novas humilhações. Foi sucedido por seu irmão Carlos X.

IX – 357

LUÍS XIV – Rei de França, filho de Luís XIII e Ana d'Áustria, nasceu em 1638 e reinou de 1643 a 1715, tendo subido ao trono com cinco anos de idade, sob a regência de sua mãe. Mais tarde teve como Primeiro Ministro o Cardeal Mazarino. Intolerante em matéria religiosa e prepotente, fez revogar o Édito de Nantes e perseguiu cruelmente os calvinistas.

XII – 55

M

MAOMÉ – **Maomé** é a forma portuguesa do vocábulo árabe Mohammed, que significa **o Louvado.** É o fundador da religião muçulmana. Segundo a tradição, nasceu em Meca, em 570. Morreu em Medina, em 632. Pretendia pertencer à tribo dos Koraichitas, uma das mais importantes e descendentes de Ismael, filho de Abraão. Aos 13 anos, acompanhando a caravana do tio, Maomé ficou uns dias na ermida de um monge cristão, chamado Bahira, com o qual adquiriu algumas noções do cristianismo. Parece que Maomé era um extático, profeta, ou médium. Houve lutas para o estabelecimento, que ele pretendia, de um Deus Único – em árabe Allah – como em toda religião nascente.
IX – 225
321

MARGARIDA DE FRANÇA – Filha de Catarina de Médicis e de Henrique II e irmã de Carlos IX. Casou-se com Henrique IV, que a repudiou em 1599. Deixou **Memórias e Poesias,** e viveu de 1553 a 1615.
XII – 19

MARGOT (A Rainha) – V. Margarida de França.

MARIA – Imperatriz da Rússia, esposa de Paulo I, com quem Laváter manteve intensa correspondência sobre assuntos espíritas.
XI – 71

MASSILLON (Jean-Baptiste) – Prelado e famoso orador sacro, nascido em Hyères em 1663 e falecido em Clermont Ferrand em 1742. Estudou Filosofia em Marselha. Aos 18 anos tomou o hábito de orador e foi estudar Filosofia em Arles. Foi professor de Belas-Artes, com o que quase deixou a Igreja. Indo para Viena, aí ordenou-se em 1692. Notabilizou-se por suas orações fúnebres para gente nobre, inclusive para o próprio Luiz XIV. Em 1717 foi nomeado bispo de Clermont e pregou perante Luiz XV.
IV – 135
333

MESMER (Frédéric-Antoine) – Médico alemão, nasceu em Izmang, em 1733 e faleceu em Meersburg em 1815. Estudou Medicina em Viena e pretendia haver
IV – 111
VII – 304
VIII – 154

descoberto nas propriedades do ímã um remédio para todas as doenças; depois declarou que obtinha os mesmos efeitos apenas com o fluido magnético animal. Desacreditado em Viena, foi para Paris, onde obteve curas felizes e inventou a sua **bagueta**.

MESSALINA (Valéria Messalina) – Imperatriz romana, nascida no ano 15 de nossa era e morta em 48. Filha de Valerius Messala Barbatus, primo de Cláudio, em 41 desposou esse imperador, como sua quinta esposa, tendo dois filhos: Britannicus e Octavius. Logo abandonou-se à lubricidade, chegando até o crime. Por fim foi morta por um tribuno. VI – 37

MICHELET (Jules) – Escritor francês, nascido em Paris em 1798 e morto em Hyères em 1874. Seu pai era um impressor sempre perseguido; assim, ele teve que lutar para estudar. Fez o Liceu Charlemagne, onde depois foi professor, e também no Colégio Rollin. Publicou inúmeras obras, geralmente sobre História da França. Mas também escreveu poesia e ficção. IV – 126

MILTON (John) – Poeta inglês, nascido e falecido em Londres (1608-1674). Foi um dos mais brilhantes alunos no Colégio do Cristo, em Cambridge (1625- 1632), aí compondo numerosas poesias, em latim e inglês. Continuou a produzir obras poéticas e de moral. Sua obra culminante e mais conhecida é o **Paraíso Perdido**. V – 114

MOISÉS – Libertador e legislador de seu povo, Moisés foi realmente uma das maiores figuras religiosas de todos os tempos. Sua história está contada no Velho Testamento. Na verdade Ele foi um dos maiores iniciados dos Templos Egípcios. III – 131
Foi o libertador do povo de Israel, tirando-o do Egito, contra a vontade do Faraó, e levando-o para Canaã, a Terra Prometida, cuja jornada, cheia de peripécias, contém episódios vários apresentados como milagres, entre os quais a travessia do Mar Vermelho, o maná caído do céu, a água brotando da rocha e

muitos outros. Criou a legislação hebraica, cuja base foram "Os Dez Mandamentos".
Moisés não chegou a entrar na Terra Prometida, mas levou o povo até os limites de Canaã. Morreu no alto do Monte Nebo e seu túmulo ficou em segredo. Foi sucedido por Josué.

MONTAIGNE (Michel Eyquem de) – Moralista francês; nasceu e faleceu no castelo de Montaigne (1533-1592). Sua educação foi confiada ao mestre alemão Horstanus, que tinha ordem de só lhe falar em latim; depois, aos seis anos, foi para um colégio em Bordéus, onde ficou sete anos.
Parece que estudou filosofia dois anos na faculdade dessa cidade e que, a seguir estudou direito, ali ou em Toulouse. Frequentou a corte, acompanhou Carlos IX no cerco de Ruão. Sua grande produção literária e filosófica foram os **Essais**. É considerado o criador desse gênero literário.

II – 50
XI – 51

MOZART (Amadeu Wolfang) – Ilustre músico, nascido em Salzburg, em 1756, falecido em Viena em 1791.
Foi exemplo de precocidade musical. Aos seis anos tal era sua habilidade ao piano, que seu pai fez uma excursão com ele e a irmã. Primeiro publicou duas pequenas óperas – **la Finta semplice** e **Bastien et Bastienne**; depois, com sucesso, **Mitridate, re di Ponto**. A seguir escreveu oratórias e outras peças. Ainda mais, **As Bôdas de Figaro, A Clemência de Tito, A Flauta Mágica**. Também deixou peças religiosas, entre as quais o **Requiem**.

I – 142
II – 134
VI – 29
XII – 52

MUSSET (Louis-Charles-Alfred de) – Poeta francês, nascido e falecido em Paris (1810-1857). Vacilando quanto à carreira, atirou-se no movimento literário. Iniciou-se no movimento romântico, publicando seus **Contes d'Espagne et d'Italie**. Não teve sorte no teatro. Vieram novas peças. Mas sobrevém uma crise que transforma o seu gênio: vai com George Sand para a Itália, visitam várias cidades, demoram em Veneza,

II – 119
III – 199
300
404
IV – 6
IX – 24
181
XII – 182
183

onde se desentendem. Então publica **Lettres d'A. de Musset et de George Sand.** Vencida a crise, publica várias obras notáveis, entre as quais **Lettre à Lamartine, L'Espoir en Dieu, La Confession d'un enfant du siècle.** Simultaneamente, algumas peças de teatro.

N

NECKER (Jacques) – Financista e homem de estado francês: nasceu em Genebra em 1793 e morreu em Coppet (Suíça) em 1804. Era de origem inglesa. Empregado de banco, subiu rapidamente, fez uma grande fortuna, fundou um banco, emprestava dinheiro a escritores, políticos e artistas, tinha os salões bem frequentados. Teve altos e baixos na política, pois nem sempre eram aceitas as suas ideias sobre finanças. Ocupou elevados cargos, inclusive o de ministro. Casado com uma mulher bela e culta, deveu a ela o prestígio social de que desfrutou.

IV – 39

NERO (Lucius Domitius Nero Claudius) – Imperador romano, nascido em Antium, em 37 a. D. e morto perto de Roma, em 68. Quando Agripina se tornou esposa de Cláudio, fez que este o adotasse, com prejuízo de Britânnicus. Foi educado pelo militar Burrhus e pelo filósofo Sêneca. Tornou-se imperador em 54. Rompendo com sua mãe, e ameaçado por esta de defender os direitos de Britânnicus, matou-a e depois o pai. É tido como tendo ordenado o incêndio de Roma, porém lançou a culpa sobre os cristãos. Formada uma conspiração contra ele, e diante da aproximação das tropas de Galba, fez-se matar por um liberto, exclamando ao que se diz: "Que grande artista vai perder o mundo!"

VI – 37

NICETAS – Há, no curso da História, vários Nicetas, dignos de menção. Mas aqui se trata, sem dúvida, de **Nicetas de Siracusa,** filósofo pitagórico que, segundo Cícero, sustentou que a Terra apenas está em movimento, enquanto o céu, o Sol, a Lua ficam imóveis.

VI – 29

O

ORFEU – Segundo a Mitologia grega, é um poeta e músico da Trácia, filho de um rei segundo uns, filho de Apolo e da ninfa Calíope, segundo outros.

VI – 29

P

PALISSY (Bernard de) – Notável oleiro, escritor e sábio francês; nasceu em Agen, cerca de 1510 e morreu em Paris, provavelmente na Bastilha, em 1589 ou 1590. Se não foi o inventor da arte de esmaltar, foi um pioneiro e um aperfeiçoador. Era muito observador e tudo sacrificava à sua arte.Deixou também obras sobre Matemática e Ciências Naturais aplicadas.

I – 113

PAULO I – Imperador da Rússia, de 1796 a 1801, marido da imperatriz Maria, a quem Laváter dirigiu importante correspondência. Morreu assassinado em consequência de uma conspiração.

XI – 82

PASCAL (Blaise) – Geômetra, físico, filósofo e escritor francês, nascido em Clermont em 1623 e falecido em Paris em 1662. Aos onze anos compôs um tratado dos sons; aos doze descobriu a trigésima segunda proposição do primeiro livro de Euclides. Aos dezesseis anos escreveu o seu **Ensaio para os cônicos** e para ajudar o trabalho matemático do pai, aos dezenove anos imaginou a sua **máquina aritmética** na qual levara dez anos de trabalho. Escreveu trabalhos sobre o vácuo, sobre o cálculo das probabilidades e, depois de uns tempos de vida mundana, voltou-se para a religião, dedicando-se à produção de obras de cunho metafísico e espiritual. É um dos grandes expoentes do pensamento religioso e filosófico do seu tempo.

IV – 336
VII – 49
VIII – 147
149
152
XII – 13

PÉLLICO (Sílvio) – Literato italiano, que viveu de 1789 a 1854. Passou 9 anos nas prisões de Spielberg, onde escreveu o famoso livro **As Minhas Prisões**.

XII – 23

PERGOLESE (João Batista) – Compositor italiano de música religiosa e um dos mestres da escola napolitana (1710-1736).

XII – 52

PITÁGORAS – Moralista e legislador grego, cujo nome se liga a um corpo de doutrinas e instituições célebres, sobre as quais foram espalhados relatos míticos. Os pitagóricos foram sábios aos quais se devem várias descobertas e invenções em Matemática, como o quadrado da hipotenusa, a Tábua de Pitágoras, os algarismos árabes, o sistema decimal; em Astronomia, a explicação dos eclipses e das fases da Lua; na Música, as leis matemáticas dos acordes.

I – 4
III – 131

PLATÃO – Filósofo grego, nascido em Egina, perto de Atenas, em 420 a. C. e falecido em 347. Diz-se que, pelo lado paterno descendia de Codro, último rei de Atenas, e pelo materno, de Sóion. Cedo estudou todas as artes do tempo e ganhou prêmio nos jogos olímpicos. Com absoluta certeza conheceu Música e Matemáticas. Iniciou-se em Filosofia, tornou-se discípulo e amigo de Sócrates. Quando o mestre bebeu a cicuta, em 399, o discípulo foi para junto de Euclides. Ensinava nos jardins de Academus – de onde vem o nome de Academia. Morreu ao voltar da Sicília. Suas obras – quase todas – têm a forma de diálogo, onde sempre aparece Sócrates: são os diálogos **socráticos,** os **metafísicos,** os **estéticos (Fedro** e o **Banquete),** os políticos (a **República** e as **Leis**).

I – 4
III – 131

PLÍNIO (Caius Plinius Caecilius Secundus) – Trata-se de Plínio, o Moço, escritor romano. Nasceu em 62 a. D. e morreu provavelmente em 125. Tendo cedo perdido o pai, foi educado pelo tio, Plínio o Antigo. Exerceu todas as magistraturas, até o consulado, e foi legado imperial de Trajano na Bitínia. Era grande orador, bom advogado e sua correspondência é muito apreciável.

II – 86

PLUTARCO – O maior dos biógrafos gregos da **Antiguidade,** autor das **Vidas de Homens Ilustres** e das **Obras Morais.** Nasceu aproximadamente entre os anos 45 e 50.

XI – 15

PONSARD (François) – Poeta francês, nascido em Isère em 1814, falecido em Paris, em 1867. Era bacharel e advogado. Tendo traduzido o Manfredo de Byron, quis abordar o teatro. Escreveu **Lucrèce**, as **Burgraves**. Tentaram ridicularizá-lo, chamando-o "chefe da escola do bom senso."   X – 148

PORFÍRIO – Filósofo da escola de Alexandria, que viveu de 233 a 304.   XI – 15

PRIVAT D'ANGLEMONT (Alexandre) – Literato francês, nascido nas Antilhas em 1820 e falecido em Paris em 1859. Era um boêmio literário, e morreu no hospício. Deixou uma série de crônicas sobre Paris.   II – 372

PUCHESSE (Baguenault de) – Filósofo cristão, autor de um livro "Immortalité", citado num artigo do jornal "Le Voyageur de Commerce."   XII – 14

R

RAVAILLAC (François) – O assassino de Henrique IV da França, esquartejado em 1610.   XII – 20

REMBRANDT (Rembrandt Harmens van Rijn) – Pintor holandês nascido em Leyde em 1606 e morto em Amsterdam em 1669. Estudou pintura com Jacob van Swanenburgh e Pieter Lastman. Deixou muitas telas notáveis: **O trocador de moeda; A negação de São Pedro;** muitas paisagens e belos retratos, entre os quais o de sua esposa. Foi um dos grandes mestres da pintura.   II – 383

RENAN (Joseph-Ernest) – Filólogo e historiador francês, nascido em Tréguier em 1823 e falecido em Paris em 1892. Inicialmente andou por várias escolas religiosas, inclusive Saint-Sulpice, em Paris, onde aprendeu hebraico. A Teologia e a exegese lhe pareciam cada vez mais insustentáveis, pelo que deixou o seminário-maior. Ligando-se a Berthelot, completou a iniciação às ciências naturais, tirou graus universitários,   VII – 134
161

escreveu **O Futuro da Ciência,** só publicado em 1890. Colaborou na "Revue des Deux Mondes" e no "Débats". Escreveu a **Vie de Jésus, Réforme Intellectuelle et Morale, Origines du Christianisme, Les Apôtres, Les Evangiles, L'Eglise Chrétiene, Saint Paul** e mais umas duas dezenas de obras. Foi um grande vulgarizador da história das religiões.

ROSSINI (Joaquim) – Célebre compositor italiano (1792-1868) autor de **O Barbeiro de Sevilha, Guilherme Tell** e outras óperas famosas.

XII – 31
85
91

ROBINSON CRUSOÉ – Célebre romance de Daniel Defoe, escrito em 1719 e mundialmente conhecido. O nome por inteiro é **A Vida e as Estranhas Aventuras de Robinson Crusoé,** baseada numa história real e envolvendo, de certo modo, a vida e as ideias do autor.

X – 76
285

ROUSSEAU (Jean-Jacques) – Há vários nomes notáveis na família Rousseau. Mas no caso se trata de Jean-Jacques, escritor e filósofo francês, nascido em Genebra em 1712, e falecido em Ermenonville em 1778. Descontente com os pontos de vista paternos, pretextou a necessidade de se converter, e uniu-se à Sra. Warrens. Logo celebrizou-se por seus discursos filosófico-políticos. Escreveu muitas obras notáveis, entre as quais: **Emile ou Traité de l'Éducation; Le Contract Social: Confessions,** etc.

II – 228
IV – 39
65
267

ROUSTAING (Jean-Baptiste) – Nascido em 1806, em Bordéus. Formou-se professor de Literatura e Ciências, exercendo essa profissão a princípio em Toulouse, de 1823 a 1826, a fim de custear os estudos das Leis, conseguindo, finalmente, doutorar-se em Direito. Exerceu a advocacia em Paris, 1826 a 1829, até fixar-se em Bordéus, sua cidade natal, onde se destacou como jurisconsulto. Não tardou a granjear a admiração e o respeito de seus concidadãos, a ponto de conseguir a escolha de seu nome para Bastonário da famosa Ordem dos Advogados de Bordéus. Desencarnou a 2 de janeiro

IV – 179
IX – 188
X – 31

de 1879, dez anos depois de Kardec, com 73 anos de idade. Teve Roustaing o seu pensamento registrado em nota necrológica da "Revue Spirite" desse ano: Autor da obra "Os Quatro Evangelhos", que suscitou controvérsias no meio espírita.

S

SAINT-PIERRE (Jacques-Henri Bernardin de) – Escritor e naturalista francês; nasceu no Havre em 1737 e morreu em Eragnil-sur-Oise em 1814. Escreveu **Études de la nature e Paulo e Virginia,** romance mundialmente conhecido. Era contra o método experimental em Ciência.

VI – 259
VII – 16

SAMUEL – Um dos maiores profetas da antiguidade judaica e o último Juiz de Israel. Sua vida e seus feitos estão referidos nos livros da Bíblia que levam seu nome. Sagrou rei a Saul e seu Espírito foi invocado mais tarde pela pitonisa de Endor.

XI – 16

SAMUEL HAHNEMANN (Samuel-Chrétien-Fréderic) – Médico alemão, nascido em Meissen em 1755 e falecido em Paris em 1843. Fundou a Medicina homeopática em 1796. Escreveu: **Mémoire sur l'empoisonnement par l'arsenic** (1786); **Organon de médicine rationnelle** (1810); **Matière médicale pure** (1826-1828).

IV – 281

SAND **(George)** (Amandine-Aurore-Lucie Dupin, Baroneza Dudevant, conhecida por George Sand) – Escritora francesa, nascida em Paris em 1803 e falecida em Nohant em 1876. Foi romancista, mas também escritora no mais amplo sentido, e tratou de quase todos os problemas morais, sociais e políticos de seu século. Um casamento infeliz – a despeito de dois filhos que teve – a conduziu à fuga do lar. Teve várias ligações, sucessivamente, com homens notáveis, das quais a mais longa e conhecida com Chopin. Escreveu e publicou uma longa série de romances e estudos.

X – 15

SARA – Mulher e irmã paterna do patriarca Abraão, mãe de Isaac, é o vulto feminino mais conhecido na Bíblia

XI – 14

por esse nome. Mas a referência é a outra Sara, mencionada no Livro de Tobias, uma viúva cujos maridos eram mortos pelos demônios.

SAUL – Primeiro rei de Israel, sagrado por Samuel. Era filho de Quis, da tribo de Benjamin. Caindo no desagrado de Deus, e ferido na batalha de Gilboé, suicidou-se atirando-se sobre a ponta da espada.

XI – 16

SARDOU (Victorien) – Autor dramático francês, nascido e falecido em Paris (1831-1908). Abandonou a Medicina pela literatura e fez representar no Ódeon a sua primeira peça, **La Taverne des Étudiants,** sem sucesso. Depois lançou mais de vinte peças, das quais a mais conhecida é **Rabagas.** Fez libretos de óperas e escreveu obras diversas, entre outras, sobre o Espiritismo.

I – 113
233
II – 76

SCHILLER (Johann-Christoph-Friedrich) – Célebre poeta alemão, nasceu em Marbach em 1759 e morreu em Weimar em 1805. Estudou Direito, Medicina e, secretamente, entregou-se a ensaios literários. Foi influenciado pelas ideias de Rousseau. Escreveu poesia sentimental e nacionalista; entre suas muitas obras notam-se: **Marie Stuart, La Pucelle d'Orléans, Guillaume Tell.**

II – 178

SHAKESPEARE (William) – O maior poeta dramático inglês nasceu e morreu em Stratford-on-Avon (1564-1616). Casou-se com Jane Hathaway, oito anos mais velha que ele; teve três filhos, mas foi um lar infeliz. Passou miséria em Londres; entrou para uma companhia de teatro. Teve em sua vida vários períodos marcantes: no primeiro, entre diversas obras destacam-se: **O Sonho de uma Noite de Verão e Romeu e Julieta;** no segundo, **O Mercador de Veneza, As Alegres Comadres de Windsor;** no terceiro, **Júlio César, Hamlet, Othelo, Mcbeth, O Rei Lear e Coriolano;** no quarto e último, **Péricles, Cymbeline e Henrique VIII.**

IV – 31

SÓCRATES – Filósofo grego; nasceu em 468 ou em 470 a. C. e faleceu no ano 400 a. C. Soldado, lutou com

II – 216
IV – 103

bravura e salvou Xenofonte e Alcibiades. Tinha seguido as lições do sofista Prodirus, do geômetra Teodoro de Cirene e do físico Arquelau. Admitiram que suas ideias estavam corrompendo a mocidade e a religião do Estado. Foi condenado a beber a cicuta. Sobre sua defesa, a recusa de fugir da prisão e sobre sua morte, Platão escreveu três admiráveis diálogos: a **Apologia, Criton** e **Phedon**.

STAËL, Madame de (Ana-Louise-Germaine Necker, Baroneza de Staël-Holtein) – Literata francesa, nascida e falecida em Paris (1766-1817). Era filha de Necker, ministro de Luiz XVI. Menina prodígio, aos onze anos compunha as **Éclogas,** aos quinze comentava o "Espírito das Leis", a seguir escrevia novelas e um drama em versos. Iniciou se publicamente nas letras com **Lettres sur le caractère et les écrits de J. J. Rousseau.** Com a revolução, sofreu por tentar salvar o rei e a rainha.
Após o 9 de terminador, passou a escrever sobre a política. Ela abre, com Chateaubriand, a idade moderna nas letras.

I – 319
III – 100
IV – 41
271
XII – 20

SUE (Marie-Joseph, dito Eugène Sue) – Romancista francês nascido em Paris em 1804 e falecido em Annecy em 1857. Seu pai o embarcou como médico de um navio de longo curso aos 21 anos de idade. Viajou vários anos, acumulou lembranças e escreveu muitos romances marítimos, como **Plick et Plock, La Salamandre, La Coucaratcha** e outros. Deixando de viajar, voltou-se para outros temas. E entre muitos outros belos livros, publicou **O Judeu Errante, Os Sete Pecados Capitais e Os Mistérios do Povo.**

X – 96

SWEDENBORG (Emmanuel) – Teósofo sueco; nasceu em Estocolmo em 1688 e morreu em Londres em 1772. Cultivou as letras, a poesia e a Matemática. Doutorou-se em Filosofia, percorreu a Europa; fundou uma revista para pesquisas científicas. Foi assessor do Colégio Real de Minas e dirigiu grandes trabalhos de construção. Publicou obras científicas em latim. Em 1743, em Londres,

II – 332

abriu-se a mediunidade: teve visões a longa distância, de fatos do momento. Escreveu sobre estes fatos, concordando a sua teoria de em vários pontos, com o que diz o sr. Allan Kardec.

T

THÉODORE-AGRIPPA D'AUBIGNÉ – Historiador, literato e capitão calvinista, nascido em Pons em 1552 e morto em Genebra em 1630. Aos 10 anos lia latim, grego e hebraico. Estudou com Théodore de Bèze e lutou nas guerras religiosas. Escreveu a história dessas lutas, publicou poesias e obras de ficção.

I – 264

THÉOPHILE GAUTIER – Escritor e poeta francês, nascido em Tarbes em 1811 e falecido em Neuilly em 1872. Consagrou-se à poesia e a toda a literatura. Foi um dos chefes desta espécie de terceiro cenáculo que, em 1835, grupou certo número de poetas e artistas num romantismo tumultuoso. Publicou várias obras, das quais a mais vulgarizada é **Mademoiselle Maupin**.

IX – 92
XII – 12

TIBÉRIO (Tiberius Claudius Nero) – Segundo imperador romano, nascido em Roma em 42 a.C. e morto em Misena em 37 a.C. Fez guerras, perseguições, cometeu crimes e abusos, governou pelo terror e nos últimos anos foi abominável tirano.

VI – 37

TOBIAS – Nome de vários personagens bíblicos. No entanto, o mais citado e conhecido é o referido no livro apócrifo do mesmo nome, homem piedoso da tribo de Neftali. Seu filho, também chamado Tobias, teria curado a cegueira do velho pai, com o fel de um peixe.

XI – 14

V

VIANNEY (Jean-Baptiste-Marie) – É o muito conhecido Cura D'Ars, dos Espíritas. Nasceu em Dardilly, em 1786 e morreu em Ars em 1859. Ordenou-se em 1815, a despeito da pouca instrução. Transformou sua paró-

VI – 223

quia por força dos fenômenos mediúnicos, de que era intermediário, e que o povo tomava como milagres. Foi beatificado por Pio X, que o apresentou como modelo do clero paroquial (1905) e em 1925 foi canonizado por Pio XI.

VICTOR HUGO (Victor Marie) – Grande escritor e poeta francês, nascido em Besançon em 1802 e falecido em Paris em 1885. Fez estudos politécnicos e começou a escrever aos 20 anos, publicando **Odes**. A seguir, mais volumes de **Odes,** poesias várias e romances. Mas onde foi notabilíssimo foi nos inúmeros romances, muitos dos quais mundialmente conhecidos, tais como: **Marion Delorme, Notre-Dame de Paris, Os Miseráveis, O Homem que ri, Noventa e Três, Os Homens do Mar e A Legenda dos Séculos.**

VI – 233
VIII – 58
XII – 19
20

VOLTAIRE (François-Marie Arouet) – Escritor francês nascido e falecido em Paris, (1694-1778). Só em 1718 tomou o nome de Voltaire. Inicialmente liga- gado a um clero brilhante, tornou-se porém bastante independente em matéria religiosa. Era satírico e por isso esteve na Bastilha. Ao sair, teve que ir para a Inglaterra. Escreveu muito sobre política e Filosofia, bem como sobre História.

II – 241
260
V – 156

X

XENOFONTE – Historiador, filósofo e polígrafo grego, nascido em Erchia, em 427 a.C e morto em 355.
Foi para a guerra contra Artaxerxes, como simples amador. As circunstâncias o fizeram comandante em chefe. Então relatou o caso na célebre obra **Anábasis**, isto é, **"A Retirada dos Dez Mil"**. Deixou muitas obras filosóficas, técnicas e históricas.

VII – 157

Z

VI – 45

ZENON – Há vários vultos com este nome. Alguns são santos da Igreja Católica; três são filósofos gregos;

um é Imperador do Oriente. Contudo, no texto, parece tratar-se de Zenon, de Eleia, filósofo grego, discípulo de Parmênides, nascido entre 490 e 485 a.c. e que morreu de tormentos inflingidos por um tirano. Zenon procurou demonstrar, por argumentos que ficaram célebres, a impossibilidade do movimento.

ZOROASTRO – Em zenda, **Zarathoustra**. Reformador da religião iraniana antiga. Nasceu na Média em 660 e passa por ter recebido revelações de **Ahura Mazda**. Sua lenda é contada no **Avesta** e o representa triunfando dos assaltos do Maligno. A instituição dos **magos** procede de seu ensino. A reforma de Zoroastro teve alguma influência no aparecimento do djainismo e do budismo da Índia, na condenação dos sacrifícios sangrentos e na concepção da salvação como indicada por um profeta inspirado.

I – 4

ÍNDICE REMISSIVO

A

	VOL. PAG.
Adrien, médium vidente	I – 378
Aos leitores da Revista Espírita	409
Aparição, fenômenos de	339
Aparições	375
Aparição do General Marceau	372
A propósito dos desenhos de Júpiter	266
Assassinato de cinco crianças	332
Assassino Lemaire, O	101
Avareza, A	72
Aviso de Além-Túmulo, Um	293
Adrien, médium vidente	II – 16
Aforismos Espíritas	38
Aforismos Espíritas e Pensamentos Soltos	133, 164
Aforismos Espíritas e Pensamentos Avulsos	293, 428
Agêneres, Os	49
A Infância	63
A Indústria	118
Alma Errante, A	358
As mesas volantes	325
A Sua Alteza o Príncipe G.	9
As Tempestades	289
Aviso	39, 133, 369
Advertências de Além-Túmulo	362
Antigo Carreteiro, Um	410
Alegoria de Lázaro (Dissertação Espírita)	III – 439
Alfred de Musset (Dissertação Espírita)	433
Amor e Liberdade (Dissertação Espírita)	140
Anjo das Crianças, O (Ditado Espontâneo)	137
Aos Assinantes da Revista	407
Aos leitores da Revista	113
Aos Médiuns (Dissertação Espírita)	398
Aparição Tangível	137
Arte Pagã, Arte Cristã, Arte Espírita	412

Ao Sr. redator da Gazette de Lyon 331
Aviso 185, 221, 255, 291, 327, 405

Algumas Considerações sobre o Espiritismo .... IV – 379
Alfred Leroy, Suicida 143
Anjo da Cólera, O 163
Anjo Gabriel, O 221
Aparição Providencial, Uma 233
Apreciação da História do Maravilhoso 131
Assassinato do sr. Poinsot 97
Aurora dos Novos Dias 295
Auto-de-fé em Barcelona 437
Aviso 261, 419
Animais (Os) Médiuns 284

A Abóbora e a Sensitiva (Poesia Espírita) .... V – 336
A Alma da Terra (Questões e problemas propostos) 23
Anjo da Guarda, O (Poesia Espirita) 303
Anjos rebeldes, anjos decaídos, paraíso perdido (Questões e problemas) 25
Aos Centros Espíritas que devemos visitar (Dissertações Espíritas) 310
Aos Nossos Correspondentes 71, 348
Ao Sr. Allan Kardec, Presidente da S. E. P. 34
Ao Sr. Sabô, de Bordeaux 299
Aos Membros da Sociedade de Paris que partem para a Rússia (Dissertação Espírita) 165
Apolônio de Tiana 311
Aqui jazem 18 séculos de luzes (Dissertação Espírita) 375
Arsène Gautier – Uma lembrança de um Espírito 330
Assim se escreve a História – Os milhões do Sr. Allan Kardec 193
Ataques à Ideia Nova (Dissertação Espírita) 135
Aviso 242

Ação material dos Espíritos sobre o organismo .... VI – 279
Ainda uma palavra sobre os espectros artificiais e o Sr. Oscar Comettant 282

Algumas refutações 195
A Amizade e a Prece (Dissertações Espíritas) 223
Aparições simuladas no teatro 236
Arrependimento, O (Dissertação Espírita) 258

Algumas refutações – Conspiração contra a Fé ....**VII** – 206
A Alma pura de minha irmã Henriette 158
Ano Social, a 1.º de abril de 1864 164
Aos Operários 150
Ato de Justiça, Um (Variedades) 222
Auto-de-fé de Barcelona 452
Autoridade da Doutrina Espírita 119
Aviso 294

A Gazette du Midi ante o Espiritismo (Notícias Bibliográficas)
....**VIII** – 399
Abri-me .... – 401
Alfabeto Espírita – Para ensinar a ser feliz 37
Alucinação nos animais – Nos sintomas da raiva 306
Alocução na reabertura das sessões da Sociedade de
Paris 367
A Sociedade Espírita de Paris aos Espíritos da França
e do estrangeiro 366
A seriedade nas reuniões 182

As Mulheres têm Alma? ....**IX** – 7
A Jovem Cataléptica da Suábia – Estudo Psicológico 24
Antropofagia 57
A Espineta de Henrique III 61
A Lei Humana – Instrução do Espírito de Bonnamy 100
Aviso 458
Aquiescência a Prece 181

A Clareza ....**X** – 68
A Exposição 442
A Homeopatia nas Moléstias Morais 79, 197
A Lei e os Médiuns Curadores 230

A Liga do ensino 95, 131, 279
A Jovem Camponesa de Monin – Caso de aparição 428
Algumas Palavras à Revista Espírita 431
A Comédia Humana.. 111
Atmosfera Espiritual 153
Abade de Saint-Pierre, O 437
A Solidariedade... 107
Aos nossos Correspondentes 5
Aviso aos Senhores Assinantes 40
As Três Filhas da Bíblia... 50
Aviso – Resposta ao Sr. S. B. de Marselha 408

A Alma da Terra..XI – 298
A Ciência da concordância dos números e fatalidade 225
A geração espontânea e a Gênese 234
A mediunidade no copo d'água 282, 190
A morte do Sr. Bizet, cura de Sétif – A fome entre
os Espíritos 200
A poltrona dos antepassados... 304
As memórias de um marido 306
Aumento e diminuição do volume da Terra
A propósito da Gênese 294
Aviso 402, 451
Aïssaouá, Os 26
Apreciação da Obra sobre a Gênese 70

A Alma ....XII – 144
A Carne é fraca 77
A Mediunidade e a inspiração 109
A Música Espírita 40
A Música e as Harmonias Celestes 101
Aparição de um filho vivo à mãe 89
Apóstolos do Espiritismo na Espanha 81
As Artes e o Espiritismo 38
As Árvores mal-assombradas da Ilha Maurício 94
As conferências do Sr. Chevillard 124
Aos nossos correspondentes 9, 181

Avarento da Rua do Forno, O 34
Assinantes da Revista, Aos 147, 183
Aniversários, Os 224

B

Banquetes magnéticos, Os (Variedades) .... I – 212
Bela Cordoeira, A 403
Bicorporeidade, Fenômeno de 383
Bibliografia (Manifestações de Espíritos) 81

Benvenuto Cellini .... II – 119
Boletim da Sociedade Parisiense 215, 257, 309, 414

Banquete oferecido ao Sr. Allan Kardec pelos Espíritas
lioneses .... III – 337
Bibliografia – Carta de um Católico sobre O Espiritismo ... 378
Bibliografia – A Condessa Matilde de Canossa 57
Bibliografia – Siamora, a Druidesa 107
Bibliografia 218, 254
Boletim 36, 43, 79, 115, 151, 185, 221, 255, 291, 373, 408

Banquete oferecido ao Sr. Allan Kardec .... IV – 337, 400
Bibliografia Católica contra o Espiritismo 16
Bibliografia (O Livro dos Médiuns) 411
Boletim 9
Boletim da Sociedade Parisiense de Estudos Espíritas 45

Bem-aventurados os pobres de espírito .... V – 68
Bibliografia 33, 137, 275

Barbárie na Civilização – Horrível Suplício de um negro .. VI – 32
Benfeitores anônimos 351
Bibliografia – A Pluralidade dos mundos habitados 37
Boïeldieu – na milésima representação da Dama Branca ... 18

Boïeldieu, A 18
Bibliografia .... VII – 116

Bibliografia – A Gênese .... XI – 39
Bibliografia – Resumo da Doutrina Espírita 71
Bibliografia – O Regimento Fantástico 309
Bibliografia – O Espiritismo na Bíblia 399
Bibliografia – El Critério Espiritista 448
Barão Clootz, O 176
Belo Exemplo de Caridade Evangélica 361
Bibliografia 252, 293, 365

Bibliografia – História dos calvinistas das Cévennes ... XII – 68
Bibliografia – Há uma vida futura? 141
Bibliografia - O echo d'além túmulo 228
Biografia do Sr. Allan Kardec 147

C

Caridade, A .... I – 259
Comunicação, Vários modos de 18
Confissões de Luiz XI 94, 205
Corpos pesados, Isolamento dos 65
Correspondência 238
Considerações sobre a fotografia espontânea 219
Contradições na linguagem dos Espíritos 247
Conversão, Uma (Evocação particular) 29

Cenas da vida particular .... II – 135
Chaudruc, Duclos e Diógenes 28
Chopin 147
Comunicações Espontâneas em Sessões da Sociedade . 404
Comunicações estrangeiras 408
Confissão de Voltaire 273
Convulsionários de Saint-Médard, Os 365, 427

Correspondência 65

Caridade Material e a Caridade Moral, A .... III – 367
Cartas do Dr. Morhéry sobre a Srta. Desirée Godu 130
Castigo, O (Dissertação Espírita) 356
Comunicações espontâneas:
  Estelle Riquier 73
  O tempo presente 75
  Os sinos 75
  Conselhos de família 77
Castigo do Egoísta (Dissertação Espírita) 430
Comunicações lidas na Sociedade 145
Concordância Espírita e Cristã 262
Conselhos de Família 27, 77
Conselhos 138
Convulsionária, Uma 170
Correspondência 32, 163, 319
Cristianismo, O (Dissertação) 391

Cabeça de Garibaldi, A .... IV – 94
Carta sobre a incredulidade 25, 61
Coliseu, O 363
Comentário ao diálogo publicado sob o título de "Despertar do Espírito" 76
Concórdia, A 294
Controvérsia, A 292
Considerações sobre o Espiritismo 379
Correspondência 148, 195, 239, 276, 314

Capitão Nivrac, O (Palestras Familiares) .... V – 149
Caridade, A (Ensinos e Dissertações Espíritas) 63
Caridade para com os criminosos 102
Carrère – verificação de identidade 88
Carta ao jornal de Saint-Jean D'Angely 265
Carta do Sr. Dombre a um pregador 283
Carta do Sr. Jean Reynaud ao "Jornal des Débats" 257
Castigo de um avarento 267

Controle do ensino espírita 20
Carta ao Dr. Morhéry, a propósito da Srta. Godu 35
Cumprimentos de Ano Novo 37
Cruz, A 67
Consequências da Doutrina da Reencarnação sobre a propagação do Espiritismo 114
Crede nos Espíritos do Senhor (Poesia espírita) 131
Causas da incredulidade 156
Criança e a Visão, A (Poesia espírita) 225
César, Clóvis e Carlos Magno 238
Conferência do Sr. Trousseau, Prof. da Faculdade de Medicina 243
Conquista do Futuro, A 271
Criança e o Ateu, A (Poesia espírita) 334
Corvo e a Raposa, O 342
Charles Fourier, Louis Jourdain e a Reencarnação 406

Carta sobre o Espiritismo .... VI – 22
Círculo Espírita de Tours – Discurso do Presidente 70
Clara Rivier – Conversas de Além-Túmulo 104
Conversas Familiares de Além-Túmulo 171, 289
Considerações sobre o Espírito batedor de Carcassone .. 215
Carta do Sr. T. Jaubert, de Carcassone 299
Caráter filosófico da Sociedade Espírita de Paris 231
Castidade, A 329
Caso de Possessão, Um – Senhora Júlia 427

Caso de possessão, Um – Senhora Júlia .... VII – 18
Comunicação Espírita 452
Comunicação pelo Avesso 445
Conversas de Além-túmulo 26, 283, 322
Conversas familiares de Além-túmulo 384
Cura de uma obsessão 57
Correspondência – Sociedade de Antuérpia e Marselha . 133
Cursos públicos de Espiritismo em Lyon e Bordéus 176
Conspirações contra a Fé 206
Castigo pela Luz, O 250

Cartas sobre o Espiritismo – Escritas a padres pela
Sra. J. B. com esse titulo ocasional 288
Comunhão de Pensamento 401
Considerações gerais 437
Criminoso Arrependido, Um 353, 377

Considerações sobre os ruídos de Poitiers .... VIII – 155
Cartas de Sr. Salgues, de Angers...................................... 162
Cura de uma fratura 300
Conversas de Além-Túmulo 159
Conversas Familiares de Além-Túmulo 135
Conversas Familiares sobre o Espiritismo 325
Consequências da explicação precedente 332
Correspondência de Além-Túmulo 124
Correspondência 162
Camponês Filósofo, Um 417

Considerações sobre a prece no Espiritismo .... IX – 11
Carta do Sr. Jaubert 21
Como ouvimos falar do Espiritismo 47
Curas de obsessões 49
Carlos Magno (São), no Colégio de Chartres 136
Carta do Sr. F. Blanchard ao jornal La Liberté 148
Criações fantásticas da imaginação – As visões da Sra.
Cantianille.. 279
Crianças, guias espirituais dos pais 285
Comunicação com os seres que nos são caros 287
Cantata Espírita 298
Cabelos embranquecidos sob a impressão de um sonho ... 327
Considerações sobre a propagação da mediunidade
curadora 401
Conversas de Além-Túmulo 161

Carta de um Espiritista... X – 152
Conde de Ourches, O.. 217
Curta excursão espírita 226
Caso de Identidade.. 247

Considerações sobre o sonambulismo 285
Caracteres da Revelação Espírita 298
Caïde Hassan, Curador Tripolitano, O 351
Comunicação de Joseph de Maistre 129
Conselhos sobre a mediunidade curadora 362
Cura Gassner, O – Médium curador 384
Carta de Benjamin Franklin à Sra. Jone Mecone 417
Comunicação providencial dos Espíritos 70

Caracteres da Revelação Espírita .... XI – 78
Comentários sobre os Messias do Espiritismo 81
Correspondência inédita de Lavater 88, 117, 154
Correspondência inédita de Lavater (Bibliografia) 365
Carta de um defunto a seu amigo na terra 121
Carta de um Espírito bem-aventurado 124
Correspondência inédita de Lavater 88, 117, 154
Carta de um defunto a seu amigo 155
Condessa de Monte-Cristo, A 172
Conferências 210
Ciência da concordância dos números e a fatalidade, A 225
Carta do Sr. Monico 290
Círculo da Moral Espírita – Em Toulouse 305
Conferências sobre a alma 318
Cabana do Pai Tomas, A 378
Constituição transitória do Espiritismo 421

Caixa Geral do Espiritismo .... XII -176
Caminho da Vida, O 184
Caso de loucura causado pelo medo do diabo, Um 55
Charles Fourier 85, 139
Conferência sobre o Espiritismo 97
Conferências do Sr. Chevillard, As 124
Correspondência 177
Correspondentes, Aos 181
Criança elétrica, Uma 127
Cura médium curador, Um 130
Carne é fraca, A 77

D

Descrição de Júpiter I-133
Despertar de um Espírito – Poesia 399
Diferentes ordens de Espíritos 53
Diferentes formas de manifestação 17
Dr. Muhr – Palestra Familiar 356
Dr. Xavier, O 107
Diabretes, Os 26
Dissertações de Além-Túmulo 394
Deus e o Universo 123

Diatribes .... II – 83
Dirkse Lammers 401
Doutrina da Reencarnação entre os Hindus 387
Duende, Um 95
Duende de Bayonne 20

Da Firmeza nos trabalhos espíritas .... III – 394
Dissertações Espíritas
   A Fantasia 217
   Despertar do Espírito 365
   Dia dos Mortos 438
   Diabrete Familiar 440
Distinção da Natureza dos Espíritos 396
Diferentes Ordens de Espíritos, As 181
Ditado do Sr. Cauvière 103
Ditado do Sr. Vignal 103

Da Inveja nos médiuns .... IV – 152
Deboche, O 219
Defesa de Lamennais pelo Vise. Delaunay 301
Desenhos Misteriosos 242
Despertai! 222
Diferentes maneiras de fazer a Caridade 361
Discurso do Sr. Lacoste 400
Discursos sobre a Vida Futura 189

Dissertações e Ensinos Espíritas 215, 253, 278, 322
Dissertação de Lamennais 297
Do Sobrenatural 444
Dom Peyra, Prior de Amily 268
Dr. Glas (Palestras de Além-túmulo) 174

De La Bruyère (Palestras Familiares) .... V – 129
Discurso do Sr. Allan Kardec no enterro do Sr. Sanson 144
Discurso do Sr. Allan Kardec na abertura do ano social ... 175
Dissertações Espíritas 132, 165, 271, 304, 338, 370, 411
Dissertações Espíritas, Ensinos e 61, 92, 203, 233

Dissertações Espíritas – Proximidade do inverno .... VI – 35
Dissertações Espíritas – A Lei do Progresso 36
Dissertações Espíritas – Paz aos Homens de boa vontade ... 76
Doente e o seu Médico, O – Poesia Espírita 78
Decisão da Sociedade de Paris sobre perguntas dirigidas de Tonnay-Charente 99
Dissertações Espíritas – Cartão de visita do Sr. Jobard 148
Do princípio da não-retrogradação dos Espíritos 191
Dissertações Espíritas – Conhecer-se a si mesmo 222
Dualidade do homem provada pelo sonambulismo 228
Desenho mediúnico 242
Dissertações Espíritas – Bem-aventurados os que
têm os olhos fechados 256
Dissertações Espíritas – O arrependimento 258
Dissertações Espíritas – Os fatos consumados 259
Dissertações Espíritas – Períodos de transição da humanidade 260
Dissertações Espíritas – Sobre as comunicações espíritas .. 261
Destino do homem nos dois mundos 273
Dissertações Espíritas – O Espírito de Jean Reynaud 294
Dissertações Espíritas – Numa reunião familiar 294
Dissertações Espíritas – Bordéus-Médium Sra. C. 295
Dissertações Espíritas – A Medicina Homeopática 297
Dissertações Espíritas – Uma morte prematura 327
Dissertações Espíritas – O purgatório 328
Dissertações Espíritas – A Castidade 329

Dissertações Espíritas – O dedo de Deus 332
Dissertações Espíritas – O Verdadeiro 334
Da proibição de evocar os mortos 356
Dissertações Espíritas – Tendo Moisés proibido evocar os mortos é permitido fazê-lo? 359
Dissertações Espíritas – Os falsos devotos 361
Dissertações Espíritas – Longevidade dos patriarcas 363
Dissertações Espíritas – A voz de Deus 364
Dissertações Espíritas – Livre-arbítrio e a Presciência Divina .. 365
Dissertações Espíritas – O Panteísmo 366
Dissertações Espíritas – A nova Torre de Babel 406
Dissertações Espíritas – O verdadeiro Espírito das Tradições 407

Drama íntimo, Um – Apreciação moral .... **VII – 51**
Dissertações Espíritas – Necessidade da Reencarnação ... 60
Dissertações Espíritas – Estudos sobre a Reencarnação ... 62
Da perfeição dos Seres Criados 79

Da perpetuidade do Espiritismo .... **VIII – 47**
Discurso de Victor Hugo ao pé do túmulo de uma jovem ... 71
Dr. Demeure, O Falecido em Albi, Tarn 97
Destruição recíproca dos seres vivos 114
Dissertações Espíritas – As ideias preconcebidas 172
Dissertações Espíritas – Deus não se vinga 174
Dissertações Espíritas – A Verdade 176
Dissertações Espíritas – O Cardeal Wiseman 251
Dissertações Espíritas – A Chave do céu 287
Dissertações Espíritas – A fé – Grupo Espírita de Douai ... 291
Da mediunidade curadora 293
Da crítica a propósito dos Irmãos Davenport 371
Dissertações Espíritas – O Repouso Eterno 397
Dissertações Espíritas – Estado Social da Mulher 433
Da seriedade nas reuniões 182
Dois Espiões, Os 206

Despertar do Senhor de Cosnac, O .... **IX – 144**
Deus está em toda Parte 152

Dissertações Espíritas – Instruções para O Sr. Allan Kardec... 178
Do Projeto de Caixa Geral de Socorro e outras instituições Para os Espíritos ... 226
Dissertações Espíritas – Aquiescência à Prece ... 181
Dissertações Espíritas – O Espiritismo obriga ... 185
Dissertações Espíritas – Ocupações dos Espíritos ... 214
Dissertações Espíritas – O Trabalho ... 220
Dogmas da Igreja do Cristo, Os – Explicados pelo Espiritismo ... 454

Dissertações Espíritas – As Três causas principais das doenças ... X – 66
Dissertações Espíritas – Comunicação Coletiva ... 96
Dissertações Espíritas – Mangin, O Charlatão ... 104
Dissertações Espíritas – O Lápis ... 105
Dissertações Espíritas – O Papel ... 106
Do Espírito Profético ... 122
Dissertações Espíritas – Missão da Mulher ... 148
Dissertações Espíritas – A Vida Espiritual ... 184
Dissertações Espíritas – Provas Terrestres dos Homens em Missão ... 186
Dissertações Espíritas – O Gênio ... 188
Dissertações Espíritas – O Magnetismo e o Espiritismo Comparados ... 218
Dissertações Espíritas – Luta dos Espíritos pela volta ao bem ... 260
Dissertações Espíritas – Considerações sobre o Sonambulismo Espontâneo ... 285
Dissertações Espíritas – Plano de Campanha. A Era Nova ... 285
Dissertações Espíritas – Os Espiões ... 290
Dissertações Espíritas – A Responsabilidade Moral ... 294
Dissertações Espíritas – Reclamação a "La Marionnette" ... 296
Dissertações Espíritas – Conselhos sobre a mediunidade curadora ... 362
Dissertações Espíritas – Os Adeuses ... 366
Dissertações Espíritas – Erros Científicos ... 439

Dissertações Espíritas – Instrução das Mulheres........ XI – 151
Dr. Philippeau – Impressões de um médico materialista no mundo dos Espíritos... 169
Dissertações Espíritas – Ontem, hoje e Amanhã............. 186
Da proteção do Espírito dos Santos patronos................ 302
Doutrina de Lao-Tseu – Filosofia chinesa....................... 341

Decisão do Círculo Moral de Toulouse....................... XII – 9
Despertar do Sr. Louis, O... 133
Dissertações Espíritas – Lamartine................................ 136
Discursos Pronunciados junto ao túmulo
   Em nome da Sociedade Espírita de Paris................. 154
   Em nome dos espíritas dos centros distantes........... 162
   Em nome da família e os amigos............................... 163
Discurso de posse do novo Presidente......................... 172
Desertores, Os... 226
Dissertações Espíritas...................... 38, 101, 136, 178, 206
Doutrina da Vida Eterna das Almas e da Reencarnação, A .. 216

E

Espíritos Impostores.. I – 231
Emprego oficial do magnetismo animal........................ 323
Espírito batedor de Bergzabern, O........... 154, 159, 187, 222
Dibbelsdorf... 263
Espiritismo entre os Druidas.. 119
Espírito nos funerais de seu corpo, Um........................ 381
Espíritos, Sensações dos.. 386
Escala Espírita... 55
Evocação de Espíritos na Abissínia.............................. 132
Evocações particulares.. 27
Espírito e os Herdeiros, O.. 173

Escolhos dos médiuns.. II – 41
Efeitos da prece... 377

Espíritos barulhentos 60
Espírito serviçal, Um 246
Espírito e o jurado, O 360
Espírito que não se acredita morto, Um 383
Estudos sobre os médiuns 73

Eletricidade espiritual, A (Dissertação) .... III – 288
Eletricidade do pensamento, A (Dissertação) 369
Erro de linguagem de um Espírito 213
Espiritismo e Espiritualismo 180
Espíritos Errantes, Os (Dissertação) 355
Espírita ao seu Espírito Familiar, Um 385
Espírito e o Cãozinho, O 196
Espírito falador, Um 192
Espírito de um idiota, O 198
Espiritismo em 1860, O 7
Espírito de um lado, Corpo do outro 18
Espiritismo na Inglaterra, O 191
Espírito e o julgamento, O 148
Espíritos glóbulos, Os 50
Estelle Riquier (Comunicação) 73
Estudo sobre o Espírito de pessoas vivas 96
Exame Crítico 245
Espiritismo, O 143
Espíritos Puros, Os 362
Educação de um Espírito, A 425

Efeitos do desespero .... IV – 212
Efeitos da prece 414
Egoísmo e Orgulho 365
Escassez de Médiuns 56
Ensaio sobre a teoria da Alucinação 227
Ensinamentos e dissertações espíritas 183, 356
Ensinos e dissertações espíritas 109, 150
Ensino dos Espíritos 74
Ensino espontâneo dos Espíritos 40
Espírito batedor de Aube, O 34

Espiritismo em Bordéus, O 373
Espiritismo ou Espiritualismo em Metz, O 412
Espírito e as Rosas, O 108
Espiritismo na América, O 415
Espíritos e a Gramática, Os 251
Epístola de Erasto aos Espíritas Lioneses 347
Estilo é o homem, O 297
Eugêne Scribe 354
Exploração do Espiritismo 246

Ensaio de interpretação da doutrina dos anjos decaídos ... V – 5
Ensinamentos e dissertações espíritas 233
Ensinos e dissertações Espíritas 61, 92, 203
Epidemia demoníaca na Sabóia 117
É possível o Espiritismo? 402
Escravidão, A 69
Esperança, A 62
Espírita apócrifo na Rússia, Um 206
Espíritos e o Brazão, Os 73
Espiritismo na sua expressão mais simples 33
Espiritismo Filosófico, O 203
Espiritismo em Rochefort, O 394
Espiritismo e o Espírito Maligno, O 338
Espiritismo é provado por milagres?, O 44
Espiritismo numa distribuição de prêmios 287
Esquecimento das injúrias 65
Estatística de suicídios 215
Estilo das boas comunicações 343
Estudo sobre os possessos de Morzine 383
Estudos Uranográficos 304
Exéquias do sr. Sanson 139

"Echo de Sétif" ao sr. Leblanc de Prébois, O .... VI – 320
Elias e João Batista – Refutação 419
Encerramento da subscrição ruanesa 153
Enterro de um Espírita na vala comum 340
Espírito coroado nos jogos florais, Um 209

Os Espíritos e o Espiritismo 146
Espiritismo na Argélia, O 412
Espíritos visitantes – François Franckowski 353
Estudo sobre os possessos de Morzine 7, 43, 120, 155
Exame das comunicações mediúnicas 180
Exemplos da ação moralizadora do Espiritismo 396
Expiação terrestre, Uma 253

Escola Espírita Americana, A .... VII – 170
Espírito batedor no século XVI 42
Espírito batedor da Irmã Maria, O 214
Espiritismo e a Franco-Maçonaria, O 144
Espiritismo em Constantinopla, O 236
Espiritismo é uma ciência positiva 365
Espiritismo na Bélgica, O 348
Espiritismo na sua expressão mais simples, O 258
Espiritismo nas prisões, O 54
Estado do Espiritismo em 1863 8
Estudos Morais 324, 357
Estudos sobre a reencarnação 62
Extrato do Jornal do Commercio do Rio de Janeiro 243
Extrato da Opinião Nacional 41
Extrato do Progrès Colonial, da Ilha Maurício 246

Egoista, Um .... VIII – 319
Explicação, Uma 313
Evocação de um surdo-mudo encarnado 27
Mediunidade da Infância 54
Enterro espírita 145
Estudo sobre a mediunidade 178
Espiritismo do alto a baixo da escala, O 195
Espíritos na Espanha, Os – Cura de uma obsedada em
Barcelona 199
Estudos morais – A comuna de Koenigsfeld 246
Exéquias de um Espírita 361
Espiritismo no Brasil, O – Extraído do Diário da Bahia 376
Espiritismo e a cólera, O 378

Espíritos de dois sábios incrédulos a seus amigos na
Terra 425
Espíritos instrutores da infância, Os 51
Epitáfio de B. Franklin 279
Espiritismo toma posição na Filosofia e nos conhecimentos
usuais, O .... IX – 38
Espiritismo segundo os Espíritas, O 43
Espineta de Henrique III, A 61
Espiritismo e a Magistratura, O 92
Espiritismo sem os Espíritos, O 125
Espiritismo Independente, O 131
Estatística da Loucura 239
Espiritismo só pede para ser conhecido, O 312
Espiritismo obriga, O 185
Espiritismo, O que diz a imprensa sobre o 443
Estudo 207

Echos Poétiques D'Outre-Tombe .... X – 77
Exploração das Ideias Espíritas 85
Emancipação das Mulheres nos Estados Unidos 190
Epidemia na Ilha Maurício 243
Entrada dos Incrédulos no Mundo dos Espíritos 273
Espiritismo em toda parte, O 337
Exposição, A 442
Emprego da palavra milagre, Do 156
Expiação Terrestre, Uma 165

Espiritismo diante da História e diante da Igreja, sua origem,
sua natureza, sua certeza, seus perigos, O .... XI – 12
Extrato dos manuscritos de um jovem médium bretão 42
Ensaio teórico das curas instantâneas 103
Espiritismo em Cadiz, em 1853 e 1868 145
Espiritismo em toda parte, O 172, 206, 247, 373
Espiritismo retrospectivo 282
Exéquias da Sra. Victor Hugo 347
Efeito moralizador da reencarnação 350
Epidemia na Ilha Maurício 366

Espiritualismo e o Ideal, O 390
Estranha violação da sepultura 35
Educação de além-túmulo 166
Enterro do Sr. Marc Michel 178

Estatística do Espiritismo .... XII – 10, 43
Espiritismo em toda Parte, O 29, 84
Etienne de Jouy 30
Espírito que julga sonhar, Um 57
Espírito que se julga proprietário 61
Espiritismo do ponto de vista católico, O 19
Emancipação das mulheres nos Estados Unidos 92
Espiritismo e a Ciência, O 156
Espiritismo e a Literatura, O 220
Extrato dos manuscritos de um jovem médium bretão ....
.... 189, 230
Espiritismo e o Espiritualismo, O 222
"Echo d'Além-Túmulo", O 228

F

Falso Home, O .... I – 176
Fatalidade e os pressentimentos, A 96
Fenômenos de Aparição 339
Flores, As 396
Floresta de Dodona e a estátua de Memnon, A 67

Fenômeno de transfiguração .... II – 79
Fraudes espiritas 113

Fabricante de São Petersburgo, O .... III – 135
Fantasia, A 217
Fantasmas, Os 233
Felicidade 111
Filosofia 143

Formação da Terra 122
Frenologia e Fisiognomia, A 227
Futuro, O 287
Formação dos Espíritos 354

Fantasia .... IV – 307
Fenômenos de transporte 166
Fenômenos psico-fisiológicos das pessoas que falam de si mesmas na terceira pessoa 261
Festas dos bons Espíritos 185
Fluido Universal, O 413
França, A 116

Fábulas e Poesias diversas .... V – 367
Fé, A 61
Férias da Sociedade Espírita de Paris 308
Formação da Terra 22
Frenologia Espiritualista e Espírita 105
Fundamentos da Ordem Social 374

Falsos Irmãos e os Amigos Ineptos, Os .... VI – 87
Festa de Natal 152
Fotografias dos Espíritos 108
François Simon Louvet, do Havre 101
Futuro do Espiritismo, O 224

Forças Naturais Desconhecidas .... IX – 114

Fernanda – Novela Espírita .... X – 262

Fotografia do pensamento .... XI – 196
Flageolet 100
Fim do Mundo em 1911, O 128
Fome na Argélia, A 183
Fenômeno de Linguística 384

G

Gritos da noite de S. Bartolomeu, Os .... I – 263

General Hoche, O .... II – 281
Girard de Codemberg 124
Goethe 188
Guia da senhora Mally, O 250

Gênio das Flores, O .... III – 109

Garridice, A .... IV – 44
Gênio e a Miséria, O 223

Girard de Codemberg .... V – 126

Golpe de vista sobre o Espiritismo e suas consequências .....
.... VIII – 119
Gontran, vencedor das corridas de Chantilly 233
"Gazette du Midi" ante o Espiritismo, A 399

Galileu – A propósito do drama do Sr. Ponsard .... X – 118
Galileu – Fragmentos do drama do Sr. Ponsard 170
Grupo curador de Marmande 205
Gênio, O 188

Golpe de vista retrospectivo .... XI – 7
Geração espontânea e a Gênese, A 234

H

Habitações em Júpiter .... I – 268
Henri Martin – Sua opinião sobre as comunicações extracorpóreas 209
História de Joana D'Arc 44
Home, O Sr. 76, 111, 144

Hitoti, chefe taitiano .... II – 93

Hipocrisia, A .... III – 370
História do Espírito familiar do Senhor de Corasse 157
História do Maravilhoso 415
História do Maravilhoso e o Sobrenatural 309
História de um danado 62
Homem, O 394
Homero 379
Honestidade relativa, A 398

Harmonia, A .... IV – 80
Henri Mondeux 206
Henri Murger 106
Homem de bem teria morrido, Um 359
Homenzinho ainda vive, O 83
Hospital, O 256

Hereditariedade moral .... V – 221
História de uma múmia 349

Home em Roma, O sr. .... VII – 43
Home em Roma, O sr. (conclusão) 105

História dos Calvinistas das Cevenas .... XII – 68
Há uma vida futura? 141

I

Impostores, Espíritos .... I – 231
Independência sonambúlica 364
Introdução 11
Inveja, A (São Luís) 215
Isolamento dos corpos pesados 65

Indústria, A .... II – 118

Infância, A 63
Intervenção da Ciência no Espiritismo 177

Ideias, Desenvolvimento das .... III – 283
Imortalidade, A 141
Incrédulo, O 148
Inimigos do Progresso, Os 395
Influência do médium sobre o Espírito 217
Intuição da Vida Futura 435
Instrução prática sobre as manifestações Espíritas 289
Irmão morto à sua irmã viva, Um 390

Idade Média, Os restos da .... IV – 367
Ingratidão, A 117
Inundação, A 188

Inauguração de um Grupo Espírita em Bordeaux .... V – 277
Instrução Moral 99
Instrução dadas por nossos guias sobre as três comunicações 64

Identidade de um Espírito encarnado .... VI – 28
Inauguração do Retiro de Cempuis 347
Infinito e Indefinido 288
Instruções dos Espíritos 433

Imprensa, A .... VII – 139
Inauguração de vários grupos e sociedades espíritas 30
Influência da Música sobre os criminosos, os loucos e os idiotas 295
Instrução de Catecismo, Uma 208
Instruções de Ciro a seus filhos no momento da morte 184
Instruções dos Espíritos 106, 135, 250, 317
Index da corte de Roma, O 221

Ideias preconcebidas, As .... VIII – 172
Imigração de Espíritos Superiores na Terra 184
Instruções dos Espíritos 38

Irmãos Davenport, Os 350

Identidade dos Espíritos nas comunicações particulares **IX** – 253
Instruções dos Espíritos sobre a regeneração da humanidade
.... 348
Introdução ao Estudo dos fluidos espirituais 80
Irmãos Davenport em Bruxelas, Os 299

Illiers e os Espíritas .... **X** – 234
Impressões de um médium inconsciente 373
Iman grande esmoler do sultão, O 280

Instruções dos Espíritos ....**XI**
   Os Messias do Espiritismo 55
   Os Espíritos marcados 59
   Futuro do Espiritismo 62
   As estrelas cairão do céu 64
   Os mortos sairão dos túmulos 66
   O juízo final 67
   A regeneração 114
   Que fizeram de mim? 327
   Liga Internacional da Paz 329
   Influência dos planetas nas perturbações do globo terrestre..
   355
   Regeneração dos povos do Oriente, Da 393
   A melhor propaganda 396
   O verdadeiro recolhimento 398
Inspirados, Os 45
Intolerância e a perseguição ao Espiritismo, A 139

J

Joana D'Arc, História de (Por ela própria) .... **I** – 44
Júpiter, Descrição de 133
Júpiter e alguns outros mundos 87
Júpiter, Habitações em 268

Júpiter – Dissertação Espírita .... III – 360

Jean Jacques Rousseau .... IV – 291
Jules Michel 147

Jacques Noulin – Mistérios da Torre S. Miguel .... V – 357

Jean Reynaud e os precursores do Espiritismo .... VI – 264

Jobard e os médiuns mercenários .... VII – 420
Jovem obsedada de Marmande, A 96

Jovem camponesa médium inconsciente .... VIII – 414

Jovem Cataléptica da Suábia, A – Estudos morais ...... IX – 24

Jean Ryzak. A Força do Remorso – Estudo moral ...... X – 281
Joana D'Arc e seus comentadores 420
Jovem Camponesa de Monin, A – Caso de aparição 428

Jornal "La Solidarité", O .... XI – 267

Jornal Paris .... XII – 167

L

Lemaire, O assassino .... I – 101
Lição de caligrafia por um Espírito, Uma 236
Linguagem dos Espíritos, Contradições na 247
Livro dos Espíritos, O 45
Luís XI, Confissões de 94, 205
Luís XI, Morte de 175

Ligação entre Espírito e Corpo .... II – 150
Livro dos Espíritos entre os selvagens, O 162
Lar de uma família espírita, O 290

Lamennais a Bufon .... IV – 306
Lições Familiares de Moral 112
Livro dos Médiuns, O 14

Leão e o Corvo, O .... VI – 212
Lei do Progresso, A – Dissertações Espíritas 36
Livre-arbítrio e a Presciência Divina, O 365
Longevidade dos Patriarcas 363
Loucura Espírita, Sobre a 61
Luta entre o passado e o futuro 82

Lembrança de vidas passadas, Uma .... VII – 372
Lenda do Homem Eterno, A – Notícias bibliográficas 74
Luís Henrique, o Trapeiro – Estudo moral 431

La Luce, jornal do Espiritismo em Bolonha (Itália) ..... VIII – 76

Lagarta e a Borboleta, A .... IX – 213
La Voce di Dio – A voz de Deus – Jornal Espírita italiano –
Notícias 225
Lei Humana, A – Dissertação 100
Lembranças retrospectivas de um Espírito 167

Livre Pensamento e Livre Consciência .... X – 41
Lacordaire e as Mesas Girantes, O abade 52
Lincoln e o seu matador 92
Lumen 113

Lazeres de um espírito no deserto, Os .... XI – 382

Livraria Espírita .... XII – 112
Loucura causada pelo medo do Diabo 55
L'Union Magnétique 168

M

Madame de Staël .... I – 358

Mademoiselle Clairon e o Fantasma 60
Magnetismo e Espiritismo 114
Magnetismo e o Sonambulismo ensinados pela Igreja, O 326
Mal do medo, O 327
Mamãe, aqui estou 27
Manifestações de espíritos 81
Manifestações físicas 23
Manifestação, Diferentes formas de 17
Manifestações físicas, Teoria das 149, 183
Médiuns julgados, Os 34
Médium pintor – Extraído do Spiritualist de Nova Orleans 360
Mehemet-Ali 140, 354
Metades Eternas, As 163
Modos de comunicação, Vários 18
Monomania 406
Morisson, monomaníaco 200
Morte de Luís XI 175
Mozart 167

Magnetismo reconhecido pelo poder judiciário, O ...... II – 299
Médiuns Interesseiros 77
Médiuns Inertes 305
Médiuns sem o saber 332
Menino e o regato, O 406
Mesas volantes, As 325
Meu amigo Hermann 55
Michel François 402
Milagres, Os 295
Mobiliário de Além-Túmulo 231
Morte de um Espírita 283
Músculo que range, O 167
Música de Além-Túmulo (Mozart) 146
Música de Além-Túmulo (Chopin) 147
Mundos Intermediários ou Transitórios 149

Magnetismo perante a Academia, O .... III – 12
Manifestações físicas espontâneas 91

Maravilhoso e o Sobrenatural, O 301
Maria D'Agreda 400
Marte – Dissertação Espírita 358
Mascaradas Humanas 284
Médiuns Especiais 54
Médium Curador, Um 88
Médiuns, Os 183
Médiuns, Aos 398
Medicina Intuitiva 207
Miséria Humana, A 215
Morada dos Eleitos, A 146

Mais uma palavra sobre o Dr. Deschanel .... IV – 119
Manifestações Americanas 266
Mar, O 141
Marquês de Saint-Paul, O – Palestra familiar 204
Meditações Filosóficas e Religiosas 449
Missionários, Os 114
Muitos chamados, poucos os escolhidos 215

Manifestações dos Espíritos – Questões e Problemas .. V – 24
Mártires do Espiritismo, Os 132
Meditações Filosóficas e Religiosas 67
Médium e o dr. Imbroglio, O – Fábulas e Poesias 368
Membros Honorários da Sociedade de Paris 326
Menino Jesus entre os doutores, O 190
Mistérios da Torre de S. Miguel em Bordeaux, Os 349
Monólogo do Burrico, O 367

Medicina Homeopática, A .... VI – 297
Meditações sobre o futuro 219
Médiuns e os Espíritos, O 246
Mãe e Filho – Poesia Espírita 115
Morte do sr. Guillaume Renaud, de Lyon 94

Manifestações de Poitiers .... VII – 58, 93, 180
Médiuns Curadores 12

Médium Pintora cega, Uma 87
Milagres de nossos dias, Os 290
Mundo Musical, O 450

Manifestações Diversas .... VIII – 165
Manifestação do Espírito dos Animais 150
Manifestações de Fives 272
Manifestações espontâneas em Marselha 140
Manifestações diversas; Curas; Chuvas de bombons....... 165
Manual de Xefolius, O 280
Mediunidade da Infância 54
Médium Evangélico, O 36
Modo de protesto de um Espírita contra os ataques de certos jornais.. 411
Mundo Musical, O 77
Música e letra de Henrique III 223

Maomé e o Islamismo .... IX – 263, 371
Mediunidade Mental 103
Mediunidade de vidências nas crianças 331
Méry, o sonhador – Poesia 292
Monomania Incendiária Precoce 189
Morte de Joseph Méry 247
Morte do Dr. Cailleux 170
Morte do Sr. Didier 16
Mulher do Espírita, A 112
Mulheres têm alma? As 7

Mangin, o Charlatão .... X – 104
Manifestações Espontâneas – Moinho de Vicq-Sur-Nahon .. 140
Manifestações de Ménilmontant 147
Médicos – Médiuns 347

Manifestação antes da morte, Uma .... XI – 31
Mediunidade no copo d'água, A 190
Metempsicose 177
Materialismo e o direito, O 259

Meditações 330
Música do espaço 388

Miss Nichol, médium de transporte .... XII – 93
Museu do Espiritismo 201
Música e as Harmonias Celestes, A 101
Milagres de Bois d'Haine, Os 132, 202

N

Noite esquecida, Uma .... I – 367
Nova descoberta fotográfica, Uma......................... 216

Noite esquecida, Uma .... II – 34, 67

Nada da Vida, O.. III – 397
Noiva Traída, A 175

Necrologia – Morte do Bispo de Barcelona .... V – 250
Necrologia – Morte da Sra. Home 252
Novos Médiuns Americanos em Paris 55

Noticia Bibliográfica .... VI – 188, 227
Novo Jornal Espírita na Sicília, Um 244
Novo Sucesso do Espiritismo em Carcassonne 403
Numa Reunião Familiar 294

Necrologia – Sr. P. F. Mathieu............................. VII – 115
Necrologia – Morte do Sr. Bruneau 440
Notícias Bibliográficas 70, 112, 185, 256, 287, 329, 445
Notícia sobre o Espiritismo..................................... 173
Novo Bispo de Barcelona, O 302
Novos detalhes sobre os possessos de Morzine 260

Necrologia – O Dr. Demeure .... VIII – 97

Necrologia – Sra. Viúva Foulon 88
Notícias Bibliográficas 33, 76, 110, 148, 255, 280, 322, 399
Nova Cura de uma jovem obsedada de Marmande 11
Nova Tática dos Adversários do Espiritismo 216
Novos estudos sobre os espelhos mágicos ou psíquicos 327
Novo Nabucodonosor, Um 385
Novo Ovo de Saumur, O 31

Necrologia – Morte do Sr. Didier, Livreiro-editor .... IX – 16
Novo e Infinito Enterro do Espiritismo 71
Notícias Bibliográficas 78
Naufrágio do Borysthene, O 53
Notícias Bibliográficas – Espíritas 108
   A Mulher do Espírita 112
   Forças Naturais Desconhecidas 114
Necrologia – Morte do Dr. Cailleux 170
Notícias Bibliográficas – "Sou Espírita?" 149
Notícias Bibliográficas – Os Evangelhos Explicados 222
   La Voce di Dio 225
   Cantata Espírita 298
   Novos Princípios de Filosofia Médica 453
Necrologia – Sra. Dozon; Sr. Fournier; Sr. D'Ambel 456

Notícias Bibliográficas .... X – 37
Notícias Bibliográficas – Mirette 71
Nova Teoria Médico-Espírita 78, 117
Notícias Bibliográficas – Lumen 113
Nova Sociedade Espírita de Bordéus 208
Notícias Bibliográficas – A razão do Espiritismo 398
Notícias Bibliográficas – Le Roman de l'Avenir 251
Notícias Bibliográficas – Deus na Natureza 333
Necrologia – Sr. Leclerc 33
Necrologia – sr. Quinemant, de Sétif 213
Notícias Bibliográficas – A Razão do Espiritismo 398

Os pensamentos do zuavo Jacob .... XI – 79

A religião e a política na sociedade moderna 214

Nova Constituição da Sociedade de Paris .... XII – 169
Notícias Bibliográficas 210

O

Observações sobre o desenho da casa de Mozart ..... I – 308
Obsedados e subjugados 311
O orgulho 161
O Livro dos Espíritos 45

Observações a propósito do vocábulo Milagre .... II – 368
Oficial do Exército da Itália, Um..................................... 279
Oficial Superior morto em Magenta, Um 221

Origens.. III – 285
Os Órfãos 389
Ostentação, A 140

Opinião de um Jornalista... IV – 371
Ocupações dos Espíritos.. 218
Organização do Espiritismo 420
O Ouriço, o Coelho e a Pêga 409

Os Obreiros do Senhor.. V – 99
Origem da Linguagem 378

Orçamento do Espiritismo .... VI – 202
O osso para roer 213

Objetivo final do homem na Terra .... VII – 110
Observações 428
Oração Dominical desenvolvida..................................... 271

Onde é o Céu?.. VIII – 79

Ocupações dos Espíritos... IX – 214
O dia de São Carlos Magno no Colégio de Chartres 136

Olhar Retrospectivo .... X – 7

Opinião atual de Lavater sobre o Espiritismo .... XI – 162
Obras Fundamentais da Doutrina 439

Obsessões simuladas.. XII – 41

P

Palestras de Além-Túmulo .... I – 74, 298
Palestras familiares de Além-Túmulo ....
.... 101, 133, 167, 200, 225, 353, 401
Papel da Mulher, O... 397
Período Psicológico 117
Platão e a Doutrina da escolha das provas.................... 285
Pluralidade das existências 345
Polêmica espírita.. 343
Preguiça, A.. 198
Problemas Morais 163, 305, 352
Propagação do Espiritismo 279
Princípios da Doutrina Espírita, Os................................. 45
Pluralidade dos Mundos, A 85

Palestras Familiares de Além-Túmulo II
.... 28, 85, 119, 182, 216, 254, 279, 320, 389
Pensamentos soltos, Aforismos Espíritas e 133, 164
Pensamentos Poéticos 130
Plínio, o Moço 97
Pneumatografia ou Escrita direta 240
Poitevin, o Aeronauta 126
Problema Moral.. 116

Processos para afastar os maus Espíritos 263
Privat D'Anglemont 392

Parábola .... III – 142
Pedras de Java, As 31
Pensamentos Soltos 400
Perguntas de um Espírita de Sétif 282
Perguntas sobre o gênio das flores 110
Pneumatografia ou Escrita direta 179
Pré-adamitas, Os 84
Primeiras Impressões de um Espírito 388
Progresso dos Espíritos 366
Proveito dos Conselhos 399
Puros Espíritos, Os 362
Palestras Familiares de Além-Túmulo 166, 200
.... 273, 382, 424

Palestras Familiares de Além-Túmulo .... IV – 68, 99
.... 143, 174, 204, 236, 268, 311, 354
Pauperismo, O 293
Pintura e a Música, A 185
Poesias do Momento 407
Povos! Silêncio! 289
Pobres e Ricos 359
Prece, A 201, 260
Primeira Epístola de Erasto 396
Progresso de um Espírito perverso 151
Progresso Intelectual e Moral 187
Próximo lançamento de Novas Obras de Sr. Allan Kardec . 419

Padeiro Desumano – Suicídio .... V – 162
Palestras de Além-Túmulo 78
Palestras Familiares de Além-Túmulo 126, 149, 185
Pandus e Kurus – A Reencarnação na Antiguidade 260
Papel da Sociedade de Paris 377
Pentecoste, A 272

Perdão, O	**V** – 273
Peregrinações da Alma	301
Perseguição	136
Perseguições	290
Planeta Vênus, O	261
Pobre Mary, A	164
Pode um Espírito recuar ante a prova?	331
Poesias de Além-Túmulo	31
Poesias Espíritas	131, 301, 334, 364
Ponto de Vista, O	209
Princípio Vital das Sociedades Espíritas	200
Publicidade das Comunicações Espíritas	16

Palavras sérias acerca de cacetadas	**VI** – 177
Pastoral do sr. Bispo de Argel contra o Espiritismo	385
Pensamentos espíritas em vários escritores	270
Perguntas e Problemas	184, 286, 309
Período da Luta	431
Períodos de transição na Humanidade	260
Poesias espíritas	78, 113
Poder da vontade sobre as paixões	247
Pluralidade das existências e dos mundos habitados	405
Prece pelas pessoas que foram estimadas	174
Primeira carta do Padre Marouzeau	250
Proximidade do Inverno	35
Purgatório, O	328
Proibição de evocar os Mortos, Da	356

Participação espírita	**VII** – 105
Perguntas e Problemas	35
Periodicidade da Revista Espírita	398
Perseguições Militares	222
Pluralidade dos Mundos Habitados, A	294
Primeiras Lições de Moral na Infância	48
Perfeição dos Seres Criados, Da	79

Padre Degenettes, médium	**VIII** – 265

Partida de um adversário do Espiritismo para o mundo dos
Espíritos 336
Patriarca José e o Vidente de Zimmerkald, O 394
Poder Curativo do Magnetismo Espiritual 131
Problema Psicológico 275
Perguntas e Problemas 55
Progresso Intelectual 180
Poesias Espíritas 142
Processo Hillaire, O 101

Poesias Espíritas – Alfred de Musset .... **IX** – 33
Pensamentos Espíritas – Poesia de E. Nus 146
Pai Descuidado com os filhos, Um 164
Poesias Espíritas – Para o teu livro 210
Poesias Espíritas – A Prece pelos Espíritos 261
Profetas do Passado, Os 274
Poesias Espíritas – Méry, o Sonhador 292
Prece da Morte pelos Mortos, A 294
Príncipe Hohenlohe (O), médium curador 430
Perfectibilidade dos Espíritos 289

Pensamentos Espíritas que correm o mundo .... **X** – 15
Poesias Espíritas – Lembrança 63
Poesias Espíritas – A Bernard Palissy 94
Progresso Espiritualista 223
Pesquisas sobre a Causa do Ateísmo 224
Poesia Espírita – Aos Espíritos Protetores 249
Pressentimentos e Prognósticos 386
Provas terrestres dos homens em missão 186

Pensamentos do zuavo Jacob, Os .... **XI** – 79
Psiche – Giornale di Studii Psicologici 80
Preâmbulo 89
Partido Espírita, O 240, 275
Perseguições 277
Poltrona dos Antepassados, A 304
Profissão de fé materialista, Uma 351

Profissão de fé semiespírita 353
Pecado Original Segundo o Judaísmo, Do 380

Poesias Espíritas .... XII – 208
Pedra tumular do Sr. Allan Kardec 199
Profissão de fé fourierista 86
Profissão de fé espírita americana 113
Pergolesi, Visão de 65
Poder do Ridículo, O 50
Processo das envenenadoras de Marselha 24

Q

Ouestão de Prioridade, Uma .... I – 407
Questões de Espiritismo Legal 334

Quadro da Vida Espírita .... II – 103
Que é o Espiritismo 229

Questões e Problemas Diversos .... IV – 73, 178

Que deve ser a História do Espiritismo, O .... V – 329
Queríamos versos de Béranger 31
Questões e Problemas propostos aos vários grupos
espíritas 22

Quadro mediúnico na Exposição de Constantinopla, Um ......
.... VI – 241

Quadro espírita na Exposição de Antuérpia, Um ...... VII – 363
Questões e Problemas – Destruição dos Aborígines
do México 277

Que o espiritismo ensina, O .... VIII – 259
Questões e Problemas 150, 241

Quiproquós, Os .... IX – 74
Questões e Problemas 208, 253, 285

R

Rainha de Aude, A .... I – 104
Reconhecimento da Existência dos Espíritos e de suas
manifestações 39
Respostas dos Espíritos a algumas perguntas 21

Refutação de um artigo de "L'Univers" .... II – 152
Resposta ao Sr. Oscar Comettant 371
Resposta à réplica do Abade Chesnel 223

Recordação de uma vida anterior .... III – 234
Reencarnação, A 364, 437
Relações afetuosas dos Espíritos 386
Remorso e Arrependimento 182
Resposta do Sr. Allan Kardec à Gazette de Lyon 327

Réplica de Buffon .... IV – 298
Resposta de Bernardin de Saint-Pierre 305
Resposta de Buffon ao Visconde Delaunay 304
Reunião geral dos Espíritos Bordaleses 377
Roma 362

Razão e o Sobrenatural, A .... V – 344
Realismo e o Idealismo em pintura, O 96
Reencarnação, A 92
Reencarnação na América, A 54
Relações amigas entre vivos e mortos 167
Remédio dado pelos Espíritos 362
Resposta à "Abeille Agénaise" 323
Resposta do sr. Dombre 324
Reconciliação pelo Espiritismo, Uma 296
Resposta ao convite dos Espíritos de Lyon e Bordeaux ... 297

Resposta a uma pergunta mental 333
Resposta à questão dos anjos decaídos 122
Resposta à mensagem de Ano Novo dos Espíritas Lioneses. 37
Resposta de uma senhora a um padre sobre o Espiritismo 159
Resposta a um senhor de Bordeaux 416
Respostas 381
Revelações de Além-Túmulo 33

Reação das Ideias Espiritualistas .... VI – 336
Resposta a uma pergunta sobre o Espiritismo, do ponto de vista religioso 26
Resposta da S. E. P. a questões religiosas 98
Resultado da leitura das obras espíritas 133

Rainha médium, Uma .... VII – 102
Reclamação do Padre Barricand 224, 281
Reconhecemo-nos no Céu 71
Relato completo da Cura da Jovem obsedada de Marmande.194
Religião e o Progresso, A 230
Resumo da Lei dos Fenômenos Espíritas 125
Resumo da Pastoral do Sr. Bispo de Estrasburgo 99

Ramanenjana, O .... VIII – 62
Relatório da Caixa do Espiritismo 187
Repouso Eterno, O 397
Romances Espíritas, Os 404

Rainha Vitória e o Espiritismo, A .... IX – 291
Ratos de Équinhen, Os 68
Ressurreição, Uma 158

Retrato do Sr. Allan Kardec .... X – 37
Refutação da Intervenção do demônio 54
Robinson Crusoé Espírita 89, 325
Respeito devido às crenças passadas 110
Romance do Futuro, O 225
Ressurrecto Contrariado, Um 413

Reflexo da Preexistência 419
Romances Espíritas, Os 19
Retrato – Física dos Espíritas 29

Reencarnação no Japão, A .... XI – 288
Resumo da Doutrina 71

Revista da Imprensa .... XII – 166
Regeneração, A 218

S

Sensações dos Espíritos .... I – 386
Sociedade Parisiense de Estudos Espíritas 180
Suicida da Samaritana, O 203

Senhora Reynaud .... II – 89
Sociedade Espírita no século XVIII 318
Sociedade Parisiense de estudos espíritas: discurso de encerramento do ano social 199
Sonâmbulos assalariados 131
Sra. E. de Girardin, médium 322
Sra. Ida Pfeiffer, célebre viajante 389
Swedenborg 350

Saber dos Espíritos, O .... III – 285
Sábios, Os 392
Scarron 396
Senhorita Indermuhle 104
Semente de Loucura, Uma 209
Sinos, Os 75
Sobrenatural, O 149
Sobre os trabalhos da Sociedade 324
Sobre o valor das comunicações espíritas 346
Suicida da rua Quincampoix, O 279

Superstição 177
Sonho, O 323

Separação do Espírito .... IV – 224
Sobre o Perispírito 220
Sociedade Espírita de Metz 366
Sociedade Parisiense de Estudos Espíritas 9, 45, 155
Sra. Anais Gourdon 210
Sra. Bertrand 99
Sr. Louis Jourdan e o Livro dos Espíritos, O 121
Srta. Pauline M 104
Sr. Squire, O 50
Suicídio de um ateu 68

Sede da alma humana .... V – 24
Sede das almas 24
Sobre os instintos 66
Sobre o quadro do Sr. Ingres 192
Sociedade Parisiense de Estudos Espíritas 175
Sociedade Espírita de Constantina 253
Sociedade Espírita de Viena 197
Sociedade Espírita, dita da Caridade, de Viena-Austria ... 198
Subscrição para um monumento ao sr. Jobard 88
Sra. Remone 355

São Paulo, precursor do Espiritismo .... VI – 423
Segunda carta ao Padre Marouzeau 315
Sermões contra o Espiritismo 51
Sermões sobre o Espiritismo 326, 370
Servos, Os – História de um criado 16
Sobre a alimentação do homem 443
Sobre as comunicações espíritas 261
Subscrição em favor dos operários de Rouen 42
Subscrição ruanesa 80, 117
Suicídio falsamente atribuído ao Espiritismo 141

Santo Atanásio, espírita sem o saber .... VII – 39

Sessão comemorativa na Sociedade de Paris..................407
Sexto Sentido e a Visão Espiritual, O..................331
Sobre a Arquitetura e a Imprensa, a propósito da comunicação de Guttemberg..................143
Sobre a não perfeição dos seres criados..................85
Sobre os Espíritos que ainda se julgam vivos..................391
Sociedade Espírita de Paris..................164
Subscrição em favor dos queimados de Limoges..................454
Suicídio impedido pelo Espiritismo..................394
Suícidio falsamente atribuído ao Espiritismo, Um.....328, 393
Suplemento ao Capítulo das Preces..................267
Sociedade Alemã dos caçadores de Tesouros..................361

Sermão sobre o Progresso..................VIII – 117
Sociedade Espírita de Paris aos Espíritas, Da..................366
Sobre as criações fluídicas..................185
Subscrição em benefício dos pobres de Lyon..................403
Sr. Allan Kardec aos espíritos devotados no caso Hillaire...107

Sonambulismo mediúnico espontâneo..................IX – 390
Sonho Instrutivo, Um..................201
Sou Espírita?..................149
Suspensão da assistência dos espíritos..................218
Sonambulismo mediúnico espontâneo..................390
Srta. Dumesnil, jovem atraente..................439
Sto. Agostinho acusado de cretinismo..................451
Subscrição em favor dos inundados..................411

Suicídio dos animais..................X – 61
Solidariedade, A..................107
Simonet – Médium curador de Bordéus..................269
Senhora Condessa Adélaïde de Clérambert – Médium médica..................343
Sentido Espiritual, O..................202
Senhora Walker, doutora em cirurgia..................279

Segunda Edição de A Gênese..................XI – 79
Sessão anual comemorativa dos mortos..................403

Senhor Diretor 75, 290
Sonho, Um 179

Sílvio Pellico .... XII – 31
Senhorita de Chilly 88
Sociedade e jornais espíritas no estrangeiro 146
Suicídio por obsessão 36

T

Talismãs, Os .... I – 303
Teoria das manifestações físicas 149, 183
Teoria do móvel de nossas ações 329
Três Círculos, Os 124

Tempestades, As .... II – 289
Três Cegos, Os 407

Tempo Perdido, O .... III – 392
Tradição Muçulmana 211
Trapeiro da Rue des Noyers, O 266
Tristeza e o Pesar, A 216

Terra Prometida, A .... IV – 364
Toutinegra, o Pombo e o Peixinho, A 441
Transformação 223
Três Tipos, Os 40, 78
Transportes de objetos e outros fenômenos tangíveis 281

Telha, Uma .... V – 236
Tento mais uma canção, ... 32
Testamento em favor do Espiritismo 34
Todos os Santos 411
Tugúrio e o Salão, O 409

Terrível argumento contra o Espiritismo, Um .... VI – 176

Tasso e seu duende, O	VII – 182
Teoria da Presciência	152
Tiptologia rápida e inversa	351
Transmissão do pensamento	342
Tentação, Uma	90
Temor da morte	VIII – 42
Teoria dos sonhos	238
Tentativa de assassinato do Imperador da Rússia	IX – 196
Tempos são chegados, Os	334
Trabalhador Thomas Martin e Luiz XVIII, O	412
Tom, o Cego, Músico natural	X – 60
Tolerância e Caridade Tudo vem a seu tempo	91
Testamento nos Estados Unidos, Um	XII – 92

U

Utilidade de certas evocações particulares	I – 99
Urânia	II – 334
União simpática das almas	V – 233
União da Filosofia e do Espiritismo	VI – 301, 373
Utilidade do ensino dos Espíritos	409
Um olhar sobre o Espiritismo em 1864	VIII – 7

V

Vários modos de comunicação	I – 18

Visões 37
Variedades 147, 176, 212, 372, 406

Variedades .... II – 191, 226

Variedades – A Biblioteca de Nova York .... III – 173
Vaidade, A 214

Variedades .... IV – 249, 331
Vinde a nós 186
Voz do Anjo da Guarda 43

Vento, O .... V – 53
Viagem Espirita em 1862 347
Vingança, A 274
Vinha do Senhor, A 101
Vozes do Céu, As 131
Valor da prece 269

Variedades .... VI – 75, 111, 145
Verdadeiro, O 334
Verdadeiro Espírito das Tradições, O 407
Voz de Deus, A 364

Verdadeiro Espiritismo em Constantinopla, O .... VII – 240
Vida de Jesus, A – de Renan 158, 187
Voz de Além-Túmulo, A 330
Variedades 37, 57, 90, 180, 221, 328, 361, 393, 445
Vingança, Uma 360

Verdade, A .... VIII – 176
Variedades 30, 169, 221, 248, 279, 363

Visão de Deus, A .... IX – 155
Visão retrospectiva das existências do Espírito 259
Visão retrospectiva de várias encarnações 204
Visão de Paulo I, Uma 140

Variedades .... X – 29, 56, 247, 278
Visão retrospectiva das ideias espíritas 160

Votos de ano novo de um espírita de Leipzig .... XI – 52

Variedades – Srta. de Chilly .... XII – 88
Variedades – Os milagres de Bois-d'Haine 132, 202
Vida Eterna, Doutrina da 216
Visão de Pergolese 65

Z

Zuavo de Magenta, O .... II – 216
Zuavo curador do Campo de Châlons, O .... IX – 360

Zuavo Jacob, O .... X – 355, 393

   17 3531.4444

Av. Porto Ferreira, 1031 - Parque Iracema 17 99777.7413
CEP 15809-020 - Catanduva-SP   @boanovaed

www.**boanova**.net   boanovaed
boanova@boanova.net boanovaeditora